Blanchard Sculp.

Eh! j'ai assez souffert; je ne crains pas la
mort: par grace, donnez-la moi ici... pag. 10.

HISTOIRE

DES PRISONS DE PARIS ET DES DÉPARTEMENS;

Contenant des Mémoires rares et précieux.

Le tout pour servir à l'Histoire de la Révolution Française :

Notamment à la tyrannie de Robespierre, et de ses Agens et Complices.

Ouvrage dédié à tous ceux qui ont été détenus comme Suspects.

Rédigé et publié par P. J. B. NOUGARET.

Avec huit figures.

Dans le supplice ils ont trouvé la gloire,
Et sous la tombe ils ont trouvé la paix.
A. F. DELANDINE.

TOME I.

A PARIS,

Chez {
l'Editeur, rue Galande, n°. 59 ;
COURCIER, Imprimeur-Libraire, rue Poupée, n°. 5 ;
DUTRAY, à Bordeaux ;
LE COQ, à Bayonne.

L'an 5e. — Juin, 1797.

TABLE

DES MATIERES

Contenues dans ce Volume.

TABLE

Fin de la Table.

EPITRE DEDICATOIRE.

A tous ceux qui ont été détenus comme
Suspects.

C'est à vous, nombreuses et respectables Victimes d'une odieuse tyrannie, que je crois devoir faire hommage de cette collection. Elle est votre ouvrage ; vous y peignez vos souffrances, vos vertus, et vous y couvrez d'un opprobre éternel vos persécuteurs, qui étoient les bourreaux de la République. C'étoit par de frivoles prétextes qu'on vous ravissoit la liberté, ce bien si précieux, qu'on nous vantoit sans cesse au milieu des chaînes et des supplices : un nouveau despotisme avoit succédé en France à celui de la royauté abolie. L'absurde calomnie vous persécutoit en vous accusant de crimes imaginaires, désignés sous des noms qui n'étoient qu'un vain assemblage de mots, et ne pouvoient en imposer qu'à l'ignorance ou qu'aux vils complices des tyrans populaires. Vous avez éprouvé le sort souvent destiné à la vertu, au iv

patriotisme , aux talens : des fers,
des cachots , la mort de vos pro-
ches. Les richesses étoient aussi
des crimes ; et aux yeux de nos
farouches tyrans la beauté cessa
d'avoir des charmes , sur - tout
quand elle fut accompagnée de
l'innocence et de la pudeur.

Mais si la République entière
garda un profond silence dans ces
momens désastreux , ne croyez
pas , Illustres Victimes , qu'elle vit
avec indifférence votre triste destinée : elle étoit courbée sous le
glaive des assassins ; et en attendant l'époque qui devoit les écraser
à leur tour , elle versoit en secret
des larmes sur vos malheurs. Vous
avez vu éclater la publique allé-
gresse , lorsque vous avez été rendus aux vœux de vos concitoyens.
Puissent leur estime, le tendre intérêt qu'ils vous ont voué , vous
consoler de vos maux passés ,
vous les faire oublier un jour, et
inspirer à vos cœurs un généreux
pardon !

P. J. B. NOUGARET.

Paris , ce 30 germinal , an V de la République.

DISCOURS PRÉLIMINAIRE.

J'avois lu avec avidité , et le plus douloureux plaisir , le récit déchirant des souffrances qu'éprouvèrent dans leurs cachots les innombrables victimes de Robespierre ; les tourmens , les privations étudiées par lesquelles on les préparoit à la mort , et l'héroïsme qu'elles montrèrent jusqu'à l'échafaud. Mes larmes avoient coulé , ainsi que celles de toute la France , à la lecture de ces écrits qui , pour intéresser vivement , n'avoient besoin que de peindre avec naïveté des horreurs inouies, jusqu'alors sans exemple , même dans l'histoire des Néron , des Caligula , des Pierre-le-Cruel , des Louis XI , etc. , et que j'aurois pris pour autant de romans dans le genre le plus noir, si je n'avais eu le malheur de vivre à l'époque des scènes lamentables qu'ils me retraçoient. Mais j'éprouvois en même-tems le regret de voir que la collection de tous ces faits si extraordinaires étoit incomplette; qu'ils étoient présentés dans un cadre mesquin, presque méprisable, comme si on eût voulu en détruire l'effet, ou les atténuer en partie.

Qu'elle n'a donc pas été ma satisfaction, lorsqu'un Libraire m'a proposé de présider à une édition nouvelle de cet ouvrage ! de lui donner une forme plus digne de l'intérêt qu'il inspira aux contemporains, tout défectueux qu'il parut d'abord, ainsi que de celui qu'il excitera dans la postérité, et d'y réunir tous les matériaux qu'on regrettoit de n'y pas trouver. J'ai renoncé aussitôt à toutes mes occupations littéraires ; j'ai suspendu l'Histoire des vicissitudes de la Fortune, que je prépare, depuis un grand nombre d'années, à laquelle celle - ci a beaucoup de rapport, et je me suis empressé à seconder les vues de mon Libraire.

On ne sauroit, en effet, trop présenter l'affreux tableau des crimes qui ont été commis dans les premières années de notre révolution ; non dans la crainte qu'ils se renouvellent jamais : la constitution de 1795 doit dissiper nos appréhensions à cet égard : c'est moins encore

pour entretenir et faire fermenter les
haînes , qu'il importe de renouveller et
de perpétuer ces peintures déplorables ;
mais pour inspirer une invincible horreur contre tout club ou société populaire qui voudroit dominer l'opinion publique , et pour se tenir éternellement
en garde contre tout ambitieux avide de
pouvoirs : la tyrannie est l'effet naturel
d'une puissance illimitée.

Plusieurs philosophes ont cherché à découvrir pourquoi l'homme montre souvent un penchant irrésistible à la cruauté;
les uns en ont attribué la cause à son
éducation politique; les autres aux vices
des gouvernemens ; ceux-ci à l'ambition
orgueilleuse et féroce des rois. Pour moi,
sans atténuer tout-à-fait ces différens
motifs, je pense que la cause de sa barbarie est tout simplement un effet phi-
sique. C'est ce que j'ai exprimé dans les
vers qu'on va lire :

Epigramme Philosophique.

Ne vous étonnez pas si l'homme est sanguinaire,
S'il sourit au carnage et massacre son frère :
  Lorsqu'il fut porté dans le flanc
  De sa foible et souffrante mère,
  Il ne s'abreuvoit que de sang.

Le célèbre philantrope Howard, con-
sacra toute sa vie à visiter les prisons
et les hôpitaux des différens peuples,
afin d'améliorer le sort de cette partie
de l'humanité. La vie, le caractère et
les mœurs de ce véritable philosophe,
de ce chrétien charitable sans ostentation, viennent d'être publiés en Angle-
terre. On trouve cette note dans la tra-
duction française.— « Nous avions, il y a
peu d'années, plusieurs usages trés-utiles
établis en France. Outre l'obligation
dans laquelle les magistrats étoient, de
visiter souvent les prisons, il y avoit
des époques fixes, où ils étoient tenus
de le faire. Plusieurs prédicateurs prê-
choient aussi, durant la semaine-sainte,
dans les maisons de détention ; on y
faisoit des quêtes. »

Il m'est pas possible que les adminis-
trations départementales négligent d'a-
méliorer les prisons, et d'adoucir le
sort des individus que la loi y relègue ;
il faut espérer, sur-tout, que les détenus
pour dettes ne seront pas toujours con-
fondus avec les prévenus de délits graves
ou criminels, et que ceux-ci seront traités avec toute l'humanité possible, sans
être enchaînés au fond des cachots sou-

terreins ; car ce n'est point pour tourmenter obscurément le criminel que la
loi le punit ; mais pour que la publi-
cité de son châtiment venge la société
dont il avoit juré l'observation des ré-
glemens, et effraie en même-tems ceux
qui seroient tentés de violer l'ordre public.

Déjà la Convention nationale, après la
journée bienfaisante du 9 thermidor ,
l'an deuxième , s'empressa de nommer
plusieurs de ses membres pour visiter
les prisons de Paris , et chercher les
moyens de les rendre salubres et moins
désagréables.

Plus récemment encore, le Directoire
exécutif a demandé , dans un message ,
au conseil des Cinq-Cents , que les prisons ne soient plus des lieux de désolation et de famine.

Au reste , quoiqu'en disent certaines
personnes , les nombreuses prisons de
la France, avant la révolution, regor-
geoient d'un nombre presque aussi grand
de victimes , que sous la tyrannie de
Robespierre. Les cœurs sensibles se rappelleront toujours avec horreur les gal-
banons de Bicêtre. Il est vrai qu'on ne

les y massacroit pas en *masse* ; mais combien en périssoit-il dans les bastilles, dont on ignoroit à jamais la triste destinée ?

L'Espagne et le Portugal offrent à l'indignation de tout ami de l'humanité, les cachots et les affreux supplices de l'Inquisition. C'est au nom d'un Dieu de paix et de miséricorde que des prêtres cruels y tourmentent leurs semblables. Comment des rois et des ministres, d'après ces exemples, ne se seroient - ils pas permis, pour leurs menus plaisirs , d'avoir quelques milliers de bastilles ?

Ce n'est encore qu'à Philadelphie , dans les Etats-Unis de l'Amérique, que les détenus sont traités d'une manière qui honore l'humanité. On lit avec intérêt le détail qu'a publié le ci-devant duc de Liancourt , retiré dans ces heureux climats où la liberté n'est point un vain nom, et le bonheur public une vaine chimère. L'état de Pensilvanie a restreint , en 1793 , la peine de mort au meurtre prémédité ; et il a borné la punition des autres crimes à une détention plus ou moins longue , plus ou moins sévère, en laissant au gouverneur la faculté d'en abréger la durée. **Contre le** sentiment d'Howard, qui assure que jamais le travail des prisonniers ne pourroit satisfaire aux frais de leur entretien, on les assujettit à des travaux proportionnés à leur force et à leur industrie, qui les met à même de vivre commodément, et de se ménager des secours à la fin de leur détention. Les criminels qui doivent être renfermés seuls, et séquestrés de toute société, n'éprouvent pas moins les soins bienfaisans qu'ils ont droit d'attendre de la sensibilité de l'homme vertueux. Ils sont renfermés dans une cellule de huit pieds sur six, et de neuf d'élévation. Cette cellule, toujours au premier ou au deuxième étage d'un bâtiment voûté et isolé, est échauffée par le poële du corridor. Ainsi que le reste de la maison, elle est blanchie deux fois par an. Le prisonnier a un matelas et une couverture. Sa nourriture est propre, saine et suffisante ; et conformément au principe d'Howard, il ne boit que de l'eau, toute liqueur fermentée n'étant propre qu'à échauffer le sang, et qu'à troubler le moral des détenus.

Le geolier de cette maison n'est point
un exacteur qui met à contribution la
foiblesse, la misère même des prisonniers.
Point de bien-venue, point de rétribu-
tion pour les faveurs particulières, point
d'argent à payer en sortant. Aucun pri
sonnier n'est mis aux fers ; les mauvais
traitemens , les menaces, les reproches
sont interdits à ceux qui les approchent :
tout le régime de cette maison de re-
pression tend à en faire une maison d'a-
mélioration. Nous invitons le gouvernement Français à la prendre pour modèle
dans les améliorations qu'il se propose de
faire aux prisons de la République.

Selon le philantrope Howard , les
horribles donjons de Vienne paroissent
le dernier dégré de la plus affreuse misère , à laquelle l'humanité puisse être
exposée. On y voit un singulier mê-
lange de clémence et de rigueur , de
soin et de négligence. La conversion de
la peine de mort , en celle d'enfermer
pour leur vie les criminels dans des cachots sombres et humides , paroît avóir
aussi peu d'avantages du côté de la douceur, que de celui de l'utilité publique.
— « Dans un des sombres donjons de

Vienne, dit-il ailleurs, creusés de vingt-quatre pieds en terre, je crus trouver un homme ayant la fièvre des prisons. Il étoit chargé de fers et enchaîné au. mur. On pouvoit juger de ses souffrances par les larmes qui avoient sillonné son visage. Il n'étoit pas en état de me parler ; mais, en examinant sa poitrine et ses pieds, je fus convaincu qu'il n'avoit pas cette maladie. Un prisonnier qui étoit dans une petite chambre, vis-à-vis, me dit que la pauvre créature avoit desiré qu'il appellât du secours, et qu'il l'avoit fait, mais n'avoit pas été entendu. »

Les cachots de Liége, observe encore le sage Howard, présentent à l'imagination un tableau beaucoup plus horrible, s'il est possible, que ceux de Vienne. — « En descendant profondément en terre, dit-il, j'ai entendu les gémissemens des malheureux plongés dans ces abîmes obscurs. Les murs, le faîte, tout y est construit en pierre ; dans les tems d'humidité, l'eau pénètre dans ces basses-fosses ; elle en couvre et détruit le fond. Les cachots de la nouvelle prison sont plus effrayans encore que ceux-là ; il est peut-être aussi impossible d'en sortir, sans se trouver mal, que de n'y pas perdre l'usage de ses sens en y entrant. Ceux qui l'habitent y deviennent ou furieux; et l'on entend leurs lamentables cris, lorsqu'on y pénètre..... »

Il faut espérer que toutes ces horreurs vont disparoître de la ville de Liège, maintenant que, délivrée de son évêque, elle n'est plus soumise à un gouvernement ecclésiastique.

Quant aux incarcérations innombrables, aux assassinats arbitraires ou prétendus judiciaires, qui ont inondé la France de sang, et dont les flots ont failli renverser le berceau de la liberté, il ne faut pas s'imaginer non-plus qu'ils aient été produits par la révolution, ainsi que l'insinuent les royalistes et les mécontens ; ils ont été l'ouvrage de la tyrannie de quelques ambitieux, ou de la fureur de barbares démagogues. Je citerai, à l'appui de cette observation, le passage suivant, extrait du *Mercure Français*, cinquième année, n°. 4, qui rappelle ce qu'ont publié sur ce sujet plusieurs écrivains judicieux : — « Les tableaux des tems révolutionnaires, sont dans beaucoup de bouches qui se plaîsent à les retracer , des appels indirects à la contre-révolution .... Mais les amis sincères de la liberté ne doivent pas craindre de ramener les yeux de leurs concitoyens sur des époques et sur des hommes qui leur sont bien plus véritablement odieux qu'aux aristocrates. Ils voient clairement et doivent montrer aux personnes de bonne-foi , dans ce qui s'est passé sous la sombre domination des terroristes , ce qui se passeroit si les royalistes prenoient le dessus. .... »

« En peignant les crimes que nous avons vu commettre , dit un autre écrivain (l'auteur des *Crimes des quatre Législatures*) , je fais le procès aux faux amis de la Liberté , aux plus grands ennemis de la révolution ; à ceux qui n'ont voulu que licence , et non pas liberté ; qui n'ont voulu que trouble où la volonté générale ne vouloit que l'ordre ; qui n'ont voulu que discorde , où chacun ne vouloit qu'union ; qui n'ont voulu que les biens , que le sang , que la vie des citoyens , et non pas la prospérité , l'unité, et la conservation de tous les Français : voilà les hommes à qui je fais le procès, et non à une révolution , dont le but étoit de faire refleurir toutes les vertus. »

Les prêtres trop zélés et leurs dévotes reprochent aussi injustement à la Révolution Française , de priver ceux qui meurent sur l'échafaud des consolations et des encouragemens d'un confesseur. Mais ils devroient sentir que le culte catholique ayant cessé d'être public , ainsi que tout autre culte, un ministre de la religion chrétienne ne peut plus accompagner ostensiblement un patient à son heure dernière. D'ailleurs , la peine de mort doit être abolie en France. Mais en attendant qu'elle le soit, la loi, qui accorde aux criminels un défenseur officieux , ne doit pas les priver d'appeller un prêtre dans l'intérieur de la prison , afin d'en recevoir toutes les exhortations de piété dont ils peuvent avoir besoin. Ils en ont même trouvé dans les tems anarchiques et barbares des Robespierre, ainsi que le prouvent les traits édifians publiés dans une brochure attribuée à l'infortuné *Cormeaux*, curé en Bretagne, décapité à Paris, en 1794 , et dont nous donnerons l'extrait dans un des volumes de notre collection.

Cependant je vais citer , à ce sujet , un fragment de la *seconde lettre Encyclique* publiée par les évêques assermentés de France; c'est à nos lecteurs à en apprécier la justesse.— « Descendez dans ces cachots
» où quelquefois l'innocence est confondue
» avec le crime , consolez celle-là , ins-
» pirez à celui-ci le sentiment du repentir
» et même celui de l'espérance ; n'aban-
» donnez pas le coupable , sur-tout en cet
» instant fatal marqué pour la réparation
» du crime ; il est encore digne de pitié :
» que la douce compassion se place entre
» l'inexorable justice et la victime ;
» qu'elle accompagne le patient jusques
» sur l'échafaud , qu'elle soit à ses côtés
» pour l'aider à terminer son sacrifice.
» Mais hélas ! faut-il (comme si le sup-
» plice et la mort ne suffisoient pas)
» faut-il que l'inhumanité ajoute à la sé-
» vérité de la loi , et ravisse à l'homme
» malheureux cette dernière consolation ?
» Cruels ! en avez-vous le droit ? Est-ce
» ainsi que vous respectez les opinions et
» le malheur ? Ministre d'une religion
» pure et sainte , si vous ne pouvez être à
» sa droite , comme un ange consolateur ,
» que votre charité vous fasse trouver des

» moyens qui échappent à tous les regards
» tandis qu'ils se repaîtront de ce lugubre
» spectacle. Allez, il n'y a plus à hésiter;
» il s'agit de l'âme de votre frère ; con
» fondez-vous dans la foule ; suivez ce
» char funèbre qui traîne votre semblable
» au supplice ; implorez pour lui le
» Dieu des miséricordes ; substituez à
» la parole la langue des signes ; et au
» milieu de la terreur , exercez avec
» toute confiance le saint ministère de la
» réconciliation. Rappellez-vous ce que
» fit le zèle de quelques prêtres , dans le
» cours de cette tyrannie qui couvrit la
» France de meurtres judiciaires, ou plu-
» tôt de massacres ; comme eux, trompez
» la férocité et consolez l'innocence. »

Mais ce n'est pas ici le lieu de nous ap-
pésantir sur tous les crimes que l'on vit
commettre pendant la deuxième année de
notre liberté (1793) , qui surpassèrent
tous ceux dont la tyrannie des rois s'étoit
rendue coupable depuis plusieurs siècles.
On en trouvera le récit douloureux et
déchirant dans l'Histoire des
prisons de Paris , etc. ,
que nous publions aujourd'hui ; ils y sont
pour ainsi dire, représentés au naturel,

avec une naïveté touchante. Il semble en différens endroits de cette narration, que l'on voie, que l'on entende les innocentes victimes qui nous racontent leurs incarcérations, leurs souffrances, ou que l'on nous peint chargées de fers par d'odieux Vandales ; on pleure délicieusement avec elles ; on admire leur gaîté, leur courage sous l'oppression la plus cruelle. Les grâces ne furent pas plus épargnées que le mérite, les arts et les sciences, par les furieux démagogues dont le règne est heureusement passé sans retour. On voit qu'ils connoissoient intimement leur scélératesse, leur grossière ignorance, leur horrible *laideur*, et qu'ils prétendoient ne laisser sur le territoire de la République que des individus aussi exécrables qu'ils l'étoient eux-mêmes. Quel vertige les avoit donc frappés ! Leurs yeux n'étoient point éblouis des rayons de lumière que la philosophie et les lettres lançoient de toutes parts, et qui mettoient un obstacle éternel à l'envahissement de la barbarie ? Pouvoient-ils ignorer que les tigres, leurs semblables, ne vivent qu'au fonds des déserts (1) ?

____

(1) Ce n'étoit point pour dévaster la France qu'on a

Quoiqu'une partie de l'ouvrage que nous mettons au jour eût déjà paru autrefois, nous pouvons assurer qu'il n'en aura pas moins les charmes de la nouveauté, soit par les changemens que nous y avons faits, le nouvel ordre que nous avons donné aux écrits divers et intéressans dont il est composé ; ou soit par les innombrables pièces que nous nous sommes procurées, dont quelques-unes étoient devenues extrêmement rares, et même presqu'impossible à découvrir.

Nous avons cru devoir ajouter des notes historiques et critiques, en quelques endroits du texte, et nous les terminons par ces mots : *Note de l'Editeur*, afin de les distinguer de celles qui ne sont point de nous.

Nous ne partageons point l'enthousiasme de certains éditeurs, ni l'admiration exaltée de la plupart des com-

---

fait périr un si grand nombre de victimes innocentes : tant de meurtres ont été commis par le zèle inconsidéré des commissaires de la Convention ou proconsuls, et par les différens tribunaux révolutionnaires, qui ne prétendoient que prouver leur attachement à la révolution. C'est ainsi que des fanatiques répandoient des flots de sang humain devant les idoles objets de leur culte impie.

mentateurs, qui se passionnent tellement pour les livres qu'ils publient, et chargent d'annotations, qu'ils en révèrent jusqu'à la moindre syllabe. Nous nous sommes permis de retrancher des pièces de vers très-médiocres, qui déparoient les autres, et de faire, à certaines, quelques corrections. Loin d'appréhender que le lecteur impartial nous en blâme, nous craignons qu'il ne nous accuse d'avoir eu encore trop d'indulgence.

Nous avons pris la même liberté à l'égard des morceaux de prose, dont nous avons retranché les longueurs, quand il s'y en est trouvé, et changé quelques phrases. Nous aimons à croire que les estimables auteurs de ces intéressans récits nous pardonneront notre hardiesse, en faveur du motif qui nous animoit : nous cherchions à faire disparoître de légères taches, qu'ils auroient effacées eux-mêmes beaucoup mieux que nous, si nous avions eu le bonheur de les connoître et de les consulter. Les noms des citoyens Riouf et Coitant sont seuls parvenus jusqu'à nous au milieu de l'anonime dont ils se sont enveloppés ; et ils ont un mérite trop réel pour désapprouver le zèle d'un homme-de-lettres, leur con-frère, qui n'a eu en vue que leur propre gloire.

Quant aux auteurs connus qui ont attaché leurs noms au récit des vexations qu'ils ont éprouvés sous la tyrannie des modernes Vandales, tels que Saint-Méard, Caron-Beaumarchais, Mathon-la-Varenne, Blanqui, Doucet-Suriny, A. F. Delandine, etc., nous avons encore moins douté de leur façon de penser à cet égard, puisque nous n'avons supprimé que des longueurs dans certaines réflexions échappées aux tristes circonstances où ils se trouvoient et qui n'étoient réellement intéressantes qu'à cette époque. Les talens distingués de quelques-uns de ces écrivains sont trop célèbres, pour qu'on puisse nous accuser de leur avoir manqué d'égard en ayant osé retoucher à des productions qui n'ajoutent rien à leur gloire littéraire, mais rappellent seulement l'intérêt général que fit naître les persécutions qu'ils ont essuyées.

Dans les récits extrêmement touchans qu'ils ont publiés des persécutions qui leur sont personnelles, ils ont inséré, comme pour frapper du dernier coup nos

horribles tyrans démagogues , les détails
déchirans des maux en tous genres qu'ont
soufferts les innombrables victimes de ces
hypocrites assassins , couverts du masque
du patriotisme , qu'ils cherchoient peut-
être à rendre hideux. Ils ont répandu , au
milieu de ces narrations , des faits qu'on
ne s'attendroit pas à y trouver en si grand
nombre , si l'on étoit réellement persuadé
que les mœurs de la génération actuelle
sont tout-à-fait corrompues. Moralistes
qui tonnez sur la perversité du dix-hui-
tième siècle , jettez les yeux sur l'ouvrage que je vous présente , vous y
verrez mille exemples de toutes les vertus:
tandis que le crime et les bourreaux de
l'innocence , se peindront à vos yeux
dans toute leur difformité , votre âme
sera consolée en voyant d'un autre côté
triompher les vertus de la domesticité , la
tendre amitié , la piété filiale ou paternelle , et même un devoir sacré , auquel
on n'osoit presque plus croire de nos
jours : l'attachement conjugal. Ces exemples sentimentals serviront comme de
lieux de repos à la sensibilité du lecteur,
et le feront non-seulement respirer avec
délices , au milieu des scènes d'horreur

qu'il verra décrites en traits de sang ; lui donneront encore la force de poursuivre une lecture, qu'il trouvera souvent aussi pénible que douloureuse et attachante.

HISTOIRE

HISTOIRE
DES PRISONS.

Mon agonie de trente-huit heures.

LE comité de surveillance de la commune me fit arrêter le 22 août 1792 ; je fus amené à la mairie, à neuf heures du matin, où je restai jusqu'à onze heures du soir. Deux messieurs, sans doute membres de ce comité, me firent entrer dans une salle ; un d'eux, accablé de fatigue, s'endormit. Celui qui ne dormoit pas me demanda si j'étois M. Journiac-Saint-Méard, ci-devant capitaine-commandant des chasseurs du régiment d'infanterie du roi. Je répondis oui. Alors il me fit divers interrogatoires. Il s'absenta ensuite, pour aller rendre compte de mes réponses au comité assemblé. Un moment après, trois soldats me firent signe de les suivre. Quand nous fûmes dans la cour, ils m'invitèrent à monter avec eux dans un fiacre, qui partit après avoir reçu l'ordre de nous mener à « l'hôtel du fauxbourg Saint-Germain. »

Arrivé à l'hôtel indiqué par mes compagnons

de voyage, qui se trouva être la prison de l'Abbaye. Ils me présentèrent (avec mon billet de logement) au concierge, qui, après m'avoir dit la phrase d'usage, (il faut espérer que cela ne sera pas long) me fit placer dans une grande salle qui servoit de chapelle aux prisonniers de l'ancien régime. J'y comptai dix - neuf personnes couchées sur des lits de sangle : on me donna celui de M. Dangremont à qui on avoit coupé la tête deux jours auparavant.

Le même jour et dans le moment que nous allions nous mettre à table, M. Chantereine, colonel de la maison constitutionnelle du roi, se donna trois coups de couteau, après avoir dit : « Nous sommes tous destinés à être massacrés,.... Mon Dieu, je vais à vous ! »

Le 23 je composai un mémoire, dans lequel je démasquai la turpitude de mes dénonciateurs ; j'en envoyai des copies au ministre de la justice, à ma section, au comité de surveillance, et à tous ceux que je savois prendre intérêt à l'injustice que j'éprouvois.

Vers cinq heures du soir, on nous donna pour compagnon d'infortune, M. Durosoi, rédacteur de la Gazette de Paris. Aussi-tôt qu'il m'entendit nommer, il me dit, après les complimens d'usage : — « Ah ! monsieur que je suis heureux de vous trouver. Je vous aime depuis

» long-tems, et je ne vous connois cependant
» que par l'affaire de Nanci (1). Permettez à
» un malheureux, dont la dernière heure avan-
» ce, d'épancher son cœur dans le vôtre. » — Je
l'embrassai. Il me fit ensuite lire une lettre qu'il
venoit de recevoir, et par laquelle une de ses
amies lui mandoit : — « Mon ami, préparez-vous
» à la mort ; vous êtes condamné, et demain......
» Je m'arrache l'ame ; mais vous savez ce que
» je vous ai promis. Adieu. »

Pendant la lecture de cette lettre, je vis couler
des larmes de ses yeux, il la baisa plusieurs fois,
et je lui entendis dire à demi-voix : — « Hélas!
» elle sera plus malheureuse que moi. » — Il
se coucha sur mon lit, et dégoûtés de parler des
moyens qu'on avoit employés pour nous accuser
et pour nous arrêter, nous nous endormîmes.
Dès la pointe du jour il composa un mémoire
pour sa justification, qui, quoique écrit avec
énergie, et fort de choses, ne produisit aucun effet favorable, car il eut la tête tranchée le lendemain à la guillotine.

---

(1) Lors de l'affaire de Nanci, à la fin du mois d'Auguste 1791, les régimens du roi, de mestre-de-camp, de
Châteauvieux et quelques bataillons de gardes nationaux ;
nommèrent M. de Saint-Méard leur général, et l'obligèrent de les conduire à Luneville pour enlever aux carabi-
niers le général Masseigne. (Note de l'Editeur).

Le 25 , les commissaires de la prison nous permirent enfin de nous procurer le journal du soir.

On avoit placé dans la sacristie de la chapelle qui nous servoit de prison , un capitaine du régiment des gardes-suisses , nommé Reding , qui , lors de l'affaire du dix août , reçut un coup de feu , dont il eut le bras cassé : il avoit en outre quatre coups de sabre sur la tête. Quelques citoyens le sauverent , et le porterent dans un hôtel-garni , d'où on fut l'arracher pour le constituer prisonnier à l'Abbaye.

Le 26 , à minuit , un officier municipal entra dans notre chambre , pour inscrire nos noms , et le jour que nous avions été arrêtés. Il nous fit espérer que la municipalité enverroit le lendemain des commissaires pour faire sortir ceux contre lesquels il n'y avoit que des dénonciations vagues. Cette annonce me fit passer une bonne nuit ; mais elle ne se réalisa pas ; au contraire , le nombre des prisonniers ne fit qu'augmenter.

Le 27 , nous entendîmes le bruit d'un coup de pistolet qu'on tira dans l'intérieur de la prison ; aussi-tôt on court précipitamment dans les escaliers et les corridors ; on ouvre et on ferme avec vivacité des serrures et des verroux ; on entre dans notre chambre, où un de nos guichetiers, après nous avoir comptés, nous dit d'être tranquilles, que le danger étoit passé. Voilà tout ce qu'à voulu nous dire sur cet évènement le brusque et taciturne personnage.

Le 28 et le 29, nous ne fûmes distraits que par l'arrivée des voitures qui amenoient à chaque instant des prisonniers. Nous pouvions les voir d'une tourelle qui communiquoit dans notre chambre, et dont les fenêtres donnoient sur la rue Sainte-Marguerite. Nous avons payé bien cruellement, par la suite, le plaisir que nous avions d'entendre et d'appercevoir ce qui se passoit dans la rue, et sur-tout vis-à-vis le guichet de notre prison.

Le 30, à onze heures du soir, on fit coucher dans notre chambre un homme âgé d'environ quatre-vingt ans. Nous apprîmes le lendemain que c'étoit le sieur Cazotte, auteur du poëme d'Olivier, du Diable amoureux, et de plusieurs autres ouvrages. La gaîté un peu folle de ce vieillard, sa façon de parler orientale, fit diversion à notre ennui : il cherchoit très-sérieusement à nous persuader par l'histoire de Caïn et d'Abel, que nous étions plus heureux que ceux qui jouissoient de la liberté. Il paroissoit très-fâché que nous eussions l'air de n'en rien croire ; il vouloit absolument nous faire convenir que notre situation n'étoit qu'une émanation de l'apocalypse, etc., etc. Je le piquai au vif en lui disant que, dans notre position, on étoit beaucoup plus heureux de croire à la prédestination qu'à tout ce qu'il disoit. Deux gendarmes qui vinrent le chercher pour le conduire au tribunal criminel, terminèrent notre discussion.

Je ne perdois pas un instant pour me procurer les attestations qui pouvoient me servir à prouver les vérités que j'avançois dans mon mémoire. J'étois aidé par un ami, mais par un ami comme il n'y en a plus, qui, pendant que mes compagnons d'infortune étoient abandonnés des leurs, travailloit jour et nuit pour me rendre service. Il oublioit que, dans un moment de fermentation et de méfiance, il pouvoit courir les mêmes risques que moi ; qu'il se rendoit suspect en s'intéressant à un prisonnier suspecté : rien ne le retenoit, et il m'a bien prouvé la vérité de ce proverbe : « L'adversité est la pierre de touche des amis. » C'est, en grande partie, à ses soins et à son zèle que je suis redevable de la vie. Je dois au public, à moi-même, et à la vérité de nommer ce brave homme : c'est M. Teyssier, négociant, rue Croix-des-Petits-Champs.

Le premier septembre, on fit sortir de prison trois de nos camarades, qui furent bien moins étonnés de leur délivrance , qu'ils ne l'avoient été de leur arrestation ; car ils étoient les plus zélés patriotes de leurs sections. On en fit sortir quelques autres des chambres voisines , notamment M. de Jaucourt, membre de l'assemblée législative , qui , quelque tems avant, avoit donné sa démission de député.

Le dimanche , 2 septembre, notre guichetier servit notre dîner plutôt que de coutume ; son air effaré , ses yeux hagards nous firent présager quelque chose de sinistre. A deux heures il rentra ; nous l'entourâmes ; il fut sourd à toutes nos questions ; et après qu'il eût , contre son ordinaire , ramassé tous les couteaux que nous avions soin de placer dans nos serviettes , il se retira brusquement.

A deux heures et demie , le bruit effroyable que faisoit le peuple , fut épouvantablement augmenté par celui des tambours qui battoient la générale , par les trois coups de canon d'alarme , et par le tocsin qu'on sonnoit de toutes parts.

Dans ces momens d'effroi , nous vîmes passer trois voitures, escortées par une foule innombrable de femmes et d'hommes furieux,

qui criaient : « A la Force, à la Force. » (1).
On les conduisit au cloître de l'Abbaye, dont
on avoit fait des prisons pour les prêtres. Un
instant après nous entendîmes dire qu'on venoit de massacrer tous les évêques et autres
ecclésiastiques qui, dit-on, avoient été parqués
dans cet endroit.

Vers quatre heures, les cris déchirans d'un
homme que l'on hachoit à coups de sabre, nous
attirèrent à la fenêtre de la tourelle, et nous
vîmes vis-à-vis le guichet de notre prison, le
corps d'un homme étendu mort sur le pavé;
un instant après, on en massacra un autre...
ainsi de suite.

Il est de toute impossibilité d'exprimer l'horreur du profond et sombre silence qui régnoit
pendant ces exécutions ; il n'étoit imterrompu
que par les cris de ceux qu'on immoloit, et
par les coups de sabre qu'on leur donnoit sur
la tête. Aussi-tôt qu'ils étoient terrassés, il s'é-
levoit un murmure renforcé par des cris de
vive la nation, mille fois plus effrayans pour
nous que l'horreur du silence.

Dans l'intervalle d'un massacre à l'autre ,

---

(1) Nous ne savions pas encore que ces mots : « A la
Force », étoient l'avertissement qu'on donnoit quand on
envoyoit des victimes à la mort.

nous entendions dire sous nos fenêtres: « Il ne
» faut pas qu'il en échappe un seul ; il faut
» les tuer tous , et sur-tout ceux qui sont
» dans la chapelle , où il n'y a que des conspirateurs ». C'étoit de nous dont on parloit; et
je crois qu'il est inutile d'affirmer que nous
avons desiré bien des fois le bonheur de ceux
qui étoient renfermés dans les plus sombres
cachots.

Tous les genres d'inquiétudes les plus effrayans nous tourmentoient et nous arrachoient
à nos lugubres réflexions : un moment de silence dans la rue étoit interrompu par le bruit
qui se faisoit dans l'intérieur de la prison.

A cinq heures, plusieurs voix appellèrent
fortement M. Cazotte. Un instant après nous
entendîmes passer sur les escaliers une foule
de personnes qui parloient fort haut, des cli-
quetis d'armes , des cris d'hommes et de femmes. C'étoit ce vieillard , suivi de sa fille ,
qu'on entraînoit. Lorsqu'il fut hors du guichet,
cette courageuse fille se précipita au cou de
son pere. Le peuple , touché de ce spectacle ,
demanda sa grace , et l'obtint. Mais , quelques
jours après , il périt sur l'échafaud.

Vers sept heures, nous vîmes entrer deux
hommes dont les mains ensanglantées étoient
armées de sabres ; ils étoient conduits par un

guichetier qui portoit une torche , et qui leur indiqua le lit de l'infortuné Reding. Dans ce moment affreux , je lui serrois la main , et je cherchois à le rassurer. Un de ces hommes fit un mouvement pour l'enlever, mais ce malheureux l'arrêta en lui disant d'une voix mourante : » Eh ! monsieur , j'ai assez souffert ; je ne » crains pas la mort : par grace , donnez-la » moi ici ». Ces paroles le rendirent immobile ; mais son camarade, en le regardant et en lui disant : « Allons-donc » , le décida ; il l'enleva, le mit sur ses épaules et fut le porter dans la rue , où il reçut la mort........ J'ai les yeux si pleins de larmes , que je ne vois plus ce que j'écris.

Nous nous regardions sans proférer une parole ; nous nous serrions les mains ; nous nous embrassions........... Immobiles, dans un morne silence, et les yeux fixés , nous regardions le pavé de notre prison que la lune éclairoit dans l'intervalle de l'ombre formée par les triples barreaux de nos fenêtres......... Mais bientôt les cris des nouvelles victimes nous redonnoient notre premiere agitation, et nous rappelloient les dernieres paroles que prononça M. Chantereine , en se plongeant un couteau dans le cœur : « Nous sommes tous » destinés à être massacrés ». -

A minuit, dix hommes, le sabre à la main
précédés par deux guicheliers qui portoient des
torches, entrèrent dans notre prison, et nous
ordonnèrent de nous mettre chacun au pied de
nos lits. Après qu'ils nous eurent comptés, ils
nous dirent que nous répondions les uns des
autres, et jurèrent que s'il s'en échappoit un
seul nous serions tous massacrés, sans être entendus par M. le président. Ces derniers mots
nous donnèrent une lueur d'espoir ; car nous
ne savions pas encore si nous serions entendus avant d'être tués.

Le lundi 3, à deux heures du matin, on
enfonça, à coups redoublés, une des portes
de la prison : nous pensâmes d'abord que c'é-
toit celle du guichet qu'on enfonçoit pour
venir nous massacrer dans nos chambres ; mais
nous fûmes un peu rassurés quand nous entendîmes dire sur l'escalier, que c'étoit celle d'un
cachot, où quelques prisonniers s'étoient bar-
ricadés. Peu de tems après nous apprîmes
qu'on avoit égorgés tous ceux qu'on y avoit
trouvés.

A dix heures, l'abbé Lenfant, confesseur
du roi, et l'abbé de Chapt-Rastignac parurent dans la tribune de la chapelle qui nous
servoit de prison, et dans laquelle ils étoient
entrés par une porte qui donnoit sur l'escalier.

Iis nous annoncèrent que notre dernière heure approchoit, et nous invitèrent de nous recueillir pour recevoir leurs bénédictions. Un mouvement électrique, qu'on ne peut définir, nous précipita tous à genoux, et les mains jointes, nous la reçûmes. Ce moment, quoique consolant, fut un des plus cruels que nous ayons éprouvés. A la veille de paroître devant l'Etre suprême, agenouillés devant deux de ses ministres, nous présentions un spectacle indéfinissable. L'âge de ces deux vieillards, leur position au-dessus de nous, la mort planant sur nos têtes et nous environnant de toutes parts ; tout répandoit sur cette cérémonie une teinte auguste et lugubre ; elle nous rapprochoit de la divinité ; elle nous rendoit le courage ; tout raisonnement étoit suspendu, et le plus froid et le plus incrédule en reçut autant d'impression que le plus ardent et le plus sensible.... Une demi-heure après, ces deux prêtres furent massacrés, et nous entendîmes leurs cris......

Quel est l'homme qui lira les détails suivans sans que ses yeux se remplissent de larmes ? Quel est celui dont les cheveux ne se dresseront pas d'horreur ?

Notre occupation la plus importante étoit de savoir quelle seroit la position que nous devions prendre pour recevoir la mort le moins douloureusement, quand nous entrerions dans le lieu du massacre. Nous envoyions de tems à autre quelques-uns de nos camarades à la fenêtre de la tourelle, pour nous instruire de celle que prenoient les malheureux qu'on immoloit, et pour calculer, d'après leur rapport, celle que nous ferions bien de prendre. Ils nous rapportoient que ceux qui étendoient leurs mains souffroient beaucoup plus long-tems, parce que les coups de sabre étoient amortis avant de porter sur la tête ; qu'il y en avoit même dont les mains et les bras tomboient avant le corps, et que ceux qui les plaçoient derriere le dos devoient souffrir beaucoup moins..... Eh bien, c'étoit sur ces horribles détails que nous délibérions..... Nous calculions les avantages de cette derniere position, et nous nous conseillions réciproquement de la prendre quand notre tour d'être massacré seroit venu !.....

Vers midi, accablé, anéanti par une agitation plus que surnaturelle, absorbé par des réflexions dont l'horreur est inexprimable, je me jetai sur un lit, et je m'en dormis profondément. Tout me fait croire que je dois mon existence à ce moment de sommeil. Il me sembla que je paroissois devant le redoutable tribunal qui devoit me juger ; on m'écoutoit avec attention, malgré le bruit affreux du tocsin et des cris que je croyois entendre. Mon plaidoyer fini, on me renvoyoit libre. Ce rêve fit une impression si bienfaisante sur mon esprit, qu'il dissipa totalement mes inquiétudes, et je me réveillai avec un pressentiment qu'il se réaliseroit. J'en racontai les particularités à mes compagnons d'infortune, qui furent étonnés de l'assurance que je conservai depuis ce moment jusqu'à celui où je comparus devant mes terribles juges.

A deux heures, on fit une proclamation, que le peuple eut l'air d'écouter avec défaveur; un instant après des curieux, ou bien peut-être des gens qui vouloient nous indiquer des moyens de nous sauver placèrent une échelle contre la fenêtre de notre chambre; mais on les empêcha d'y monter, en criant: « A bas, à bas; c'est » pour leur porter des armes ».

Tous les tourmens de la soif la plus dévorante se joignoient aux angoisses que nous éprouvions à chaque minute. Enfin notre guichetier Bertrand parut seul, et nous obtînmes qu'il nous apporteroit une cruche d'eau : nous la bûmes avec d'autant plus d'avidité, qu'il y avoit VINGT-SIX HEURES que nous n'avions pu en obtenir une seule goutte. Nous parlâmes de cette négligence à un fédéré, qui vint avec d'autres personnes faire la visite de notre prison; il en fut indigné au point, qu'en nous demandant le nom de ce guichetier, il nous assura qu'il alloit l'exterminer : ce ne fut qu'après bien des supplications que nous obtînmes sa grace.

Ce petit adoucissement fut bientôt troublé par des cris plaintifs que nous entendîmes au-dessus de nous. Nous nous apperçûmes qu'ils venoient de la tribune ; nous en avertissions tous ceux qui passoient sur les escaliers. Enfin on entra dans cette tribune, et on nous dit que c'étoit un jeune officier qui s'étoit fait plusieurs blessures, dont pas une n'étoit mortelle, parce que la lame du couteau dont il s'étoit servi étant arrondie par le bout, n'avoit pu pénétrer. Cela ne servit qu'à hâter le moment de son supplice.

A huit heures, l'agitation du peuple se calma, et nous entendîmes plusieurs voix crier : « Grace, » grace, pour ceux qui restent ». Ces mots furent applaudis, mais foiblement. Cependant une lueur d'espoir s'empara de nous ; quelques-uns même crurent leur délivrance si prochaine, qu'ils avoient déjà mis leur paquet sous le bras ; mais bientôt de nouveaux cris de mort nous replongèrent dans nos angoisses.

J'avois formé une liaison particuliere avec le sieur Maussabré, qu'on n'avoit arrêté que parce qu'il avoit été aide-de-camp de M. de Brissac. Il avoit souvent donné des preuves de courage;

mais la crainte d'être assassiné lui avoit comprimé le cœur. J'étois cependant parvenu à dissiper un peu ses inquiétudes, lorsqu'il vint se jeter dans mes bras, en disant : — « Je suis perdu, je viens » d'entendre prononcer mon nom dans la rue ». J'eus beau lui dire que c'étoient peut-être des personnes qui s'intéressoient à lui ; que d'ailleurs la peur ne guérissoit de rien, qu'au contraire elle pourroit le perdre : tout fut inutile. Il avoit perdu la tête au point, que ne tr uvant pas à se cacher dans la chapelle, il monta dans la cheminée de la sacristie, où il fut arrêté par des grilles, qu'il eut même la folie d'essayer de casser avec sa tête. Nous l'invitâmes à descendre ; après bien des difficultés, il revint avec nous ; mais sa raison ne revint pas. C'est ce qui a causé sa mort, dont je parlerai dans un moment.

Le sieur Emard qui, la veille, m'avoit donné des renseignemens pour faire un testament olographe, me fit part des motifs pour lesquels on l'avoit arrêté. je les trouvai si injustes, que, pour lui donner une preuve de la certitude où j'étois qu'il ne périroit pas, je lui fis présent d'une médaille d'argent, en le priant de la conserver pour me la montrer dans dix ans : et en effet il échappa au massacre.

A onze heures, plusieurs personnes armées de sabres et de pistolets, nous ordonnèrent de nous

mettre à la file les uns des autres, et nous conduisirent dans le second guichet, placé à côté de celui
où étoit le tribunal qui alloit nous juger. Je m'ap-
prochai avec précaution d'une des sentinelles qui
nous gardoit, et je parvins peu-à-peu à lier une
conversation avec lui. Il me dit, dans un bara-
gouin qui me fit comprendre qu'il étoit provençal
ou languedocien, qu'il avoit servi huit ans dans
le régiment Lyonnois. Je lui parlai patois ; cela
parut lui faire plaisir, et l'intérêt que j'avois de
lui plaire, me donna une éloquence gasconne si
persuasive, que je parvins à l'intéresser au point
d'obtenir de lui ces mots, qu'il est impossible
d'apprécier, quand on n'a pas été dans la position
où j'étois : « Né té cougneichi pas, mé pertant né
» peinsi pas qué siasqué un treste, au contrairi,
» té crési un boun gouyat » (Je ne te connois
pas, mais pourtant je ne pense pas que tu sois un
traître ; au contraire, je pense que tu es un bon
enfant). — Je cherchai dans mon imagination
tout ce qu'elle pouvoit me fournir pour le confir-
mer dans cette bonne opinion ; j'y réussis, car
j'obtins encore qu'il me laisseroit entrer dans le
redoutable guichet pour voir juger un prisonnier.
J'en vis juger deux, dont un fournisseur de la
bouche du roi, qui étant accusé d'être du complot
du 10 août, fut condamné et exécuté : l'autre qui
pleuroit, et qui ne prononçoit que des mots en-

recoupés, étoit déjà déshabillé, et alloit partir pour la Force, lorsqu'il fut reconnu par un ouvrier de Paris, qui attesta qu'on le prenoit pour un autre. Il fut renvoyé à un plus amplement informé. J'ai appris depuis qu'il avoit été proclamé innocent.

Ce que je venois de voir fut un trait de lumiere qui m'éclaira sur la tournure que je devois donner à mes moyens de défense. Je rentrai dans le second guichet, où je vis quelques prisonniers qu'on venoit d'amener du dehors. J'y priai mon provençal de me procurer un verre de vin. Il alloit le chercher, lorsqu'on lui dit de me reconduire dans la chapelle, où je rentrai, sans avoir pu découvrir le motif pour lequel on nous avoit fait descendre ; j'y trouvai dix nouveaux prisonniers qui remplaçoient cinq des nôtres précédemment jugés. Je n'avois pas de tems à perdre pour composer un nouveau mémoire. J'y travaillois, bien convaincu qu'il n'y avoit que la fermeté et la franchise qui pouvoit me sauver, lorsque je vis entrer mon provençal qui, après avoir dit au guichetier : — « Ferme la porte seulement » à la clef, et attends-moi en dehors » je traduis tout son patois provençal, inintelligible à la plupart de mes lecteurs), s'approcha de moi, et me dit, après m'avoir touché la main : — « Je viens pour toi. Voilà le vin que tu m'as

» demandé : bois ». — J'en avois bu plus de la
moitié, lorsqu'il mit la main sur la bouteille, et
me dit : — « Mon ami, comme tu y vàs! j'en
» veux pour moi : à ta santé » — Il but le reste
d'un trait ; et nous eûmes ensemble la conversation suivante :

— « Je ne peux pas demeurer long-tems avec
toi, reprit-il ; mais rappelle-toi de ce que je te
dis ; si tu es un prêtre , ou un conspirateur du
château de monsieur Véto , tu es flambé ; mais si
tu n'es pas un traître , n'aie pas peur ; je réponds
de ta vie. — Eh ! mon ami , je suis bien sûr de
n'être pas accusé de tout cela ; mais je passe pour
être un peu aristocrate. — Ce n'est rien que
cela ; les juges savent bien qu'il y a d'honnêtes
gens par-tout ; le président est un honnête homme
qui n'est pas sot. — Faites-moi le plaisir de prier
mes juges de m'écouter : je ne leur demande que
cela. — Tu le seras ; je t'en réponds. Or ça,
adieu mon ami ; du courage. Je tâcherai de faire
venir ton tour le plutôt qu'il me sera possible.
Embrasse-moi ; je suis à toi de bon cœur ». —
Nous nous embrassâmes , et il sortit.

Il faut avoir été prisonnier à l'Abbaye le 3 septembre 1792 , pour sentir l'influence qu'eut cette
petite conversation sur mes espérances, et combien elle les ranima.

Vers minuit , le bruit surnaturel qu'on n'avoit

pas discontinué de faire depuis trente-six heures, commença à s'appaiser ; nous pensâmes que nos juges et leur pouvoir exécutif, excédés de fatigue, ne nous jugeroient que lorsqu'ils auroient pris quelque repos. Nous étions à arranger nos lits , lorsqu'on fit une nouvelle proclamation, qui fut huée généralement. Peu après un homme demanda la parole au peuple, et nous lui entendîmes dire très-distinctement : — « Les » prêtres et les conspirateurs qui restent, et qui » sont dans cette prison, ont graissé la patte des » juges : voilà pourquoi ils ne les jugent pas ». — A peine eut-il achevé de parler, qu'il nous sembla entendre qu'on l'assommoit.

L'agitation du peuple devint d'une véhémence effroyable. Le bruit augmentoit à chaque instant, et la fermentation étoit à son comble , lorsqu'on vint chercher M. Défontaine, ancien garde-du-corps, dont bientôt après nous entendîmes les cris de mort. On vint ensuite arracher de nos bras deux de nos camarades; ce qui me fit pressentir que mon heure fatale approchoit.

Enfin le mardi , à une heure du matin , après avoir souffert une agonie de trente-sept heures qu'on ne peut comparer même à la mort ; après avoir bu mille et mille fois le calice d'amertume, la porte s'ouvre , on m'appelle ; je parois ; trois hommes me saisissent , et m'entraînent dans l'affreux guichet.

» A la lueur de deux torches, j'apperçus le terrible tribunal qui alloit me donner ou la vie ou la mort. Le président, en habit gris, un sabre à son côté, étoit appuyé debout contre une table sur laquelle on voyoit des papiers, une écritoire, des pipes, et quelques bouteilles. Cette table étoit entourée par dix personnes, assisses ou debout, dont deux étoient en veste et en tablier; d'autres dormoient étendus sur des bancs. Deux hommes en chemise teinte de sang, le sabre à la main, gardoient la porte du guichet; un vieux guichetier avoit la main sur les verroux. En présence du président, trois hommes tenoient un prisonnier qui paroissoit âgé de 60 ans.

On me plaça dans un coin du guichet ; mes gardiens croisèrent leurs sabres sur ma poitrine, et m'avertirent que si je faisois le moindre mouvement pour m'évader, ils me poignarderoient. Je cherchois des yeux mon provençal, lorsque je vis deux gardes nationaux présenter au président une réclamation de la section de la Croix-Rouge en faveur du prisonnier qui étoit vis-à-vis de lui. Il leur dit que ces demandes étoient inutiles pour les traîtres. Alors le prisonnier s'écria : « C'est affreux, votre jugement est un assas-
» sinat. » — Le président lui répondit : « J'en ai
» les mains lavées. Conduisez monsieur Maillé...
— Ces mots prononcés, on le poussa dans la

rue , où je le vis massacrer par l'ouverture de la porte du guichet.

Je me suis trouvé souvent dans des positions dangereuses, et j'ai toujours eu le bonheur de savoir maîtriser mon ame ; mais dans celle-ci ! L'effroi inséparable de ce qui se passoit autour de moi , m'auroit fait succomber , sans ma conversation avec le proverçal , et sur-tout sans mon rêve qui me revenoit toujours à l'imagination.

Le président s'assit pour écrire , et après qu'il eut sans doute enregistré le nom du malheureux qu'on expédioit ; j'entends dire : A un autre.

Aussi-tôt je fus traîné devant cet expéditif et sanglant tribunal , en présence duquel la meilleure protection étoit de n'en point avoir ; et où toutes les ressources de l'esprit étoient nulles , si elles n'étoient pas fondées sur la vérité. Deux de mes gardes me tenoient chacun une main, et le troisieme par le collet de mon habit.

Le président m'adressant la parole : « Votre nom , votre profession ? ». — Un des juges : — « Le moindre mensonge vous perd. — On me nomme Jourgniac - Saint - Méard ; j'ai servi vingt-cinq ans en qualité d'officier, et je comparois à votre tribunal avec l'assurance d'un homme qui n'a rien à se reprocher, qui, par conséquent, ne mentira pas. — C'est ce que nous allons

voir, reprit le président, un moment. » — Il
regarda les écrous et les dénonciations qu'il fit
ensuite passer aux juges. On détournoit souvent
leur attention, à mon grand regret. On leur parloit à l'oreille, on leur portoit des lettres; une
entr'autres qu'on remit au président, et qu'on
avoit trouvée dans la poche de M. de Valerois-
sant, maréchal-de-camp, adressée à M. Servant,
ministre de la guerre. — « Savez-vous, pour-
suivit le président, quels sont les motifs de votre
arrestation? — Oui, monsieur le président, et
je peux croire, d'après la fausseté des dénonciations faites contre moi, que le comité de surveillance de la commune ne m'auroit pas fait
emprisonner, sans les précautions que le salut
du peuple lui commandoit de prendre. On m'accuse d'être rédacteur du journal anti-feuillant, intitulé: De la Cour et de la Ville. La vérité est
que cela n'est pas. C'est un nommé Gautier,
dont le signalement ressemble si peu au mien
que ce n'est que par méchanceté qu'on peut m'a-
voir pris pour lui; et si je pouvois fouiller dans
ma poche....... »

Je fis un mouvement inutile pour prendre mon
porte-feuille; un des juges s'en apperçut, et dit
à ceux qui me tenoient: « Lâchez Monsieur. »
Alors je posai sur la table les attestations de plusieurs commis, facteurs, marchands et proprié-

taires de maisons chez lesquels il a logés, qui prouvoient qu'il étoit rédacteur de ce journal, et seul propriétaire. Un des juges : « Mais enfin il n'y a pas de feu sans fumée ; il faut dire pourquoi on vous accuse de cela. — C'est ce que j'allois faire. Vous savez, Messieurs, que ce journal étoit une espece de tronc dans lequel on déposoit les calembourgs, quolibets, épigrammes, plaisanteries bonnes ou mauvaises qui se faisoient à Paris et dans les quatre-vingt-trois départemens. Je pourrois dire que je n'en ai jamais fait pour ce journal, puisqu'il n'existe aucun manuscrit de ma main ; mais ma franchise, qui m'a toujours bien servi, me servira encore aujourd'hui, et j'avouerai que la gaîté de mon caractère m'inspiroit souvent des idées plaisantes, que j'envoyois au sieur Gautier. Voilà, Messieurs, le simple résultat de cette grande dénonciation, qui est aussi absurde que celle dont je vais parler est monstrueuse. On m'accuse d'avoir été sur les frontieres, d'y avoir fait des recrues, de les avoir conduites aux émigrés... (Il s'éleva un murmure général qui ne me déconcerta pas, et je dis, en haussant la voix :) « Eh ! Messieurs, Messieurs, j'ai la parole ; je prie monsieur le président de vouloir bien me la maintenir : jamais elle ne m'a été plus nécessaire ». Presque tous les juges dirent en riant : — « C'est juste, c'est juste : silence.

— Mon

— Mon dénonciateur est un monstre ; je vais prouver cette vérité à des juges que le peuple n'auroit pas choisis , s'il ne les avoit pas cru capables de discerner l'innocent d'avec le coupable. Voilà , messieurs , des certificats qui prouvent que je ne suis pas sorti de Paris depuis vingt-trois mois. Voilà trois déclarations des maîtres des maisons chez lesquels j'ai logé depuis ce tems qui attestent la même chose. »

On étoit occupé à les examiner , lorsque nous fûmes interrompus par l'arrivée d'un prisonnier qui prit ma place devant le président. Ceux qui le tenoient dirent que c'étoit encore un prêtre qu'on avoit déniché dans la chapelle. Après un fort court interrogatoire , il fut envoyé à la Force. Il jetta son bréviaire sur la table , et fut entraîné hors du guichet , où il fut massacré. Cette expédition faite , je reparus devant le tribunal.

Un des juges : — « Je ne dis pas que ces certificats soient faux ; mais qui nous prouvera qu'ils sont vrais ? — Votre réflexion est juste , monsieur ; et pour vous mettre à même de me juger avec connoissance de cause , faites-moi conduire dans un cachot , jusqu'à ce que des commissaires, que je prie monsieur le président de vouloir bien nommer , aient vérifié leur validité. S'ils sont faux , je mérite la mort. »

Tome I. B

Un des juges qui, pendant mon interrogatoire, parut s'intéresser à moi, dit à demi-voix : — « Un coupable ne parleroit pas avec cette assurance. » Un autre juge : — « De qu'elle section êtes-vous ? — De la Halle-au-Blé. » — Un garde national, qui n'étoit pas du nombre des juges, s'écria : « Je suis aussi de cette section. Chez qui demeurez-vous ? — Chez monsieur Teyssier, rue Croix-des-Petits-Champs. » — Le garde national : Je le connois ; nous avons même fait des affaires ensemble ; et je peux dire si ce certificat est de lui...... » — Il le regarde, et dit : « Messieurs, je certifie que c'est la signature du citoyen Teyssier. »

Avec quel plaisir j'aurois sauté au cou de cet ange tutélaire ! Mais j'avois des choses si importantes à traiter, qu'elles me détournèrent de ce devoir ; et à peine eut-il achevé de parler, que je fis une exclamation qui rappella l'attention de tous : — « Eh ! messieurs, d'après le témoignage de ce brave homme, qui prouve la fausseté d'une dénonciation qui pouvoit me conduire à la mort, quelle idée pouvez-vous avoir de mon dénonciateur ? — Le juge qui paroissoit s'intéresser à moi : — C'est un gueux ; et s'il étoit ici, on en feroit justice. Le connoissez-vous ? — Non, monsieur ; mais il doit être au comité de surveillance de la commune, et j'avoue que si je le connoissois , je croirois rendre service au public en l'avertissant , par des affiches, de s'en méfier comme d'un chien enragé. »

Un des juges : « On voit que vous n'êtes pas faiseur de journal , et que vous n'avez pas fait de recrues. Mais vous ne parlez pas des propos aristocrates que vous avez tenus au Palais-Royal, chez des libraires. — Je n'ai pas craint d'avouer ce que j'ai écrit ; je craindrai encore moins d'avouer ce que j'ai dit, et même pensé. J'ai toujours conseillé l'obéissance aux lois , et j'ai prêché d'exemple. J'avoue en même tems que j'ai profité de la permission que me donnoit la constitution, pour dire que je ne la jugeois pas parfaite , parce que je croyois m'appercevoir qu'elle nous plaçoit tous dans une position fausse. J'ai dit aussi que presque tous les nobles de l'assemblée constituante , qui se sont montrés si zélés patriotes , avoient beaucoup plus travaillé pour satisfaire leurs intérêts et leur ambition , que pour la patrie ; et quand tout Paris paroissoit engoué de leur patriotisme ; je disois : Ils vous trompent. Je m'en rapporte à vous , messieurs ; l'événement a-t-il justifié l'idée que j'avois d'eux ? Il y a long-tems que je prévoyois une grande catastrophe , résultat nécessaire de cette constitution , révisée par des égoïstes qui, comme ceux dont j'ai déjà parlé, ne travailloient que pour eux ; et

sur-tout du caractère des intrigans qui la défendoient. Dissimulation, cupidité, et poltronnerie
étoient les attributs de ces charlatans. Fanatisme,
intrépidité et franchise, formoient le caractère
de leurs ennemis. Il ne falloit pas des lunettes
bien longues pour voir qui devoit l'emporter. »

L'attention qu'on avoit à m'écouter, et à laquelle j'avoue que je ne m'attendois pas, m'encourageoit, et j'allois faire le résumé de mille
raisons qui me font préférer le régime républicain
à celui de la constitution monarchique ; j'allois
répéter ce que je disois tous les jours chez M.
Desenne, lorsque le concierge entra tout effaré
pour avertir qu'un prisonnier se sauvoit par une
cheminée. Le président lui dit de faire tirer sur lui
des coups de pistolet ; mais que s'il s'échappoit,
le guichetier en répondroit sur sa tête. On tira
contre lui quelques coups de fusil, et le guichetier voyant que ce moyen ne réussissoit pas, alluma
de la paille. La fumée le fit tomber à moitié
étouffé : il fut achevé devant la porte du guichet.

Je repris mon discours, en disant : « Personne,
messieurs, n'a desiré plus que moi la réforme des
abus... Je ne suis ni jacobin ni feuillant... —
Un juge d'un air impatienté : — « Vous nous
dites toujours que vous n'êtes pas ça, ni ça :
qu'êtes-vous donc ? — J'étois franc royaliste. »
— Il s'éleva un murmure général, qui fut mi-

raculeusement appaisé par le juge qui avoit l'air de s'intéresser à moi , qui dit mot pour mot : — « Ce n'est pas pour juger les opinions que nous sommes ici ; c'est pour en juger les résultats. » — A peine ces précieux mots furent-ils prononcés , que je m'écriai : — « Je n'ai jamais entendu parler des complots que par l'indignation publique. Toutes les fois que j'ai trouvé l'occasion de secourir un homme , je l'ai fait , sans lui demander quels étoient ses principes. J'ai toujours été aimé des paysans de la terre dont j'étois seigneur ; car dans le moment où l'on brûloit les châteaux de mes voisins , je fus dans le mien , à Saint-Méard ; les paysans vinrent en foule me témoigner le plaisir qu'ils avoient de me voir , ils plantèrent un mai dans ma cour. Je sais que ces détails doivent vous paroître bien minutieux ; mais , messieurs , mettez-vous à ma place , et jugez si c'est le moment de tirer parti de toutes les vérités qui peuvent m'être avantageuses. Je peux assurer que pas un soldat du régiment d'infanterie du roi , dans lequel j'ai servi vingt-cinq ans , n'a eu à se plaindre de moi ; je peux même me glorifier d'être un des officiers qu'ils ont le plus chéri. » — Quand je prononçai le nom du régiment du roi , il me sembla qu'on me marchoit sur le pied , pour m'avertir apparemment que j'allois me compromettre. Mais j'étois sûr du contraire.

B 3

Nous en étions là, lorsqu'on ouvrit une des portes du guichet qui donne sur l'escalier, et je vis une escorte de trois hommes qui conduisoient M. Margue..., ci-devant major, précédemment mon camarade au régiment du roi, et mon compagnon de chambre à l'Abbaye. On le plaça, pour attendre que je fusse jugé, dans l'endroit où l'on m'avoit mis quand on me conduisit dans le guichet.

Je repris mon discours. — « Après la malheureuse affaire de Nanci, je suis venu à Paris, où je suis resté depuis cette époque. J'ai été arrêté dans mon appartement, il y a douze jours. Je m'attendois si peu à l'être, que je n'avois pas cessé de me montrer comme à mon ordinaire. On n'a pas mis les scellés chez moi, parce qu'on n'y a rien trouvé de suspect. Je n'ai jamais été inscrit sur la liste civile. Je n'ai signé aucune pétition. Je n'ai eu aucune correspondance répréhensible. Je ne suis pas sorti de France depuis l'époque de la révolution. Pendant mon séjour dans la capitale, j'y ai vécu tranquille ; je m'y suis livré à la gaîté de mon caractère, qui, d'accord avec mes principes, ne m'a jamais permis de me mêler sérieusement des affaires publiques, et encore moins de faire du mal à qui que ce soit. Voilà, messieurs, tout ce que je peux dire de ma conduite et de mes principes. La sincérité des aveux que je viens de faire doit vous convaincre que je ne suis pas un homme dangereux. C'est ce qui me fait espérer que vous voudrez bien m'accorder la liberté que je vous demande, et à laquelle je suis attaché par besoin et par principes. »

Le président, après avoir ôté son chapeau, dit : « Je ne vois rien qui doive faire suspecter Monsieur ; je lui accorde la liberté. Est-ce votre avis ? » Tous les juges approuvèrent cette décision.

A peine mon sort fut il décidé, que tous ceux qui étoient dans le guichet m'embrassèrent. J'entendis au-dessus de moi applaudir et crier *bravo*. Je levai les yeux, et j'apperçus plusieurs têtes groupées contre les barreaux du soupirail du guichet ; et comme elles avoient les yeux ouverts et mobiles, je compris que le bourdonnement sourd et inquiétant que j'avois entendu pendant mon interrogatoire, venoit de cet endroit.

Le président chargea trois personnes d'aller en députation annoncer au peuple le jugement qu'on venoit de rendre. Pendant cette proclamation, je demandai à mes juges un résumé de ce qu'ils venoient de prononcer en ma faveur ; ils me le promirent. Le président me demanda pourquoi je ne portois pas la croix de St-Louis, dont il savoit que j'étois décoré. Je lui répondis que mes camarades prisonniers m'avoient invité à l'ôter.

Il m'observa que l'assemblée nationale n'ayant point défendu encore de la porter, on paroissoit suspect en faisant le contraire. Les trois députés rentrèrent, et me firent mettre mon chapeau sur la tête ; ils me conduisirent hors du guichet. Aussi-tôt que je parus dans la rue, un d'eux s'écria : « Chapeau bas..... Citoyens, voilà celui pour lequel vos juges demandent aide et secours. » Ces paroles prononcées, le pouvoir exécutif m'enleva, et placé au milieu de quatre torches, je fus embrassé de tous ceux qui m'entouroient. Tous les spectateurs crièrent : « Vive la nation, » Ces honneurs, auxquels je fus très-sensible, me mirent sous la sauve-garde du peuple, qui, en applaudissant, me laissa passer, suivi des trois députés que le président avoit chargés de m'escorter jusques chez moi. Un d'eux me dit qu'il étoit maçon, et établi dans le fauxbourg Saint-Germain ; l'autre étoit né à Bourges, et apprentif perruquier ; le troisième vêtu de l'uniforme de garde national, me dit qu'il étoit fédéré. Chemin faisant, le maçon me demanda si j'avois peur. — « Pas plus que vous, lui répondis-je. Vous devez vous être apperçu que je n'ai point été intimidé dans le guichet : je ne tremblerai pas dans la rue. — Vous auriez tort d'avoir peur, poursuivit-il ; car actuellement vous êtes sacré pour le peuple ; et si quelqu'un vous frappoit, il péri-

roit sur-le-champ. Je voyois bien que vous n'é-
tiez pas une de ces chenilles de la liste civile;
mais j'ai tremblé pour vous, quand vous avez dit
que vous étiez officier du roi. Vous rappellez-
vous que je vous ai marché sur le pied? — Oui,
mais j'ai cru que c'étoit un des juges. — C'étoit,
parbleu, bien moi; je croyois que vous alliez
vous fourer dans le haria, et j'aurois été fâché
de vous voir mourir. Mais vous vous en êtes bien
tiré; j'en suis bien aise, parce que j'aime les
gens qui ne boudent pas. » — Arrivés dans la rue
Saint-Benoît, nous montâmes dans un fiacre qui
nous porta chez moi.

Le premier mouvement de mon hôte, de mon
ami, en me voyant, fut d'offrir son porte-feuille
à mes conducteurs, qui le refusèrent, et qui lui
dirent, en propres termes : — « Nous ne faisons
pas ce métier pour de l'argent. Voilà votre ami;
il nous a promis un verre d'eau-de-vie; nous le
boirons, et nous retournerons à notre poste. »
Ils me demandèrent une attestation qui déclarât
qu'ils m'avoient conduit chez moi sans accident.
Je la leur donnai, en les priant de m'envoyer
celle que les juges m'avoient promise, ainsi que
mes effets que j'avois laissés à l'Abbaye, et que
je n'ai jamais reçus.

Le lendemain, un des commissaires m'apporta
le certificat dont voici copie. — « Nous, com-

missaires nommés par le peuple pour faire justice
des traîtres détenus dans la prison de l'Abbaye,
avons fait comparoître, le 4 septembre, le citoyen Jourgniac-Saint-Méard, ancien officier
décoré, lequel a prouvé que les accusations
portées contre lui étoient fausses, et n'être jamais entré dans aucun complot contre les patriotes : nous l'avons fait proclamer innocent en
présence du peuple, qui a applaudi à la liberté
que nous lui avons donnée. En foi de quoi nous
lui avons délivré le présent certificat, à sa demande. Nous invitons tous les citoyens à lui
accorder aide et secours. »

Signés POIR.... BER....

A l'Abbaye, l'an quatrième de la liberté, et le premier de l'égalité.

Après quelques heures de sommeil, je m'em-
pressai de remplir les devoirs que l'amitié et la
reconnoissance m'imposoient. Je fis imprimer une
lettre, par laquelle je fis part de mon heureuse
délivrance à tous ceux que je savois avoir pris quelque part à mon malheur. Je fus le même jour
me promener dans le jardin du palais de l'Egalité,
ci-devant palais d'Orléans ; je vis plusieurs personnes se frotter les yeux, pour voir si c'étoit
bien moi ; j'en vis d'autres reculer d'effroi,
comme si elles avoient vu un spectre. Je fus
embrassé, même de ceux que je ne connoissois

pas : enfin ce fut un jour de fête pour moi et mes amis.

Observations de l'Editeur.

Avant d'intéresser la sensibilité de nos lecteurs par d'autres détails, nous croyons devoir placer ici, en forme de notes, quelques passages, dont les uns sont relatifs aux abbés Chapt et Lenfant, tous extraits d'un ouvrage intitulé : Almanach des honnêtes gens, pour l'année 1793. « L'abbé Chapt de Rastignac étoit âgé de plus de 70 ans, d'une ancienne et illustre maison du Périgord, docteur de la maison et société de Sorbonne, vicaire-général du diocèse d'Arles. Il avoit été député à l'assemblée constituante. Il est auteur de plusieurs écrits, entr'autres de l'Accord de la révélation et de la raison contre le divorce, et d'une dissertation sur le divorce en Pologne.

» L'abbé Lenfant s'étoit distingué dans la société des Jésuites, où il falloit avoir vraiment du mérite pour se faire remarquer. Il fut prédicateur de Joseph II, dont il étoit singulièrement aimé ; et il prêcha ensuite devant Louis XVI ; mais il est faux qu'il en fut le confesseur. On lui attribue le discours à lire au conseil, sur le projet d'accorder l'état civil aux protestans, qui parut en 1787. Il fut massacré à l'âge de plus de 70 ans. Il étoit un célèbre prédicateur.

Séron, procureur au parlement, fut une des

victimes égorgées dans la prison de l'Abbaye. C'é-
toit un homme un peu brusque ; il fut éveillé en
sursaut lors de la visite domiciliaire décrétée par
l'assemblée législative ; il prit de l'humeur, et se
plaignit avec amertume de ce qu'on troubloit le
repos des citoyens pendant la nuit : on lui fit un
crime de ses plaintes, et on l'envoya à l'Abbaye.

On remarqua que les assassins n'excédoient
nulle part le nombre de 30 à 40 ; et l'on en con-
clud qu'il n'auroit pas fallu une grande force pour
les dissiper. Parmi ces assassins, on distingua un
jeune homme d'environ 18 ans, qui, monté sur
une borne à côté du guichet de l'Abbaye, paroissoit singulièrement acharné à frapper les victimes. Il disoit qu'il avoit perdu ses deux frères
dans la journée du 10 août et qu'il les vengeoit ;
il se glorifioit d'avoir tué de sa propre main 50
personnes. Un autre bourreau, qui se disoit
Marseillois, se glorifioit d'en avoir égorgé lui seul
deux-cents.

Dans ces exécrables journées des 2 et 3 septembre, on vit des femmes assises dans des charettes sur les corps morts, comme les blanchis-
seuses sur leur linge sale. D'autres se jettoient
sur des cadavres et les déchirsoient avec les dents.
On en a vû danser en rond sur les cadavres
qu'elles fouloient aux pieds. Enfin il y en eut qui
coupèrent les oreilles des hommes assassinés, et

les attachèrent avec une épingle devant leur
sein ....

Le comte de Saint-Mart, chevalier de Saint-
Louis, ancien colonel, un des prisonniers massacrés à l'Abbaye, fut percé d'une lance qui lui
traversoit les deux flancs. Ses bourreaux l'obligèrent de marcher sur ses genoux, ayant le
corps ainsi percé, et rioient aux éclats de l'attitude, des gémissemens et des convulsions douloureuses de la victime. Ils finirent par lui couper
la tête.....

LES JOURNÉES

DES 2 ET 3 SEPTEMBRE,

AUX PRISONS DE L'ABBAYE;

Par un Témoin occulaire (1).

J'ALLOIS à mon poste vers les deux heures et
demie, je passois rue Dauphine, j'entends tout-
à-coup des huées. Je regarde, j'apperçois quatre
fiacres à la file les uns des autres , escortés par

----

(1) Cet extrait est tiré d'une brochure intitulée : *La
Vérité toute entière sur les vrais acteurs de la journée
du 2 Septembre 1792, etc. etc.* Note de l'Editeur.

des gardes nationaux de départemens, (des fédérés Marseillois et Bretons.)

Ces fiacres renfermoient chacun quatre individus; c'étoient des gens arrêtés dans les visites
domiciliaires précédentes : ils venoient d'être interrogés à la mairie par Billaud-Varennes, substitut du procureur de la commune, qui les renvoyoit à l'Abbaye, pour y être provisoirement déposés. On s'ameute, les cris redoublent; un des
prisonniers sans doute aliéné, échauffé par ces
murmures, passe son bras à travers la portière et
donne un coup de canne sur la tête d'un des fédérés qui accompagnoient; celui-ci furieux tire
son sabre, monte sur le marche-pied de la voiture et plonge à trois reprises dans le cœur de
son aggresseur. J'ai vu jaillir le sang à gros
bouillons. — « Il faut les tuer tous, ce sont des
aristocrates, s'écrient les assistans; tous les fédérés mettent le sabre à la main et égorgent à
l'instant les trois compagnons de celui qui venoit
d'être immolé; j'apperçus dans ce moment un
jeune homme vêtu d'une robe blanche, s'avancer
hors de la même voiture; sa phisionomie intéressante, mais pâle et éteinte, annonçoit qu'il
étoit très-malade, il avoit rassemblé ses forces
chancelantes, et déjà atteint d'une blessure, il
crioit encore grâce, grâce, pardon : mais en vain,
un coup mortel le réunit au sort des autres.

Cette voiture, qui étoit la dernière, ne conduisoit plus que des cadavres ; elle n'avoit pourtant pas été arrêtée pendant le carnage qui avoit duré l'espace de deux minutes. La foule augmente, les hurlemens redoublent, on arrive à l'Abbaye ; les cadavres des morts sont jettés dans la cour ; les douze prisonniers vivans descendent pour entrer au comité civil ; deux sont immolés en mettant pied à terre ; dix parviennent à être introduits. Le comité n'avoit pas eu le tems de procéder au plus léger interrogatoire, qu'une multitude armée de piques, d'épées, de sabres, de bayonnettes vient fondre, arrache et tue les prévenus. Un d'eux déjà percé de coups se tenoit encore attaché à l'habit d'un membre du comité, luttant toujours contre la mort.

Trois restoient, du nombre desquels se trouvoit l'abbé Sicard, instituteur des sourds et muets ; déjà les sabres étoient levés sur sa tête, lorsque Monnet, horloger, se jette au-devant des piques, en s'écriant : — « Percez-moi plutôt que d'immoler un homme utile à la patrie ». — Ces paroles prononcées avec le feu et l'élan d'une ame généreuse suspendirent la mort ; on profita du moment de calme pour faire passer Sicard avec les deux autres dans le fond du comité. L'un de ces survivans étoit le sous-instituteur des sourds et muets ; le second étoit un avocat de

Metz, arrivé depuis quelques jours pour affaire ,
et reconnu par Jourdan , membre du comité civil. Ces trois infortunés s'assirent autour de la
table du comité , faisant semblant de délibérer
comme membres. Cette ruse courageuse étoit la
seule qui pût réussir , car, un moment après ,
entrèrent des hommes furieux, demandant à grands
cris , la tête de l'abbé Sicard ; mais ne le connoissant point, ils passèrent à côté de lui , et sortirent , persuadés qu'il étoit au nombre des cadavres.

Il étoit 5 heures du soir : arrive Billaud-de-
Varennes , substitut du procureur de la commune ; il avoit son écharpe , et le petit habit
puce et la perruque noire qui le caractérisoit ; il
marche sur les cadavres, fait au peuple une courte
harangue , et finit ainsi : — « Peuple, tu im-
moles tes ennemis , tu fais ton devoir. » —
Cette oraison cannibale anime ; les tueurs s'é-
chauffent davantage , ils demandent à grands
cris de nouvelles victimes : comment étancher
cette soif de sang croissante , inextinguible ?
une voix part d'à côté de Billaud : c'étoit celle
de ce Maillard , depuis connu sous le nom de
tappe-dur : « il n'y a plus rien à faire ici, allons aux
Carmes. » Ils y courent, et cinq minutes après je
vis amener les morts traînés par les pieds dans
les ruisseaux.

L'expédition des Carmes est terminée, ou avancée ; une bande de massacreurs revient couverte de sang et de poussière ; ces monstres sont fatigués de carnage, mais non rassasiés de sang ; ils sont hors d'haleine, ils demandent à boire du vin, du vin ou la mort. Que répondre à cette volonté irrésistible ? le comité civil de la section leur donne des bons de 24 pintes, assignés sur un marchand de vin voisin. Bientôt ils ont bû, ils sont saoulés et contemplent avec complaisance les cadavres jonchés dans la cour de l'Abbaye.

« Que faisons-nous ici ? s'écrie la même voix (du même Maillard revenu des Carmes), allons aux prisons de l'Abbaye, il y a du gibier là. » — Il dit, les tueurs répètent en chœur : allons à l'Abbaye, et ils volent armés de leurs piques et de leurs sabres ensanglantés. A péine deux minutes étoient écoulées que l'on amenoit les cadavres égorgés ; déjà plusieurs traînés dans les ruisseaux venoient d'être réunis au monceau de la cour de l'Abbaye, lorsque se forma, comme par inspiration, une commission dite populaire, dont les journaux rendirent compte le lendemain, et qu'ils appelèrent un tribunal équitable. La Chronique et Brissot lui donnèrent des éloges. Voici cependant quelle étoit sa composition, et quelle fut-à-peu près la conduite de ses membres.

Douze escrocs présidés par Maillard avec qui

ils avoient probablement combiné ce projet d'avance, se trouvent, comme par hasard, parmi le peuple : et là, bien connus les uns des autres, ils se réunissent au nom du peuple souverain, soit de leur audace privée, soit qu'ils eussent reçu mission secrette d'une autorité supérieure; ils s'emparent des registres d'écroux, il les feuillettent et les parcourent : les portes-clefs tremblent, la femme du geolier, le geolier s'évanouissent : la prison est environnée d'hommes furieux : l'on crie, les clameurs augmentent, la porte est assaillie, elle va être forcée lorsqu'un des commissaires se présente au grillage extérieur, et demande qu'on l'écoute ; ses gestes obtiennent un moment de silence, les portes s'ouvrent, il s'avance le livre des écroux à la main ; il se fait apporter un tabouret ; monte dessus pour se mieux faire entendre : — « Mes camarades, mes amis, s'écrie-t-il, vous êtes de bons patriotes, votre ressentiment est juste, et vos plaintes sont fondées. Guerre ouverte aux ennemis du bien public ; ni trève ni ménagemens, c'est un combat à mort : je sens comme vous, qu'il faut qu'ils périssent ; mais, si vous êtes de bons citoyens, vous devez aimer la justice. Il n'est pas un de vous qui ne frémisse de l'idée affreuse de tremper ses mains dans le sang de l'innocence. — Oui, oui, répond le peuple. — Eh bien, je vous le de-

mande , quand vous voulez sans rien entendre ,
sans rien examiner , vous jetter , comme des
tigres en fureur , sur des hommes qui sont vos
frères , ne vous exposez-vous pas au regret tar-
dif et désespérant d'avoir frappé l'innocent au-lieu
du coupable ? » — Ici l'orateur est interrompu
par un des assistans qui , armé d'un sabre ensanglanté , les yeux étincelans de rage , fend la
presse , et le réfute en ces termes : — « Dites
donc , monsieur le citoyen , parlez donc , est-ce
que vous voulez aussi nous endormir ? si les sacrés
gueux de Prussiens et d'Autrichiens étoient à Paris , chercheroient-ils aussi les coupables ? ne
frapperoient-ils pas à tort et à travers, comme
les Suisses du 10 août ? eh bien, moi je ne suis
pas orateur, je n'endors personne, et je vous
dis que je suis père de famille, que j'ai une
femme et cinq enfans que je veux bien laisser
ici à la garde de ma section pour aller combattre
l'ennemi ; mais je n'entends pas que pendant ce
tems-là, les scélérats qui sont dans cette prison,
à qui d'autres scélérats viendront ouvrir les
portes, aillent égorger ma femme et mes enfans ; j'ai trois garçons qui seront, je l'espère,
un jour plus utiles à la patrie que les coquins
que vous voulez conserver : au reste, il n'y a qu'à
les faire sortir, nous leur donnerons des armes,
et nous les combattrons à nombre égal : mourir

ici, mourir aux frontières, je n'en serai pas moins tué par des scélérats, et je leur vendrai chèrement ma vie ; et soit par moi, soit par d'autres, la prison sera purgée de ces sacrés gueux-là. » —

Il a raison, répète un cri général : point de grace, il faut entrer ; » — on se pousse, on s'avance ; — « Un moment, citoyens, vous allez être satisfaits, dit le premier orateur : voici le livre des écroux, il servira à donner des renseignemens, l'on pourra ainsi punir les scélérats, sans cesser d'être justes ; le président lira l'écrou en présence de chaque prisonnier, il recueillera ensuite les voix et prononcera. » A chaque phrase on entendoit de toutes parts, — « Oui, oui, fort bien, il a raison, bravo ! bravo ! » — A la fin du discours, plusieurs voix d'hommes appostés, crièrent : — M. Maillard ; le citoyen Maillard, président ; c'est un brave homme ; le citoyen Maillard, président. » — Celui-ci aux aguets de cette nomination, jaloux d'un pareil ministère, entre aussi-tôt en fonctions et dit « qu'il va travailler en bon citoyen. » — La commission s'organise, les compagnons de Maillard l'environnent ; ils conviennent entr'eux d'une formule d'interrogatoire très-briève, qui ne devoit consister que dans l'identité des noms et prénoms ; ils arrêtent que pour éviter toute scène

violente dans l'intérieur de la prison, on ne prononcera point la mort en présence des condamnés ; qu'on dira seulement, « à la Force. »

On finissoit de régler ces formalités très-suc-
cintes, lorsqu'une voix se fait entendre par la
fenêtre de la salle de délibération, et s'annonçant
comme chargée du vœu du peuple, dit : — « Il
y a des Suisses dans la prison : ne perdez pas de
tems à les interroger, ils sont tous coupables ; il
ne doit pas en échapper un seul ; » — et la foule
de crier : — « C'est juste, c'est juste, commen-
çons par eux. » — Le tribunal aussi-tôt prononce
unanimement : « à la Force. » Maillard, président, va leur annoncer leur sort. Il se présente à
eux. — « Vous avez, leur dit-il, assassiné le
peuple au 10 août, il demande aujourd'hui vengeance, il faut aller à la Force. » Les malheureux tombent tous à ses genoux et s'écrient :
« Grâce, grâce ! » — « Il ne s'agit, répond fleg-
matiquement Maillard, que de vous transférer à
la Force, peut-être ensuite vous fera-t-on grâce.»
— Mais ils n'avoient que trop entendu les cris
furieux de la multitude qui juroit de les exterminer : aussi repliquèrent-ils d'une commune voix :
—« Eh ! Monsieur, pourquoi nous trompez-vous ?
Nous savons bien que nous ne sortirons d'ici que
pour aller à la mort. » — Paroissent au même
tems deux égorgeurs du dehors, l'un garçon

boulanger, l'autre Marseillois, qui leur disent du ton le plus inflexible : — « Allons, allons, décidez-vous, marchons » — Alors ce ne fut plus que des lamentations, des gémissemens horribles. Au milieu de ce spectacle déchirant pour tout autre que Maillard, s'élève la voix d'un des commissaires qui environnoient ces infortunés, et leur dit : — « Eh bien ! voyons donc quel est celui de vous qui sort le premier ?.... » Tous les Suisses de s'enfoncer dans la prison , de se serrer mutuellement , de se cramponner les uns aux autres, s'embrassant er poussant des cris plaintifs et douloureux à l'aspect de la mort inévitable. L'empreinte du désespoir rendoit plus intéressante encore la figure de quelques vieux vétérans ; leurs cheveux blancs inspiroient le respect ; et leurs regards, semblables à celui de Coligny, paroissoient retenir les assassins qui étoient le plus près d'eux ; mais la fureur de ceux qui étoient sur le derrière et qui ne pouvoient rien voir, augmentoit encore. Des hurlemens redoublés demandent des victimes. Tout-à-coup un de ces malheureux se présente avec intrépidité. Il avoit une redingotte bleue , paroissoit âgé d'environ 3o ans. Sa taille étoit au-dessus de l'ordinaire, sa phisionomie noble , son air martial. Il avoit ce calme apparent d'une fureur concentrée : — « Je passe le premier, dit-il du ton le plus ferme, je

Blanchard Sculp.

Nous, soldats, ne sommes pas les coupables,
nos chefs seuls le sont :

vais donner l'exemple. Nous, soldats, ne sommes pas les coupables, nos chefs seuls le sont : cependant ils sont sauvés, et nous nous périssons ; mais, puisqu'il le faut, adieu.... » — Puis lançant avec force son chapeau derrière sa tête, il crie à ceux qui étoient devant : — « Par où faut-il aller ? montrez-moi donc le chemin. » — On lui ouvre les deux portes ; il est annoncé à la multitude par ceux qui l'étoient venu chercher ainsi que ses camarades, il s'avance avec fierté. Tous les bourreaux reculent, se séparent brusquement en deux. Il se forme autour de la victime un cercle des plus acharnés, le sabre, la bayonnette, la hache et la pique à la main ; le malheureux objet de ces terribles apprêts fait deux pas en arrière, promène tranquillement ses regards autour de lui, croise les bras, reste un moment immobile ; puis aussitôt qu'il apperçoit que tout est disposé, il s'élance lui-même sur les piques et les bayonnettes, et tombe percé de mille coups.

Les derniers soupirs de l'infortuné mourant, sont entendus de ses malheureux camarades qui répondent par des cris affreux ; déjà plusieurs avoient cherché à se cacher sous des tas de paille qui se trouvoient dans une des salles de leur prison, lorsque douze des plus forcenés massacreurs du dehors, viennent les prendre l'un après l'autre et les immolent successivement comme le pre-

mier. Un seul a le bonheur d'échapper ; déjà
saisi par son habit , atteint d'un premier coup ,
il alloit subir le même sort que les autres, lorsqu'un Marseillois s'élance , se fait passage à travers la voute d'acier prête à se refermer sur lui-
même : — « Qu'allons nous faire ? s'écrie-t-il ,
dans son patois , mes camarades, je connois ce
bon garçon : il n'est point un soldat du 10 août,
il n'est que fils de Suisse , et il s'est rendu lui-
même en prison , parce qu'on l'avoit assuré que
tout ce qui est Suisse seroit égorgé. » —

Pendant cette minute de suspension d'égorgement, le jeune homme tire rapidement de sa
poche des certificats, les exauce au bout de ses
bras levés en l'air ; sa jeunesse, une figure ingé-
nue , les larmes qui couloient en abondance de
ses yeux , son air de candeur et de simplicité, les
papiers qu'il montroit de toute sa force, se tenant
toujours dans l'attitude la plus apparente , tout
cela paroît arrêter et émouvoir : — «Voyez-vous,
s'écrie le Marseillois, profitant du moment favorable , voyez-vous qu'il est innocent ? — Mettez-
le en liberté ; lui répond la multitude » — Aussi-
tôt le Marseillois le prend par un bras , un massacreur le prend par un autre ; on met bas les armes , plusieurs l'embrassent et le félicitent. Il
sort comme triomphant des étreintes de la mort
qui l'enveloppoit, et est reconduit au milieu des
cris

cris de « vive la nation, » avec les démonstrations de la joie la plus vive et la plus bruyante.

Cet instant de clémence est de bien courte
durée : on fait la lecture de la liste d'autres prisonniers ; Grandmaison, Champclos, Maron,
Vidaut, et autres accusés de fabrication de faux
assignats, sont appellés les premiers : ont les fait
descendre, ils sont interrogés dans la forme
brièv e convenue ; ils veulent répondre tous à la
fois ; mais par jugement unanime du tribunal,
ils sont aussi-tôt envoyés à la Force.

Après eux paroît Montmorin, l'ex-ministre
des affaires étrangères : le président veut l'interroger, il déclare d'une manière assez ferme
« qu'il ne reconnoît point les membres de la
commission pour ses juges, qu'ils n'en ont point
le caractère ; que l'affaire pour laquelle il est
détenu est pendante à un tribunal légal, et qu'il
ne doute pas que l'erreur dans laquelle le public
paroît être à son égard, ne soit bientôt rétractée ;
qu'il espère confondre au plutôt ses dénonciateurs, faire triompher son innocence, et obtenir
même des dommages et intérêts. »

Un des assistans l'interrompt et dit brusquement : — « M. le président, les crimes de M.
de Montmorin sont connus ; et puisque son affaire ne nous regarde pas, je demande qu'il soit
envoyé à la Force : — Oui, oui, à la Force,

crièrent les juges. — Vous allez donc être transféré à la Force, dit ensuite le président. — M. le
président, puisqu'on vous appelle ainsi, replique
Montmorin, du ton le plus ironique, M. le président, je vous prie de me faire avoir une voiture. — Vous allez l'avoir, lui répond froidement Maillard. » — Un de ceux qui étoient là
fait semblant de l'aller chercher, sort et revient
un instant après, dire à Montmorin, — « Monsieur, la voiture est à la porte : il faut partir et
promptement. » — Montmorin réclame alors des
effets, un nécessaire, une montre, etc., qui
étoient dans sa chambre ; on lui répond «qu'ils
lui seront renvoyés. » Il se décide à aller trouver la fatale voiture qui l'attendoit.

Après la mort de Montmorin, on demande
une seconde lecture de la liste des prisonniers ;
le nom de Thierry, et plus encore la qualité de
valet-de-chambre du roi, fixe l'attention de la
commission. Un membre prend la parole et reproche à Thierry, qu'on venoit d'amener, quelques faits de royalisme ; il l'accuse sur-tout de
s'être montré le 10 août, au château des Tuileries, armé d'un poignard : Thierry nie, il prétend hardiment « qu'il a toujours été honnête
homme, que loin de conspirer contre son pays, il
eût été le premier à le défendre contre ses ennemis ; que s'il s'est trouvé auprès du roi le 10 août,

c'est que son service l'y appelloit, et qu'il avoit fait son devoir. » — Maillard le somme de déclarer dans quel poste du château il se trouvoit au moment du combat. — Il répond qu'il ne se rappeloit pas précisément l'endroit ; qu'il étoit à ses affaires ; qu'au surplus il devoit être traduit devant un tribunal légalement institué, et que là il répondroit. — Vous ne nous persuaderez jamais, monsieur, lui dit un membre, que vous n'êtes point un aristocrate : vous allez nous dire que vous étiez obligé de faire ce qui vous étoit ordonné ; moi je vous répondrai, tel maître tel valet : en conséquence je demande au président qu'il vous fasse transférer à la Force. » — Maillard prononce à la Force, et Thierry n'est plus.

Viennent ensuite Bocquillon et Buos, juges de paix. — « Vous êtes accusés par le peuple, leur dit aussi-tôt Maillard, de vous être réunis à des collègues aussi infâmes que vous, pour former au château des Tuileries un comité secret, destiné à venger la cour, de la journée du 20 juin, et à en punir les auteurs. — Il est vrai, répondit Bocquillon d'un visage calme et serein, que je me suis trouvé à ce comité ; mais je défie qu'on me prouve que j'aie participé à aucun acte arbitraire. — « A la Force, à la Force, s'écrièrent les membres ». Le président prononce : Bocquillon et Buos ne sont plus.

Vigné de Cusay, prévenu d'avoir participé à la conduite des troupes qui avoient fusillé au Champ-de-Mars : Protot et Valvin accusés d'avoir volé la nation en émettant de faux billets de quarante sous de la maison de Secours non numérotés et sans hipothèque, furent de même envoyés à la Force d'après le prononcé de Maillard, et au nom du peuple souverain.

Peut-être, sur l'étiquette des personnages que l'on vient de voir passer à la Force, va-t-on s'imaginer que le crime seul a péri : sans doute, beaucoup de coupables ont payé de leur vie de véritables forfaits ; mais le plus grand tort qu'ont fait à la morale publique ces massacres affreux, c'est que des actes d'une illégalité aussi cruelle, loin de tourner au profit de l'exemple seule fin des supplices, honorent presque les victimes au-lieu de les flétrir ; et laissent à leurs adhérens le droit de réclamer leur mémoire, comme celle de l'innocence martyrisée.

J'ai oublié de rappeler un forfait de plus commis par les soi-disant chargés du peuple souverain. Avec quelque rapidité que se fissent les opérations, ces messieurs avoient encore le tems et la précaution au-lieu d'orner les victimes, de les dépouiller au vif. Ils commençoient par leur enlever porte-feuilles, montres, bagues, diamans, assignats ; puis mettoient toutes ces défroques tant dans leurs poches que dans des corbeilles et cartons ; et j'ai les deux preuves suivantes qu'ils se sont tout approprié.

1°. Deux commissaires furent envoyés par la section des Quatre-Nations pour réclamer, à la prière de ses parens , un prisonnier qui n'avoit absolument aucune note royaliste ; ils parvinrent après bien de la peine , à le faire élargir ; mais s'étant apperçu qu'il n'étoit dressé aucun procès-verbal des effets précieux enlevés aux condamnés, ils se permirent d'en faire l'observation à ces prévôts spoliateurs ; ceux-ci très-gênés d'être dévinés par des yeux dénonciateurs , voulurent d'abord biaiser , éluder ; bientôt ils élevèrent le ton d'une manière tellement torse et oblique, que le peuple trompé sur l'objet de la discussion , et prenant les commissaires de la section pour des prisonniers, alloit les égorger , lorsque ceux-ci baissant la voix et adoucissant les reproches d'une probité intempestive , filèrent promptement et revinrent comme des échappés.

2°. Le comité civil de la section , chargé de se faire rendre compte , n'a rien pû découvrir de toutes ses dépouilles très-précieuses , quoique les prisonniers, de l'Abbaye particulièrement, fussent la plupart des gens de qualité très-opulens.

La commission se divisa sur les 2 heures du matin, et se distribua les autres prisons de Paris.

Il restoit cependant encore quelques prisonniers à l'Abbaye ; la lassitude des opérateurs leur
fit abandonner ce poste pendant quelques heures ;
ils vinrent se reposer au comité civil , qu'ils
avoient choisi pour le théâtre de leurs orgies ,
se faisant donner à boire , à boire , et passèrent
ainsi la nuit dans des ruisseaux de vin. Ils retour-
nèrent le matin à la prison de l'Abbaye et tuèrent
ce qui restoit , d'intervalle en intervalle.

J'ai dit comme Billaud-Varennes étoit venu
la veille à la cour de l'Abbaye ; Manuel étoit ,
de son côté , venu à la prison vers les 8 heures
du soir , à la lueur des flambeaux. Il avoit ha-
rangué la commission populaire ; mais ses yeux
exprimoient plus le caractère de la contrainte ,
que de la joie sanglante qui animoit ceux de
Billaud.

Billaud-Varennes revint le lendemain matin 3
septembre , vers midi , au comité de la section ;
il parloit , monté sur les marches de l'escalier ,
lorsqu'un nommé Rhulières , prisonnier de l'Abbaye , déjà percé de plusieurs coups de piques ,
couroit nud dans la cour , tombant , se relevant :
je l'ai vu faire encore quelques pas chancelans ,
et lutter pendant plus de dix minutes contre la
mort qui l'atteignit enfin. Voici les paroles abrégées , mais textuellement fidelles de Billaud-
Varennes aux massacreurs : — « Respectables

citoyens, vous venez d'égorger des scélérats ; vous avez sauvé la patrie ; la France entière vous doit une reconnoissance éternelle ; la municipalité ne sait comment s'acquitter envers vous ; sans doute le butin et la dépouille de ces scélérats (montrant les cadavres) appartiennent à ceux qui nous en ont délivrés ; mais, sans croire pour cela vous récompenser, je suis chargé de vous offrir à chacun vingt-quatre liv. qui vont vous être payées sur-le-champ ; (applaudissemens nombreux des égorgeurs) respectables citoyens, continuez votre ouvrage, et la patrie vous devra de nouveaux hommages. » —

Nota bene. Que billaud-Varennes est celui qui, en sa qualité de substitut du procureur de la commune, avoit, dans la matinée des jours précédens, interrogé, à la mairie, les détenus par suite des visites domiciliaires, notamment la femme Lamballe (1) ; et qu'ils avoient été distribués dans les diverses prisons.

Après le discours que je viens de rappeller, Billaud-de-Varennes entre au comité et le chargé de donner les 24 liv. qu'il vient de promettre aux opérateurs. Le comité qui ne possédoit aucun

---

(1) Ci-devant princesse, belle fille du duc de Penthièvr que son extrême amitié pour Marie-Antoinette avoit fait revenir de Londres. *Note de l'Editeur.*

fonds lui demande les moyens de satisfaire aux engagemens qu'il vient d'imposer. Il répond laconiquement de faire une liste, et s'en va sans donner d'autre solution, et laissant le comité tremblant et effrayé de cette terrible responsabilité envers les opérateurs.

En effet, à peine étoit-il sorti, que ceux-ci fondent en masse et demandent à grands cris la somme qui leur vient d'être allouée par Billaud-Varennes. Jamais position ni spectacle ne furent plus horribles.

L'un a un sabre, une bayonnette ensanglantée ; l'autre une pique cassée et couverte de cervelle humaine ; un autre a arraché un cœur palpitant qu'il porte au bout d'une hallebarde brisée ; l'autre a coupé des parties viriles, qui lui servent à faire aux femmes des plaisanteries outrageantes. Voilà les trophées, les justifications abominables sur lesquelles ils fondent leurs réclamations menaçantes. — « Croyez-vous que je n'aie gagné que 24 liv., disoit hautement un garçon boulanger, armé d'une massue ? j'en ai tué plus de 40 pour ma part. » — Deux femmes furent rencontrées le matin, tenant à la main de la soupe et de la viande dans un potage : — « Où allez-vous donc, leur dit leur voisine ? — Je portons à déjeûner, répondirent-elles, à nos hommes qui travaillent à l'Abbaye. — Y a-t-il encore de la bésogne , leur demande un tueur qui venoit de cuver son vin dans la cour ? — s'il n'y en a plus , il faudra bien en faire , repliquèrent ces deux femmes. »

Inquiet de satisfaire ces réclamans furieux , le comité s'occupe de dresser à l'instant la liste de chacun d'eux ; leur dit que l'argent est à la municipalité, et les engage à aller le toucher eux-mêmes ; ils y consentent et partent munis de la liste. Point d'argent au comité de surveillance de la commune. Ils y attendent envain jusqu'à onze heures du soir : à minuit ils reviennent jurant , sacrant, écumant de rage, et menaçant le comité collectivement de lui couper solidairement la gorge , s'ils ne sont à l'instant payés. Point de réplique à cette décision impérative ; un membre du comité veut user de la voie de représentation , mais le sabre est levé sur sa tête ; il se trouve muet ; en un mot, c'est la bourse ou la vie qu'il leur faut. A cet argument irrésistible un membre du comité, marchand de drap , demande la permission de courir chez lui chercher de l'argent, elle lui est accordée ; il revient incontinent , et avance à ses risques la moitié du traitement des égorgeurs.

Voilà donc le comité provisoirement débarrassé de ces monstres pour la nuit ; mais, après avoir cuvé la boisson immodérée de 48 heures continues, ils reviennent de grand matin chercher l'autre moitié. Deux commissaires les conduisent fraternellement à la commune. J'ai appris qu'ils avoient été définitivement payés par le ministre Rolland, et j'affirme qu'on ne les a point revus.

Le trois septembre matin, Billaud-de-Varennes entra au conseil général de la commune, tenant amicalement par la main un massacreur couvert de sang, et le présenta comme un brave homme qui avoit bien travaillé, suivant son expression.

Mais si le lecteur abonde en réflexions pénibles et profondes, au souvenir de ces atrocités commises, dans des tems où n'existoit pas encore la république, par des cannibales que l'espèce humaine répudie : combien ces réflexions vengeresses s'adressent-elles bien plus précisément encore au joug de fer et de sang dont la révolution du 9 thermidor a délivré la république! Et devoit-on s'attendre, qu'après avoir parcouru deux années d'ère républicaine, on trouveroit dans la manière décemvirale, dictatoriale, et perpétuelle, dont quelques hommes qui s'étoient présentés comme les amis de la liberté, ont exercé la puissance suprême, des raisons plausibles, pour trouver l'époque du 2 septembre moins affreuse et moins abominable ? Car enfin, la journée du 2 septembre ne dura que 24 heures, et le régime des anciens comités, composés des vertueux inamovibles, dura pendant une année entière.

LES CRIMES DE MARAT,

ET DES AUTRES EGORGEURS;

O U

MA RESURRECTION.

ETRANGER aux clubs, aux pétitions, aux cabales, aux motions et aux places ; uniquement occupé des lettres et de la jurisprudence, fort de ma vertu et de mon amour pour le bien public, j'étois loin de prévoir que je serois inscrit sur les listes fatales, et qu'on en vouloit à mes jours. L'évènement dont je vais parler fit cesser ma dangereuse sécurité.

Des renseignemens dont j'avois besoin dans une affaire à laquelle je m'intéressois, m'avoient fait passer l'après-midi du 24 d'Auguste 1792 tant à la mairie qu'à la commune, où j'avois parlé au secrétaire (Tallien), lorsqu'en revenant chez moi sur les 9 heures, je vis la porte cochère investie par des gardes nationales. Avant d'entrer, je demandai à un voisin de quoi il s'agissoit ; il me répondit que c'étoit moi dont on faisoit la recherche. J'éprouvai d'abord un mouvement de saisissement et d'effroi. Cependant, après m'être recueilli, croyant que j'étois sans doute l'objet de quelque méprise, je montai chez moi, où tout étoit ouvert, éclairé, et rempli d'hommes armés et non-armés. — « Que voulez-vous, leur dis-je ? — Monsieur, me répondirent-ils fort poliment, nous sommes envoyés par la section du Théâtre-Français pour faire une visite chez vous. — Sans doute que vous êtes porteurs d'ordres écrits ? exibez-les. » — Je fus satisfait sur-le-champ. Ces ordres portoient que tout fut examiné dans mon domicile ; que les scellés fussent mis sur mes papiers, s'il y avoit lieu, et qu'on s'assurât ensuite de ma personne. — « Faites votre devoir, leur dis-je après cette lecture : ma conscience est tranquille. — Nous avons rempli une partie de notre mission (avant que j'arrivasse on avoit fouillé jusques sous les lits, pour voir si je ne cachois point des prêtres), et nous devons convenir que vous n'êtes aucunement compromis. Il n'y a plus qu'une légère explication à venir donner à la mairie ; et cette affaire ne sera rien. Mais vous ferez bien de souper auparavant. » — Pendant

que j'avalois un œuf, on rédigea un procès-verbal , portant littéralement : Nous n'avons découvert chez le sieur de-la-Varenne rien d'opposé
à la révolution et de relatif à la journée du 10 ;
mais nous y avons trouvé au contraire, tous
écrits attestant son patriotisme. — Puis après
avoir fait rafraîchir ceux qui m'étoient venu faire
la visite que je décris , je me rendis à pied au
comité de surveillance de la Mairie , avec l'un
d'eux , qui y porta plusieurs liasses de mes papiers , la plupart relatifs à un don patriotique
que j'avois été chargé de faire , et ma clien-
telle.

Mon conducteur , que j'aurois pu quitter en
chemin , si j'avois eu quelque chose à craindre ,
m'introduisit d'abord dans un petit cabinet où se
trouvoit un homme en écharpe. Un air de respect pour la sublimité de ses fonctions ; le ton
d'importance qu'il affectoit de prendre ; des expressions basses qui décéloient sa petitesse ; des
regards qu'il jettoit dédaigneusement sur moi ;
une tête à cheveux presque raz ; d'une amplitude
et d'une rotondité risibles..…Voilà l'esquisse du
personnage : j'ai su depuis qu'il s'appelloit Leclerc.

Je l'informai de ce qui venoit de m'arriver ,
et le priai de m'interroger, en lui annonçant que
mes affaires me rendoient nécessaire chez moi le

lendemain ; que ma santé, d'ailleurs, ne me permettoit pas de passer une nuit ; je le déterminai à prendre lecture du procès-verbal, et demandai ma liberté en offrant une caution personnelle ou pécuniaire, s'il l'exigeoit. — « Je ne le puis, me dit-il ; il y a contre vous une dénonciation. » —J'insistai et je voulus qu'il appellât quelques-uns de ses collègues pour délibérer sur ma demande. Un jeune homme, nommé Parrein, contre lequel j'avois, dans plusieurs plaidoyers, prouvé les plus grandes bassesses, se présenta. Alors je me retirai. Un instant après il traversa l'antichambre où j'attendois, et m'annonça que ma pétition étoit rejetée. Je rentrai auprès de Leclerc pour lui faire de nouvelles observations ; mais je n'obtins de lui que cette réponse, à laquelle il mit toute sa ridicule gravité : « Retirez-vous ; les membres du comité de surveillance ont délibéré. »—On me montra sur-le-champ une espèce de cuisine où il n'y avoit d'autres siéges que le carreau et quelques planches. Je commençois à me résigner, lorsqu'un homme me dit de le suivre. Après avoir traversé une cour dans un corps de logis dont j'ignorois l'existence, je passai au milieu de plus de cent hommes à figures rebarbatives armés de sabres, piques et fusils, et dont les propos menaçans me firent craindre pour ma vie ; puis j'arrivai à un escalier sale et étroit

qui me conduisit à une espèce de grenier rempli
de personnes de tous états , qu'on avoit arrêtées
comme moi, et qui n'avoient pour se coucher
que de la paille presque en poussière. La frayeur
glaça d'abord mes sens , et j'eus des pressenti-
mens sinistres. Je m'y livrois , lorsqu'un des particuliers qui étoient venus faire la perquisition
dans mon domicile , touché sans doute des hon-
nêtetés qu'il avoit reçues , vint me réclamer , me
fit descendre avec lui , et me plaça, pour le reste
de la nuit , dans un cabinet où étoient un garçon
d'environ 30 ans , horloger, rue du Harlay ,
capturé pour avoir apostrophé le maire Pétion qui
passoit dans le quartier ; la mère de ce jeune
homme , et une ancienne maîtresse d'école , qui
me dit s'appeller Bataillot, dont quelques brefs du
pape , trouvés chez elle , avoient causé l'arrestation. On leur promit, comme à moi, qu'ils seroient
entendus le lendemain matin. Une lampe , deux
chaises de paille , une porte renversée par terre ,
et un lit de sangle formoient le mobilier de ce
misérable réduit, où mes compagnons d'infortune
étoient consignés depuis environ quatre jours et
quatre nuits. Nous nous consolâmes réciproquement ; après quoi , vaincus par le sommeil ,
nous essayâmes de nous y abandonner.

Le jeune homme , qui est mort deux ans
après des suites de la révolution qu'ont opérée sur

lui les évènemens que j'ai à raconter, se coucha sur la porte ; sa mère et moi nous nous jetâmes ensemble et sans façon, sur le lit de sangle, où je tâchai inutilement de m'assoupir ; la maitresse d'école resta sur une chaise.

En réfléchissant sur ce qui m'arrivoit, je me persuadai qu'il y avoit un projet de me traduire, sous quelque prétexte, devant le redoutable tribunal du 17 d'Auguste (1). Je ne pouvois me dissimuler ni le nombre de mes ennemis, ni leur rage ; car dans le mois de mai précédent j'avois publié pour deux infortunés (Lami-Evette et Dunuand, condamnés à l'échafaud, auquel j'ai réussi à les soustraire, un mémoire vigoureux, ayant pour titre : Crime du comité des recherches de l'assemblée constituante, et de plusieurs faussaires créés et salariés par lui.

Le lendemain on vint me dire que Panis et Sergent, chefs du comité, avoient la plus grande influence sur le sort des personnes arrêtées, et qu'il falloit m'adresser à eux. Je leur écrivis ; on m'annonça en réponse qu'ils viendroient l'un et l'autre sur les huit heures du soir. Il fallut me résigner ; mais mon espoir fut vain, et je passai

---

(1) Supprimé par un décret du premier décembre, 1792, et remplacé par celui créé le 10 mars, 1793, où Robespierre a fait condamner tant d'innocens.

encore une nuit comme la précédente. Pendant le cours de la journée, on avoit amené avec nous un homme qu'on avoit désarmé avec affectation, et qui nous fut retiré dès qu'on s'apperçut que je l'avois reconnu pour un espion ; une jeune femme d'environ dix-huit ans, nommée Laborde, qu'on avoit enlevée parce qu'elle avoit refusé de dire ce qu'étoit devenu son mari, officier de paix ; un sexagénaire respectable, qu'on nomma M. Broussin ; et un particulier d'environ quarante ans, trouvé porteur d'une petite canne à crosse semblable à celle de Colnot d'Angremont, décapité quelques jours auparavant ; soupçonné en conséquence d'être un de ses complices. On nous ôta bientôt ce dernier, pour l'envoyer à la prison de l'Abbaye, où l'on m'a assuré qu'il avoit perdu la vie dans les fatales journées des 2 et 3 septembre suivant.

Trente-six heures ainsi passées m'avoient excédé de fatigue. Le dimanche, je priai avec les plus vives instances tous les membres de la Commune et du Comité qui traversoient la galerie, de me faire interroger, ou de me renvoyer sous caution. Leclerc, au visage burlesquement sévère, étoit toujours là pour les rendre inutiles : je les redoublai sur-tout auprès de son collègue Chartray, qui me promit, avec beaucoup de sensibilité, de faire ensorte que j'allasse le soir coucher chez moi. Vers les trois heures après midi, il expédioit un ordre en conséquence, lorsqu'on annonça l'arrivée de Panis : il me dit de m'adresser à lui.

Je le joignis aussi-tôt, non sans quelque répugnance, car je n'ai jamais aimé demander la moindre chose aux sots. J'invoquai auprès de lui quelques titres qui devoient me faire espérer une prompte justice. Cet homme, qu'un cœur dur, une figure ignoble et une ignorance crasse (1) auroient dû laisser végéter dans son ancienne misère, et qui est cependant parvenu à la Convention, me vit sans pitié souffrant, persécuté sans cause légitime, crachant le sang, et rejeta ma demande comme il avoit dédaigné les justes représentations des personnes qui avoient été chez lui solliciter ma liberté.

Le mauvais succès de la tentative que je ve-

____

(1) Elle est démontrée par ses écrits burlesques. J'ai maintenant sous les yeux ses *Prémices aux patriotes de 1790*, où il parle d'*écrits de boue, de noirs de l'enfer aristocratique, de gueuseries verbales, d'infernalités, de soufle infect qui corrompt d'excellens faits ; d'apprendre à vivre à la vertu, de subir le salaire, de l'avoir fait, de tigres qui viennent jouir à nous torturer dans nos frères, de bourreaux du civisme*. Ces dégoûtantes tirades sont revêtues de sa signature, après laquelle il se qualifie *défenseur public, ou homme de loi, modérant ici le cours d'une scélératesse inouie*.

nois de faire auprès de lui , ne m'empêcha pas de l'attendre encore , sous la surveillance d'une sentinelle, dans l'espèce d'antichambre qui avoisinoit son cabinet, toujours dans l'espérance de vaincre son inflexibilité meurtrière. Pendant ce tems, j'y vis une jeune personne que sa femme-de-chambre appelloit à voix basse « madame la princesse », et qui étoit arrêtée depuis deux jours ; un fédéré Marseillois qui portoit dans ses yeux la soif du carnage, et qui disoit : « Triple nom d'un D...! je ne suis pas venu de cent quatre-vingt lieues pour ne pas f.... cent quatre-vingt têtes au bout de ma pique » (en effet, il massacra aux prisons dans les journées des 2 et 3 septembre, dont je parlerai); un gendarme qui tenoit ce langage : « Il y a environ huit jours que les prisonniers ont manqué de la sauter, gare que ça n'arrive » ; le nommé Tuhan, valet de bureau, qui disoit : « Voilà qu'on apprête la mort aux traîtres, il faut qu'il n'en échappe pas un » ; le sanguinaire Marat, qui épioit ses victimes ; enfin plusieurs autres qui en désignoient aussi pour l'égorgement prochain, et qu'il n'est pas encore tems de faire connoître. Glacé d'effroi, je revenois accablé de douleur auprès de mes compagnons d'infortune, lorsque je fus reconnu par un nommé Rossignol, habitant du fauxbourg Saint-Antoine, qui me dit que « pour le coup il me tenoit, qu'il alloit bien se venger de ce que je l'avois fait rester dans les prisons, et que j'allois lui payer le mal que je lui avois fait ». Il faut que mes lecteurs sachent en quoi consistoit ce mal, et celui qu'il m'a fait lui-même.

Un assassinat prémédité avoit été commis, le 27 janvier 1791, en la personne d'un particulier à qui je m'intéressais, et le ministère public en avoit rendu plainte. Parmi les nombreux accusés, figuroient un quidem, garçon boucher; et Rossignol, depuis si ridiculement devenu général d'armée. Je plaidai pour la partie civile, et malgré les efforts de ce même Parrein, que j'ai précédemment cité, et qui étoit aussi incriminé, je parvins à faire rendre, le 30 mai suivant, un jugement (exécuté depuis) qui prononça la peine de mort contre le boucher, et un plus amplement informé contre Rossignol et autres. Ce même homme, que j'avois défendu avec tant de chaleur, a perdu la vie sous les poignards le 31 décembre 1792.

On n'est plus étonné maintenant des menaces de Rossignol. Parvenu depuis plusieurs jours, et je ne sais comment, à la Commune provisoire, il pouvoit les effectuer d'une manière terrible. C'est aussi ce qu'il a fait le lendemain.

Le reste de la journée n'eut rien de remarquable que les différentes allées et venues de Caron-Beaumarchais, qu'on avoit arrêté le 23 ou le 24, et qu'on envoja à l'Abbaye. Sur le soir, on nous amena une fille d'environ trente-six ans ; qui, je crois, se nommoit Lebrun ; elle nous assura qu'on s'étoit emparé d'elle sur son refus de dire où s'étoit réfugié un comte qui demeuroit avec elle.

Trois nuits passées sans fermer l'œil, et deux jours pendant lesquels je n'avois pu me procurer qu'une nourriture très-insuffisante, m'avoient jeté dans un état de dépérissement dont ceux qui me connoissent peuvent seuls se faire une juste idée. La patience m'échappa ; j'assaillis tous les personnages qui passoient avec des écharpes, et leur dis qu'il y avoit de la barbarie à retenir ainsi quelqu'un sans l'entendre. Un de ceux à qui je m'adressois, me reconnut, et me dit, avec des expressions fort obligeantes, qu'il lisoit encore la veille un de mes mémoires, et que s'il occasionnoit la perte de ma liberté, je devois m'en applaudir.

Quelques instans après, on mit en liberté cette même Bataillot, qui avoit passé six nuits sur une chaise, et l'on envoya à l'hôtel de la Force la dernière venue.

Accablé de lassitude, je recommençais à me plaindre hautement du déni de justice, que j'é-

prouvois , lorsqu'un gendarme vint m'appeller tenant un papier à la main , et m'annonça qu'il
m'alloit conduire en prison. Je demandai à voir
l'ordre dont il étoit porteur, il me le montra sans
difficulté ; voici les termes de cette nouvelle lettre de cachet qui étoit signée Rossignol , Cally :
« Le concierge de l'hôtel de la Force recevra
jusqu'à nouvel ordre , le sieur Maton de-la-Varenne , se disant homme de loi , etc. etc. ».

En voyant la signature de Rossignol , l'indignation et la colère s'emparèrent de moi. Furieux
je me rendis au comité de surveillance, qui étoit
presque attenant au cabinet où j'étois , et je dé-
duisis à un municipal mes griefs contre cet homme. Depuis ses menaces de la veille , j'avois fait
prendre dans mon cabinet un exemplaire du jugement que j'avois fait rendre contre lui : je le
remis à l'officier dont je parle , en le priant de
s'en servir en ma faveur. Il me répondit , avec
beaucoup de douceur que j'avois raison , alla au
comité faire lecture du jugement, mais ne put
faire révoquer l'ordre, ainsi qu'il vint me l'annoncer lui-même. Je demandai alors à paroître pour
me faire entendre ; on me refusa encore cette
justice.

Ne pouvant plus opposer de résistance utile ,
je demandai au gendarme un quart-d'heure qu'il
m'accorda , et que j'employai à recevoir les con-

solations du vénérable Broussin. La nuit, il m'a-
voit avoué qu'il étoit prêtre insermenté ; mais
qu'il n'avoit été arrêté que comme soupçonné
d'avoir des relations avec Durozoy, (1) auquel il
n'avoit jamais parlé, et qu'il portoit par prudence
une perruque. Sur ce que je lui avois demandé
s'il avoit laissé ignorer sa qualité à la section où il
avoit d'abord été conduit, il m'avoit répondu
qu'il devoit la confesser, même au péril de sa
vie, et qu'il l'avoit laissé écrire sur le procès-
verbal. Voici les dernières paroles qu'il me dit à
l'oreille, en m'embrassant : (au moment où je
les rapporte mon cœur est encore déchiré, et je
verse des larmes sur le sort de ce malheureux
ecclésiastique.) « La charité chrétienne ne peut
nous empêcher de voir qu'on a choisi bien des
victimes ; mais souvenez-vous qu'il ne tombera
pas un cheveu de nos têtes que la providence ne
l'ait permis pour notre plus grand bien. Adieu,
nous ne nous rejoindrons peut-être que dans l'é-
ternité. » A ces mots, je le quittai en sanglotant,
pour aller gagner un fiacre, que le gendarme
avoit fait avancer dans la cour de la Mairie. J'y
montai sur les trois heures après-midi avec une
parente qui ne m'avoit quitté que la nuit pendant
la détention dont je viens de rapporter les cir-

____

(1) Rédacteur de la Gazette de Paris, décapité le 24
d'Auguste 1792.

constances, et nous partîmes pour l'hôtel de la Force jusqu'où elle voulut m'accompagner.

Les divers propos qni avoient frappé mes oreilles à la Mairie me faisoient tellement craindre un massacre prochain dans les prisons, que, chemin faisant, je conjurai ma parente d'employer sans délai toutes mes connoissances, et de solliciter elle-même pour ma prompte liberté. Pendant que je l'entretenois de mes craintes, nous arrivâmes au quai Pelletier, qui étoit couvert d'une multitude considérable de personnes rassemblées pour voir passer l'abbé Sauvade, le libraire Guillot et Vimal, condamnés à mort pour la fabrication des faux assignats de Passy. Déjà nous avions presqu'entièrement dépassé le quai, et nous allions traverser la Grève, où nous appercevions la guillotine, lorsque deux hommes nous voyant dans un fiacre avec un gendarme et nous jugeant des malfaiteurs, se dirent : — « Il faut guillotiner ceux-là, en attendant les autres. » — Cette motion arriva jusqu'à moi. Avant qu'elle fût connue du peuple, je parvins, de concert avec le gendarme, à faire prendre au fiacre une autre rue, et j'arrêtai devant l'hôtel de la Force, dont le fatal guichet s'ouvrit pour me recevoir. C'étoit le lundi 27 d'Auguste 1792.

J'ai maintenant à tracer des scènes d'horreur
auxquelles

auxquelles la postérité refuseroit de croire, si elles n'étoient attestées par toute la génération actuelle.

Après avoir laissé inscrire mon nom sur ce même registre qui contenoit l'écrou de Rossignol pour une accusation d'assassinat, je demandai à être placé au quartier dit de la dette, comme le plus sain et le plus commode. On s'empressa de me satisfaire, car j'étois connu du concierge (Bault) pour avoir rendu des services essentiels à plusieurs prisonniers, et l'on fit porter pour moi un lit de sangle à la chambre de la Victoire.

En y entrant, je fus accueilli très-civilement de six prisonniers qui l'occupoient, du nombre desquels étoit Constant, qui avoit quitté son métier de perruquier pour faire le sauvage, et avaler des cailloux tant au Palais alors nommé Royal, qu'à la foire Saint-Germain. Une indécence qu'il avoit commise sur ses tréteaux avec une femme presque nue, qu'il vouloit faire passer pour sauvage comme lui, les avoit fait traduire à la Police correctionnelle, où ils avoient été condamnés chacun à une détention de deux années, dont il leur restoit encore six mois à subir. Il s'étoit fait aimer du concierge par sa douceur, et avoit été placé à la dette, où il gagnoit beaucoup d'argent à coëffer et raser.

Tome I.   D

Je reconnus aussi un de mes cliens nommé Durand, à qui mon malheur arracha des larmes : il me força d'échanger mon lit contre le sien qui étoit bien meilleur, et eut pour moi les attentions les plus marquées jusqu'à l'instant où nous fûmes séparés, ainsi qu'on le verra.

La réflexion, l'espoir que je mettois dans le zèle de mes amis, et plus que tout cela, un bon dîner, m'ayant rendu un peu de calme, je descendis au jardin pour y prendre l'air jusqu'à la fermeture. J'y vis une infinité de personnes qui avoient eu un rang distingué, et j'y reconnus principalement le chevalier de Saint-Louis de la Chenaye ; avec lequel sa qualité de trésorier du Musée de Paris, dont j'étois membre, me donnoit des liaisons depuis dix ans ; de Rulhière et de Saint-Brice ; les abbés Bertrand, ci-devant conseiller au grand-conseil, frère de l'ex-ministre, Lebarbier-de-Blinières, vicaire épiscopal, Flost, curé de Maisons, près de Conflans-l'archevêque, un autre, député à l'assemblée constituante ; un valet-de-chambre de Louis XVI nommé Lorimier-de-Chamilly, décapité depuis sous Robespierre, et Guillaume l'aîné, notaire ; tous arrêtés, soit pour la journée du dix août, soit comme dénoncés pour leurs opinions. Nous nous donnâmes mutuellement des consolations et nous promîmes que le premier qui recouvreroit sa

liberté, useroit de tout son crédit pour la procurer aux autres.

Remonté à ma chambre, où nous fûmes tous
enfermés sous des verroux et des serrures énormes, je me mis au lit et réfléchis jusqu'au lendemain matin à tout ce que je devois faire pour
hâter mon élargissement. Dès la pointe du jour,
j'écrivis à plusieurs de mes amis qui m'avoient dans
tous les tems offert leurs services ; j'écrivis aussi
à Panis, à Danton, alors ministre de la justice,
puis député à la Convention, puis décapité le 16
germinal (5 avril 1794) ; à Charpentier, son
beau-père, limonadier quai de l'Ecole ; à Camille-Desmoulins, secrétaire du sceau, puis député. Mes amis, un sur-tout chez qui j'avois
dîné le jour de mon arrestation, répondirent que
les circonstances orageuses où nous nous trouvions leur faisoit craindre de se compromettre ;
Danton promit de s'occuper de mon affaire et
n'en fit rien ; son beau-père lui parla ou ne lui
parla point de moi, quoiqu'il eut pourtant bien
promis de me recommander ; le sensible Des-
moulins, contre lequel j'avois fait prononcer en
1790 des condamnations tout-à-fait désagréables,
et que je devois croire mon ennemi, s'éleva au-
dessus de tout ressentiment : il ne vit en moi
qu'un homme de bien persécuté, et fit tous ses
efforts auprès de Panis pour que je fusse interrogé

on relaxé. La peine de mort qu'il a subie depuis avec Danton , ne m'empêche pas de faire connoître la générosité dont il a usé envers moi. Quant à Panis , il déclara à la personne qui lui remit mes lettres ne vouloir plus recevoir désormais de sollicitations. Puissent les larmes qu'il a fait verser à tant de familles tomber en gouttes brûlantes sur son cœur ! puisse le remord déchirer son âme , s'il en a une !

Je passois ainsi mes jours dans la prison , occupé d'une correspondance continuelle. Un désagrément que je sentois bien vivement , étoit celui de ne pouvoir ni fermer mes lettres , ni en recevoir de cachetées , ni voir aucun être du dehors. Quoique nous ne pussions avoir aucune communication externe sur les affaires publiques; il n'en transpiroit pas moins parmi nous que tous les prisonniers de la capitale étoient menacés d'un massacre prochain. Les abbés Bertrand et Flost combattoient ce bruit ; ce dernier sur-tout disoit, en parlant des nombreux ecclésiastiques insermentés qu'on avoit arrêtés : « Si dieu à permis que nous fussions relegués ici , ce n'étoit pas pour nous livrer à la mort. » Ce raisonnement d'un homme pieux , prononcé avec cette onction qui va au cœur , tempéroit les craintes , et chacun rappelloit son courage. Mais une nouvelle qui nous parvint le 31 d'Auguste au soir pensa nous le faire perdre. Pétion, qui étoit alors ainsi que Marat, le dieu du jour, étoit venu sur les cinq heures à l'Assemblée législative, accompagné de sa municipalité; et l'un des membres y avoit tenu ce langage atroce : « Nous avons fait arrêter les prêtres perturbateurs; nous les avons mis dans une maison particulière, et dans deux jours le sol de la république en sera purgé. En effet, le 2 et 3 septembre ils furent massacrés. Mais n'anticipons pas.

Déjà mon emprisonnement duroit depuis environ quatre jours, quand je reçus une lettre par laquelle on m'annonçoit qu'on alloit sérieusement s'occuper de moi, et qu'on espéroit m'embrasser le soir même. Le lendemain matin, on se plaignoit dans une autre lettre de la lenteur qu'on mettoit à me rendre justice ; et faisant allusion à Rossignol qui m'avoit envoyé en prison, on me marquoit que le rossignol ne chante pas toujours. (En effet, celui dont je parle ne chante plus ; et s'il est accessible aux remords, il s'en abreuve actuellement.) Quelques instans après, on me remit un billet de ma mère, ainsi conçu :

« Le secrétaire du Maire (Jozeau, ancien avocat) m'a dit qu'il falloit que vous fissiez, pour la municipalité, un mémoire, par lequel vous représenterez qu'il est de toute nécessité que vous paroissiez mercredi au tribunal de Ste. Génevière , etc. Vous écrirez aussi à **M. Sergent** ; une lettre pour que j'aie la permission de vous parler (elle ne l'a pas eue) ; tranquilisez-vous, prenezp atience, et soyez sûr qu'on ne néglige rien ni devant Dieu , ni devant les hommes : sur-tout soignez votre santé. »

Je travaillai donc sur-le-champ à un mémoire où je détaillai les circonstances de mon arrestation : « Aux moyens sur lesquels je fonde ma demande en liberté , y disais-je , se joint un intérêt non moins puissant. J'ai été volé avec effraction le 10 de juin dernier. Le procès s'instruit actuellement contre un nommé Lapointe , au cinquième arrondissement où je suis assigné pour le mercredi cinq septembre prochain. Faut-il que je sois ruiné , et que le coupable triomphe parce que je ne suis pas libre ? ... »

Ce Lapointe , dont les noms patronimiques étoient Louis-Claude , avoit d'abord été garçon limonadier. Après avoir été impliqué dans plusieurs procès comme voleur, puis enfermé à Bicêtre , il recouvra sa liberté en promettant de dénoncer les brigands. Il fut réincarcéré pour le vol du garde-meuble de la Couronne , et redevint libre aux mêmes conditions. Il fut encore emprisonné le 7 juillet 1792 , pour un vol avec effraction qui me fut fait , et parvint à sortir de la Force le 3 septembre suivant, en disant aux massacreurs qu'il n'y étoit que parce qu'il me devoit 120 liv. Enfin le 8 messidor dernier (26 juin 1794) il a subi sur la place de Grève la punition due à ses crimes.

Je reviens à mon mémoire. Un de mes anciens confrères se chargea de le faire valoir à la Commune le samedi premier septembre. Ses affaires, qui l'empéchèrent de s'y rendre, et les évènemens des jours suivans, rendirent inutile ma juste réclamation.

Ici mon cœur se nâvre, mes yeux s'inondent de larmes, la douleur me suffoque, et la plume me tombe des mains. Plaignons la nation juste et généreuse qui a pu laisser commettre des crimes jusqu'alors inconnus dans l'histoire du monde.

J'ai déjà dit que toute communication verbale avec les personnes du dehors nous étoit interdite et que toutes les lettres qui entroient et sortoient de la prison étoient ouvertes par le concierge. Aucune nouvelle extérieure ne devoit donc parvenir jusqu'à nous. Cependant, soit que l'envie d'en fabriquer, ou la crainte en eut créé, soit qu'un des guichetiers en eût indiscrètement confié quelqu'une : en descendant au jardin le dimanche 2 septembre, sur les sept heures du matin, j'entendis un prisonnier qui disoit à un autre que le Châtelet avoit manqué d'être forcé pendant la nuit, et qu'on y auroit fait un affreux massacre, s'il n'étoit survenu des forces suffisantes pour en empêcher. Ce rapport , ainsi que je l'ai su quand j'ai été libre , étoit faux : il ne me laissa pas moins alors en proie à une agitation que j'eus soin de ne communiquer à personne.

Bientôt après , nous apprîmes que Verdun étoit assiégé , et qu'on demandoit des troupes pour voler à sa défense. Alors , beaucoup de jeunes gens qui étoient détenus , soit pour des amendes prononcées contr'eux par la Police correctionnelle , soit pour des délits qui n'entraînent point la peine capitale , prirent la résolution d'offrir leurs bras , et d'expier par une campagne glorieuse , ou par l'effusion de leur sang , les fautes qu'ils avoient commises. Je voulus bien rédiger leurs intentions dans un mémoire qu'ils firent passer aussi-tôt à l'Assemblée nationale.

Vers les deux heures après-midi , un grand homme assez mal vêtu vint du dehors trouver le nommé Joinville , chargé ce jour-là du guichet qui donne sur la rue des Ballets , et lui parla à l'oreille. Celui-ci parut un instant stupéfait de ce qu'il venoit d'apprendre ; puis il répondit assez haut : « Qu'ils viennent, s'ils le veulent, les massacrer ! par ma foi , je ne serai pas si bête que d'aller me faire tuer pour les prisonniers. » Je n'ai appris ce fait que depuis ma liberté. La personne de qui je le tiens est incapable d'en imposer ; elle venoit pour m'apporter des nouvelles qui ne m'ont point été transmises, et entendit la réponse de Joinville à l'homme dont je viens de parler : ce qui lui causa pour moi les plus vives allarmes.

Un nommé Maignen, qui attendoit depuis quinze ou seize mois le jugement de son procès, manquant de tout , s'étoit avisé d'élever une cuisine dans le jardin , avec des pierres provenant d'une démolition qu'on avoit faite. Il avoit obtenu du concierge, sans doute , la permission de faire entrer sa femme tous les matins dès l'ouverture , pour apporter les provisions et préparer les alimens. Leur qualité avoit achalandé la cuisine , et presque tous les prisonniers du quartier de là Dette , sans en excepter les plus riches , s'y fournissoient. Ce jour , contre la coutume , les vivres étoient entrés en petite quantité , et manquoient déjà à l'heure où les distributions ne faisoient ordinairement que commencer. Nous ne sûmes à quoi attribuer cela.

Sur les trois heures, un gendarme qui étoit entré , je ne sais pourquoi, dans notre quartier, dit à l'un d'entre nous , qui nous en informa aussi-tôt, qu'on venoit de massacrer , vers le Pont-Neuf, sept personnes qu'on avoit envoyées de la mairie à la prison de l'Abbaye, et que la veille, des femmes à demi-ivres disoient publi-

quement sur la terrasse des Feuillans aux Tuileries , en parlant des détenus : « C'est demain
qu'on leur f... l'ame à l'envers dans les prisons.»
Ces propos , et ce qu'on étoit venu dire à l'o-
reille de Joinville , font voir qu'on avoit projeté
les massacres des prisonniers.

Sur les sept heures , on en appelloit très-fré-
quemment , et ils ne reparoissoient plus. Chacun raisonnoit à sa manière sur cette singularité ;
mais nos idées devinrent plus calmes , lorsque
nous vînmes à nous persuader que le besoin de
forces avoit fait accueillir le mémoire que j'avois
rédigé le matin pour l'Assemblée nationale , et
qu'on délivroit en conséquence tous ceux qui n'é-
toient point prévenus de délits graves. C'étoit
particulièrement l'opinion de nos compagnons
d'infortune de Rulhière et de la Chenaye , avec
lesquels je causois encore lorsqu'à huit heures on
nous enferma tous. Hélas ! ils ne prévoyoient
pas le sort funeste dont ils étoient menacés.

Relégués dans nos chambres, nous entendions
sans cesse ouvrir le guichet qui donne sur le
jardin , et le guichetier Baptiste venoit tantôt
dans l'une , tantôt dans l'autre , chercher des
prisonniers qui en sortoient avec mille démonstrations de joie ; il s'adressoit principalement alors
à ceux qui n'avoient que des affaires de police-
correctionnelle ; ce qui bannissoit les craintes que
nous avions eues dans la journée.

Un dîner, que la disette de vivres avoit rendu fort frugal, et une promenade de tout l'après-midi, m'avoient donné de l'appétit : le bon Durand fouilla toute la chambre pour nous trouver de quoi souper. Un morceau de pain d'une grosseur très-médiocre, que nous partageâmes entre sept, et un verre de vin qui se trouva dans une bouteille, furent toute notre ressource. Je prenois le parti de la résignation, et j'allois me mettre au lit, lorsque j'apperçus dans le jardin un jeune homme nommé Duvoy, qu'on n'avoit point encore enfermé. Toute fierté étant inutile, je lui demandais 'il pouvoit me donner de quoi souper ; alors il se crampona aux barreaux de notre fenêtre, et me présenta deux œufs, que l'impossibilité de me procurer du feu pour les faire cuire, me fit refuser.

J'essayois de trouver le sommeil, lorsque la porte de ma chambre s'ouvrit avec un bruit effroyable, et qu'on en fit sortir Delange, détenu correctionnellement. Un instant après, il fut suivi d'un vieillard de soixante-treize ans, nommé Berger, qu'on retenoit de même depuis dix-huit mois, et qui fut réemprisonné en 1794 ; sous le nom de Dupont.

Les autres chambres de notre corridor s'ouvroient aussi sans cesse. Nous étions encore cinq dans la mienne ; tous, excepté moi, se livroient

à l'espoir consolant d'être élargis avant le jour,
lorsqu'on vint chercher Durand. Celui-ci se tenoit tout habillé sur son lit, pour ne pas se faire
attendre. Il me serra la main, me promit de me
donner de ses nouvelles, et sortit. Nous distin-
guâmes en même tems la voix de Délange, qui,
après avoir obtenu sa liberté, vouloit absolument remonter à la chambre pour y prendre ses
effets, et sur-tout un petit chien caniche blanc
qui faisoit tout son amusement. Ses sollicitations
furent sans succès, parce qu'on vouloit empêcher les prisonniers d'être informés des scenes
affreuses qui se passoient déjà.

Pendant qu'on vidoit ainsi les chambres, nous
apperçûmes de la nôtre un nommé Caraco, qui,
craignant sans doute, à cause de la nature de
son délit, de ne point obtenir l'élargissement
que, suivant le bruit commun, on accordoit aux
autres, montoit le long des pilliers de la galerie,
inhabités depuis l'incendie de la Force, et gagnoit les toîts pour descendre ensuite dans la rue,
où il fut massacré. Duvoy tenta aussi de s'evader :
mais heureusement son peu d'agilité l'empêcha de
réussir ; je dis heureusement, car il s'est tiré
d'affaire ; il s'en est fait depuis une autre.

Vers minuit, un nommé Barat, qui, par la situation de son local, étoit à portée d'entendre
ce qui se passoit, appella Gérard, mon camarade

de chambre , et lui dit ceci , que je n'oublirai jamais : « Mon ami , nous sommes morts : on assassine les prisonniers à mesure qu'ils comparoissent ; j'entends leurs cris. » A peine Gérard eut-il appris cette fatale nouvelle , qu'il nous dit: « Notre dernière heure est venue , nous n'avons plus aucune ressource. » J'avois quitté mon lit , pour être plus à portée d'observer et d'écouter ; je répondis à Gérard , (et je m'efforçois de penser ainsi) que le bruit venoit du peuple du fauxbourg Saint-Antoine , qui faisoit ses enrôlemens pour marcher au secours de Verdun , et qui traversoit sans doute les rues pour se rendre auparavant à l'hôtel de ville.

A une heure du matin, le guichet qui conduisoit à notre quartier s'ouvrit de nouveau. Quatre hommes en uniforme , tenant chacun un sabre nud et une torche ardente , montèrent à notre corridor précédés d'un guichetier , et entrèrent dans une chambre attenante à la nôtre , pour faire perquisition dans une cassette qu'ils brisèrent. A peine furent-ils descendus , qu'ils s'arrêtèrent sur la galerie , où ils mirent à la question un nommé Cuissa , pour savoir où étoit Lamotte , qui , sous prétexte d'un trésor caché dont il offroit de donner la connoissance, avoit quelques mois auparavant , disoient-ils , escroqué une somme de 300 liv. à l'un d'entr'eux qu'il avoit fait venir

exprès dîner avec lui. Le malheureux qu'ils tenoient , et qui a perdu la vie cette nuit-là , leur
répondoit tout tremblant qu'il se souvenoit bien
du fait , mais ne pouvoit leur dire ce qu'étoit devenu le prisonnier. Résolus de trouver ce Lamotte , et de le confronter à Cuissa , ils montèrent avec ce dernier dans d'autres chambres , où
ils firent de nouvelles recherches qui, suivant les
apparences , furent inutiles, puisqu'ils dirent entr'eux : « Allons le chercher dans les cadavres,
car il faut , nom de D... , que nous sachions ce
qu'il est devenu. »

J'entendis en même tems appeller Louis Bardy
dit l'abbé Bardy , qui fut amené et massacré sur
l'heure , ainsi que je l'ai su. Il étoit accusé d'a-
voir , de concert avec sa concubine , assassiné et
coupé en morceaux , cinq ou six ans auparavant,
son frère , auditeur en la chambre des comptes de
Montpellier , et déjouoit la science de tous ses
juges par la subtilité , l'adresse , l'éloquence
même de ses réponses , et par les incidens qu'il
faisoit naître.

On peut se peindre la frayeur où m'avoient
jeté ces mots : « Allons le chercher dans les cadavres. » Je ne vis plus d'autre parti à prendre
que celui de me résigner à la mort. Je fis donc
mon testament , que je terminai par cette
phrase : « Je demande comme une grace à ceux

qui me dépouilleront, je les somme même par le respect dû aux morts, et au nom des lois qu'ils violent par des assassinats dont un jour la nation leur demandera compte, de faire passer à leurs adresses, mon testament et la lettre qui y est jointe. »

A peine quittais-je la plume, que je vis de nouveau paroître deux hommes aussi en uniforme, dont l'un, qui avoit un bras et une manche de son habit couverts de sang jusqu'à l'épaule, ainsi que son sabre, disoit : « Depuis deux heures que j'abats des membres de droite et de gauche, je suis plus fatigué qu'un maçon qui bat le plâtre depuis deux jours. » Ils parlèrent ensuite de Rulhière, qu'ils se promirent de faire passer par tous les dégrés de la plus cruelle souffrance ; ils jurèrent par d'affreux sermens de couper la tête à celui d'entr'eux qui lui donneroit un coup de pointe. Le malheureux militaire leur ayant été livré, ils l'emmenèrent en criant Force à la loi, puis le mirent nud, et lui appliquèrent de toutes leurs forces des coups de plat de sabre qui le dépouillèrent bientôt jusqu'aux entrailles, et firent ruisseler le sang de tout son corps. Enfin, après une demi - heure de cris terribles, et une lutte des plus courageuses contre ses assassins, il expira.

Trois quarts-d'heure après, c'est-à-dire environ sur les quatre heures du matin, on vint

chercher Baudin de la Chenaye , qu'on força de
s'habiller. Comme sa chambre étoit au-dessous de
la mienne , et que nos croisées étoient ouvertes,
j'entendis le guichetier lui dire lorsqu'il vouloit
prendre son chapeau : « Laissez-le là ; vous n'en
avez plus besoin. » Il sortit et marcha avec la
fermeté du philosophe au milieu des deux brigands
dont j'ai parlé plus haut , et arriva au bureau du
concierge , où il subit une espèce d'interrogatoire , après lequel l'interrogant ordonna qu'on
le conduisit à l'Abbaye ; ce qui vouloit dire As-
sommez-le. Il passa donc le fatal guichet d'entrée
et jeta un cri d'épouvante en appercevant un
monceau de cadavres , se couvrit les yeux et le
visage avec ses mains , puis tomba percé de
coups.

Il étoit , ainsi que le précédent, accusé d'avoir
trempé dans l'affaire du 10 ; hélas ! il étoit innocent. Soixante ans de vertus , qui ont toujours été
héréditaires dans sa famille , sembloient lui promettre une meilleure fin. Depuis sa mort , qui a
fait à mon cœur une plaie incurable , j'ai su
qu'une visite sévère faite dans ses papiers n'avoit
rien offert qui pût faire regarder son emprisonnement comme légitime , et que l'erreur de ses
meurtriers a été constatée par un certificat délivré
à sa respectable veuve. J'ai appris d'elle , en allant lui porter quelques paroles de consolation ,

qu'un nommé Toussaint , ci-devant domestique d'un ancien procureur au parlement , nommé Châtelain , s'est vanté d'avoir été un des juges à l'hôtel de la Force dans la nuit du 2 septembre et d'avoir condamné à mort ce même la Chenaye , aux sollicitations duquel il doit une pension dont il jouit encore.

Une infinité de détenus des différens corps de logis de la prison, tels que René - François Gentilhomme , Staudé dit l'Allemand , André Roussey, l'abbé de la Gardette ; Simonot, de Louze-de-la-Neufville, Etienne Deroncières et autres , eurent successivement le même sort que l'infortuné la Chenaye. Je craignois à chaque ouverture de guichet d'entendre prononcer mon nom et de voir entrer Rossignol. Le trouble de mes sens ne m'empêcha cependant pas de penser aux moyens de me soustraire à la fureur des assassins , s'il étoit possible. Je quittai ma robe-de-chambre et mon bonnet de nuit pour me vêtir d'une grosse chemise fort sale , d'une mauvaise redingotte , sans gilet , et d'un vieux chapeau rond que , dans la crainte de ce qui arrivoit , je m'étois fait apporter deux jours auparavant. J'imaginai qu'ainsi couvert , je ne serois pas soupçonné d'être du nombre des victimes qu'on devo't immoler. On verra que cette précaution ne m'a point été inutile.

Sur les cinq heures, on vint chercher les abbés de Blinières et Bertrand. Un homme qui étoit dans le jardin cria à l'Abbaye ; mais un fédéré qui étoit au guichet dit qu'il ne falloit point leur faire de mal. J'ignore quel a été le sort du premier ; mais je sais que le second s'est tiré d'affaire : car je l'ai revu plus d'une année après.

A six heures et demie, on se présenta une seconde fois à la chambre des deux ecclésiastiques, pour en faire sortir le notaire (Guillaume l'aîné), qui l'habitoit aussi. Tous les évènemens dont il avoit été témoin depuis la fermeture de la veille lui ayant fait croire sa vie dans le plus grand danger, il hésita d'ouvrir sa porte, qu'il avoit barricadée ou fermée en dedans. Alors les hommes qui l'assailloient se répandirent en blasphêmes, le traitèrent d'ennemi de la nation, de scélérat, et allèrent chercher du renfort. A peine étoient-ils disparus, que malgré le saisissement où j'étois moi-même, je lui observai par ma fenêtre, et sans pouvoir être vu de lui, qu'il venoit de commettre une grande imprudence en résistant : « Eh, monsieur, me répondit-il, ignorant sans doute à qui il parloit, on n'assassine pas les gens sans les entendre. » Ceux qu'on étoit allé chercher arrivèrent en même tems ; il leur ouvrit sa porte, et ils se saisirent de lui. J'ai été inquiet sur son sort pendant plus de quinze jours ; enfin, j'ai su qu'il avoit été relaxé.

Après toutes les horreurs qu'on vient de lire , plusieurs des individus qui , suivant le langage usité entr'eux , faisoient justice des traîtres , se répandirent sur notre galerie, et dirent qu'il falloit lâcher les autres. Un cri de vive la nation , que fit entendre le premier Decombe de St.-Géniés , auquel on a rendu la liberté , fut la réponse des prisonniers qui restoient , et Benjamin Hurel-la-Vertu , l'un d'eux , fut emmené sur l'heure presqu'en triomphe.

On a vu que toutes les chambres de mon corridor avoient été vidées, à l'exception de la mienne. Nous y étions encore quatre qu'on sembloit avoir oubliés , et nous adressions en commun nos prières à l'Eternel pour qu'il nous tirât du péril. Pendant que nous étions dans cette situation mille fois plus horrible que la mort , le guichetier Baptiste vint nous visiter seul , nous parla des meurtres sans nombre qu'il avoit vu commettre , nous dit qu'il nous avoit sauvés en protestant que nous étions emprisonnés pour batteries; qu'on avoit voulu le tuer lui-même à cause de nous , que nous n'avions plus rien à craindre , et qu'il répondoit de nos personnes. L'assurance qu'il nous avoit sauvés me parut un moyen imaginé par lui pour exciter notre générosité : car je l'avois vu exécuter, tout en tremblant et sans oser répondre, les ordres qu'il recevoit : néanmoins, je lui pris les mains et le conjurai de nous faire sortir, en lui promettant de lui donner ou faire donner cent louis, s'il me conduisoit chez moi o u chez quelqu'un de mes parens. Un bruit partant des guichets le fit retirer précipitamment.

Nous entendîmes aussitôt, et nous apperçûmes même de nos croisées ; près desquelles nous étions couchés à plat-ventre, pour n'être point vus, douze ou quinze hommes armés jusqu'aux dents, et la plupart couverts de sang, qui tenoient conseil à voix basse dans le jardin : « Remontons dans toutes les chambres, disoit l'un d'eux, et qu'il n'en reste pas un ; point de pitié ! »

A ces mots, je tirai de mon gousset un canif que j'ouvris. Je m'interrogeois sur l'endroit où je devois m'en frapper, lorsque je réfléchis que la lame étoit trop petite pour me percer mortellement sur l'heure, et que ce seroit me livrer d'avance à des tourmens auxquels je pouvois échapper. La religion vint à mon secours ; je pris la résolution d'attendre l'évènement ; j'excitai mes compagnons d'infortune, sur-tout Gérard, à nous jeter entre les bras de la Providence.

Entre sept et huit heures, quatre hommes ar-

més de bûches et de sabres vinrent nous déclarer qu'il falloit les suivre. Un d'eux, haut d'environ six pieds, et dont l'uniforme me parut
celui d'un gendarme, tira à quartier Gérard ; ils
causèrent à voix très-basse et firent des gestes
qui me firent soupçonner une corruption. La conversation finit par ces mots du prisonnier : Comme
vous voyez, mon camarade, je n'ai été arrêté que
pour avoir souffleté un arristocrate. L'accusation
pour laquelle il étoit détenu étoit, malheureusement pour lui, d'une bien plus dangereuse conséquence : je ne crois pas devoir en rendre
compte.

Pendant le colloque dont je viens de parler,
je cherchois par-tout des souliers pour quitter les
pantoufles de palais que je portois. Forcé de
renoncer à ma recherche, je descendis avec les
autres, et vêtu comme je l'ai dit précédemment.
Constant dit le sauvage, Gérard, et un troisième dont le nom échappe à ma mémoire,
étoient libres de tout leur corps ; quant à moi,
quatre sabres étoient croisés sur ma poitrine. Mes
camarades obtinrent leur élargissement sans paroître au bureau du concierge. Moi, je fus traduit devant le personnage en écharpe qui y siégeoit. Il étoit boiteux, assez grand, et fluet de
taille. Il m'a reconnu et parlé sept ou huit mois
après. Quelques personnes m'ont assuré qu'il

étoit fils d'un ancien procureur , et se nommoit Chepy. En traversant la cour dite des Nourrices, je la vis pleine d'égorgeurs que péroroit Pierre Manuel , alors procureur de la commune, puis député à la Convention , à laquelle il a donné sa démission , puis enfin justement frappé de mort le 14 novembre 1794. Arrivé au tribunal terrible , j'y fus interrogé ainsi : « Comment vous nomme-t-on ? Quelle est votre qualité ? Depuis quand êtes-vous ici ? » Mes réponses furent simples : « Mon nom est Pierre-Anne-Louis Maton-de la-Varenne ; je suis ancien avocat, et détenu depuis huit jours , sans savoir pourquoi ; j'espérois ma liberté samedi dernier : les affaires publiques l'ont retardée.

Je m'abstins de parler de Rossignol ; car j'étois au milieu de tous ses camarades du faux-bourg , qui m'eussent immolé à son ressentiment et dont un disoit derrière moi sans me connoître : « Vas , monsieur de la peau fine , je vas me regaler d'un verre de ton sang. » Le soi-disant juge du peuple cessa ses questions , pour ne pas perdre de tems; mais il ouvrit le registre de la prison , et après l'avoir examiné, il dit : « Je ne vois absolument rien contre lui » Alors toutes les figures se déridèrent , et il s'éleva un cri de vive la nation , qui fut le signal de ma délivrance.

Ce fut dans ce moment que je sentis plus vivement qu'en aucun autre la grandeur du péril auquel j'échappois, et qu'une pâleur très-voisine de l'évanouissement, se fit remarquer sur mon visage. Je fus enlevé sur-le-champ, et conduit hors du guichet par des hommes qui me soutinrent sous les aisselles, en m'assurant que je n'avois rien à craindre, et que j'étois sous la sauve-garde du peuple.

Je traversai ainsi la rue des Ballets, qui étoit couverte de chaque côté d'une triple haie de gens des deux sexes et de tous les âges. Parvenu au bout, je reculai d'horreur en appercevant dans le ruisseau un monceau énorme de cadavres nuds souillés de boue et de sang, sur lesquels il me fallut prêter un serment. Un égorgeur étoit monté dessus et animoit les autres : j'articulois les paroles qu'ils exigeoient de moi, quand je fus reconnu par un de mes anciens cliens qui, sans doute, passoit par hasard. Il répondit de moi, m'embrassa mille fois, et appitoya en ma faveur les massacreurs mêmes. Son nom est Colange, napolitain, fabricant de cordes à violons, rue de Charonne.

On voulut d'abord me mener boire et manger au comité de Saint-Louis ; je refusai, en disant qu'échappé à la mort, je devois aller consoler plusieurs personnes qui pleuroient peut-être ma perte. Mes raisons furent goûtées ; je demandai

un fiacre à cause de ma foiblesse ; après avoir
passé à pied une partie de la rue Saint-Antoine ,
où je fus rencontré et embrassé encore par trois
personnes , il en passa un dont on fit descendre
ceux qui l'occupoient , et j'y montai avec mes
conducteurs , dont le nombre s'augmenta tellement en chemin , que le siège du cocher , les
portières , l'impériale et le derrière en étoient
couverts.

Mes lecteurs se rappelleront que je faillis
perdre la tête à la guillotine le 27 d'Auguste en
traversant le quai Pelletier sous la conduite d'un
gendarme : il semble qu'un génie malfaisant étoit
acharné à ma perte , et vouloit que je tombasse
sous le fer des assassins , à la place de Grève ,
soit en allant en prison , soit en revenant dans
mes foyers. Au coin du même quai , un homme
qui , à mon extérieur défait , et au désordre de
mes vêtemens , me prit pour un conspirateur ou
pour un criminel d'un autre genre , saisit la bride
d'un des chevaux du fiacre , et s'écria , en exci-
tant contre moi l'indignation publique : « Il ne
faut pas qu'il aille plus loin : assommons-le ici. »
A peine avoit-il achevé , qu'un sabre fut levé sur
lui par un jeune homme qui se tenoit à une portière ; il auroit été pourfendu jusqu'à la ceinture
sans un mouvement qu'il fit assez à tems pour
éviter le coup.

Cet

Cet évènement ne fit qu'augmenter l'espèce de pompe de ma marche triomphale, pendant laquelle je me rappellois ces paroles du psalmiste : *Circum dederunt me dolores mortis.* Sans cesse j'entendois des cris de félicitation autour de moi : « Citoyens, disoit l'un, voilà un patriote qu'on avait renfermé pour avoir trop bien parlé pour la Nation. — Voyez ce malheureux, disoit un autre : ses parens l'avoient fait mettre aux oubliettes pour s'emparer de ses biens. » En même-tems, chacun se pressoit autour de la voiture pour me voir, et l'on m'embrassoit sans cesse par les portières.

Au milieu de ces accueils, qui en épuisant ma sensibilité, anéantissoient mes forces physiques, j'arrivai en face de la rue Planche-Mibray. Mes conducteurs m'annoncèrent que j'allois traverser le Pont-au-Change pour voir sur sa culée les cadavres des scélérats dont on avoit fait justice au Châtelet, et ensuite dans la cour du Palais, ceux des prisonniers de la Conciergerie. Alors je rappellai ma présence d'esprit pour demander à ne point voir ce spectacle hideux qu'il me seroit impossible de supporter une seconde fois. Ma prière fut écoutée, et nous enfilâmes le Pont Notre-Dame, d'où, par les rues adjacentes, nous parvînmes à celle de la Barrillerie, où demeuroit mon père. Mon arrivée chez lui causa

Tome I. E

la plus vive émotion à ma mère. J'éprouvai aussi quelques instans de saisissement, après lesquels je sentis ses joues collées sur les miennes, qu'elle arrosoit de larmes. C'étoit le trois septembre.

Après avoir ainsi passé environ une heure à la maison paternelle, où ceux qui m'y avoient conduit n'avoient voulu accepter qu'un simple rafraîchissement, la crainte où j'étois qu'on ne vint m'y reprendre me détermina à m'aller retirer dans un lieu sûr. En chemin, je sus que l'infortunée de Lamballe avoit été massacrée presqu'à l'instant de ma sortie. Un particulier nommé Cressac, en faveur duquel j'avois fait un mémoire à imprimer, fut aussi élargi en même-tems. Avant de l'être, il vit entrer dans sa chambre un homme, qui, après lui avoir demandé gaillardement la cause de sa détention, et lui avoir promis de s'intéresser à lui quand son tour arriveroit, parce qu'il croyoit le connoître, le rassura en lui disant : « Au surplus, si tu es condamné, ne t'inquiète pas, j'aurai soin que le coup ne te fasse pas languir. » Ce client a été réincarcéré pendant dix-sept mois sous Robespierre, et n'a échappé une seconde fois à la mort qu'après celle de ce monstre.

Il étoit environ deux heures, lorsque les massacreurs, accablés de fatigue, et ne pouvant plus lever les bras, quoiqu'ils bûssent continuellement de l'eau-de-vie , dans laquelle Manuel avoit fait mettre de la poudre à canon pour entretenir leur fureur, s'assirent en rond sur les cadavres gissant en face de la prison, pour reprendre haleine. Une femme , qui avoit un panier rempli de petits pains, vint à passer ; ils les lui prirent, et en trempèrent chaque morceau dans les plaies de leurs victimes palpitantes. Jamais les cannibales ne se montrèrent aussi féroces et barbares.

Les détenus de la prison que je quittois , n'étoient pas les seuls sous la hache meurtrière : ceux des autres, des églises et des couvens y étoient de même. Pendant ces égorgemens , la force publique restoit dans une criminelle tranquillité ; Billaud-de-Varennes disoit aux assassins ; « Respectables citoyens , vous venez d'égorger des scélérats : vous avez fait votre devoir, vous aurez chacun 24 liv. » Le sanguinaire Brissot , dont l'échafaud nous a vengés le trente octobre (1794) , demandoit à d'autres bourreaux comme lui, si tels ou tels avoient cessé de vivre, et savouroit, de la mairie, le parfum de leur chair en lambeaux ; enfin , l'atroce Marat et une horde d'hommes de proie comme lui, envoyoient par toute la France, sous le contre-seing du ministre de la Justice , la lettre suivante , qui a provoqué le meurtre des prisonniers à Lyon , de ceux d'Orléans à Versailles, etc.

« La commune de Paris se hâte d'informer ses frères de tous les départemens , qu'une partie des conspirateurs féroces détenus dans les prisons, a été mise à mort par le peuple ; acte de justice qui lui a paru indispensable pour retenir par la terreur ces légions de traîtres cachés dans ces murs au moment où il alloit marcher à l'ennemi ; et sans doute la Nation entière , après la longue suite de trahisons qui l'ont conduite sur les bords de l'abîme , s'empressera d'adopter ce moyen si nécessaire au salut public. »

Depuis que je me suis hasardé à rentrer dans mon domicile , environ quatre mois après les massacres des prisons , j'ai cru que je pouvois encore goûter quelques jours heureux ; je me suis marié.

A peine l'étois-je , que la tyrannie de Robespierre , qui pesoit particulièrement sur les nobles, les anciens parlementaires et les gens de lettres, me força à fuir de nouveau avec mon épouse. Nous nous sommes tenus cachés et ignorés dans une commune située près de Melun jusqu'après le supplice du monstre.

Pendant qu'il régnoit encore , Fouquier-Tinville , l'accusateur public du tribunal de sang qu'il avoit fait créer sous le nom de tribunal révolutionnaire , me faisoit chercher par-tout. J'ai acquis depuis la plus grande certitude à cet égard. Un homme chargé de me chercher , m'a tout avoué pendant que Fouquier étoit en prison , c'est à-dire environ un mois après la punition de Robespierre.

Deux ou trois jours après , je reçus de cet homme qui vouloit m'envoyer à l'échafaud , une lettre par laquelle il me prioit , avec toutes les instances possibles , et des éloges dont je n'étois pas la dupe , de lui servir de défenseur. Voici ce que je luis écrivis en réponse :

« Si vous n'aviez été cruel qu'envers moi , ma générosité me porteroit à vous défendre. Mais vous avez fait de la France un vaste cimetière où chacun pleure sur des tombeaux , vous l'avez inondée du sang des hommes les plus irréprochables. Je ne puis embrasser votre defense sans me rendre en quelque sorte l'apologiste des crimes dont vous avez effrayé le monde. Réclamez donc le ministère d'un autre que moi , et ne réitérez pas votre prière. Signé La-Varenne. »

Gaillard de la Ferrière a , sur mon refus , défendu Fouquier , au terme de la loi qui accorde un défenseur à tous les prévenus.

L'INCARCÉRATION

ET LES TERREURS PANIQUES

DU CIT. CARON - BEAUMARCHAIS.

CET homme-de-lettres, cet habile négociant, aussi fameux chez Apollon qu'au palais de Plutus, va raconter lui-même ces terreurs, son incarcération. Mais avant de mettre sous les yeux de nos lecteurs son récit curieux et touchant, nous croyons devoir extraire une lettre non moins intéressante, antérieure de quelques jours à son emprisonnement, lettre qu'il écrivoit à sa fille, et qui retrace des évènemens douloureux, qu'amenèrent la tyrannie de Marat, digne précurseur de Robespierre.

« Mercredi matin 8 août (1792), dit Caron Beaumarchais, j'ai reçu une lettre, par laquelle un monsieur, qui se nommoit sans nul mystère, me mandoit qu'il étoit passé pour m'avertir d'une chose qui me touchoit, aussi importante que pressée : il demandoit un rendez-vous. Je l'ai reçu. Là j'ai appris qu'une bande de trente brigands avoit fait le projet de venir piller ma maison la nuit du jeudi au vendredi ; que six hommes en habits de garde national ou de fédérés devoient venir me demander, au nom de la municipalité, l'ouverture de mes portes, sous prétexte de chercher si je n'avois pas d'armes cachées. La bande devoit suivre, armée de piques avec des bonnets rouges, comme des citoyens acolytes ; et ils devoient fermer les grilles sur eux , en emportant les clés, pour empêcher, auroient-ils dit, que la foule ne s'introduisît. Ils devoient enfermer mes gens dans une des pièces souterreines, en menaçant d'égorger sans pitié quiconque diroit un seul mot. Puis ils devoient me demander, la bayonnette aux reins, le poignard à la gorge, où étoient les huit-cents-mille francs qu'ils croyoient, disoit ce Monsieur, que j'ai reçus du trésor national.... Enfin, m'ajouta le bonhomme, ils m'ont mis du complot, en jurant d'égorger celui qui les décéleroit. Voilà mon nom, mon état, ma demeure ; prenez vos précautions ; n'exposez pas ma vie pour prix de cet avis pressant, que mon estime pour vous m'engage à vous donner.

» Après l'avoir bien remercié, j'ai écrit à M· Pétion, comme premier magistrat de la ville, pour lui demander une sauve-garde. J'ai remis ma lettre à son Suisse, et n'en avois pas de réponse, quand les troubles ont commencé, ce qui redoubloit mes inquiétudes....

» Samedi 11, vers huit heures du matin, un homme est venu m'avertir que les femmes du port Saint-Paul alloient amener tout le peuple, animé par un faux avis qu'il y avoit des armes chez moi dans les prétendus souterreins..... Sur cet avis, j'ai tout ouvert chez moi, secrétaires, armoires, chambres et cabinets, enfin tout ; résolu de livrer et ma personne, et ma maison à l'inquisition sévère de tous les gens qu'on m'annonçoit. Mais quand la foule est arrivée, le bruit, les cris étoient si forts, que mes amis troublés ne m'ont pas permis de descendre, et m'ont conseillé tous de sauver au moins ma personne.

» Pendant qu'on batailloit pour l'ouverture de mes grilles, ils m'ont forcé de m'éloigner par le haut bout de mon jardin ; mais on y avoit mis un homme en sentinelle qui a crié : « Le voilà qui se sauve ; » et cependant je marchois lentement. Il a couru par le Boulevard avertir le peuple assemblé à ma grille d'entrée. J'ai seulement doublé le pas ; mais les femmes, cent fois plus cruelles que les hommes dans leurs horribles abandons, se sont toutes mises à ma poursuite.

» Il est certain, mon Eugénie, que ton malheureux père eût été déchiré par elles, s'il n'avoit pas eu de l'avance ; car la perquisition n'étant pas encore faite, rien n'auroit pu leur ôter de l'esprit que je m'étois échappé en coupable. Et voilà où m'avoit conduit la foiblesse d'avoir suivi

le conseil donné par la peur, au-lieu de rester
froidement comme je l'avois résolu.....

» J'étois entré chez un ami dont la porte étoit
refermée ; dans une rue qui, faisant angle avec
celle où les cruelles femmes couroient, leur a
fait perdre enfin ma trace, et d'où j'ai entendu
leurs cris .....

« Pendant que j'étois enfermé dans un asile
impénétrable, trente-mille âmes au moins étoient
dans ma maison, où, des greniers aux caves, des
serruriers ouvroient toutes vos armoires ; où des
maçons fouilloient les souterreins, sondoient par-
tout, levoient les pierres, jusques sur les fosses
d'aisance, et faisoient des trous dans les murs,
pendant que d'autres piochoient le jardin, jusqu'à
trouver la terre vierge ; repassant tous vingt fois
dans les appartemens ; mais quelques-uns disant
au grand regret des brigands qui se trouvoient-là
par centaine : — « Si l'on ne trouve rien ici qui
se rapporte à nos recherches, le premier qui
détournera le moindre des meubles, une paille
sera pendu sans rémission, puis haché en morceaux par nous. . . . »

» Enfin, après sept heures de la plus sévère recherche, la foule s'est écoulée, aux ordres de
je ne sais quel chef. Mes gens ont balayé près
d'un pouce et demi de poussière ; mais pas un
binet de perdu .... Une femme au jardin a cueilli

une giroflée : elle l'a payée de vingt soufflets ; on vouloit la baigner dans le bassin des peupliers.

» Je suis rentré chez moi. Ils avoient porté l'attention jusqu'à dresser un procès-verbal guirlandé de cent signatures, qui attestoient qu'ils n'avóient rien trouvé de suspect dans ma possession....

» Me voilà parvenu à la terrible nuit dont je vous ai déjà parlé : en voici les affreux détails.

» En nous promenant au jardin sur la brune, le soir de ce même jour déjà si effrayant, l'on me disoit : — « Ma foi, monsieur, après ce qui est arrivé, il n'y a aucun inconvénient que vous passiez la nuit ici. » — Et moi je répondois : — « Sans doute ; mais il n'y en a pas non plus que j'aille la passer ailleurs ; et ce n'est pas le peuple que je crains ; le voilà bien désabusé ; mais cet avis que j'ai reçu d'une association de brigands pour me piller une de ces nuits, me fait craindre que, dans la foule qui s'est introduite chez moi, ils n'aient étudié les moyens d'entrer la nuit dans ma maison ; car on a entendu de terribles menaces. Peut-être y en a-t-il quelques-uns cachés ici. Enfin j'ai grande envie d'aller passer une bonne nuit chez notre bon ami de la rue des trois Pavillons. C'est bien la rue la plus tranquille qui soit au tranquille Marais. Pendant qu'il est à la campagne, vas, François, vas mettre une paire de draps pour moi. » —

» J'ai soupé, ma fillette ; heureusement j'ai peu mangé. Puis je suis parti sans lumière, par la rue des trois Pavillons, m'assurant bien, de tems-en-tems, que personne ne me suivoit.

» Mon François, retourné chez moi ; la porte de la rue barrée et bien fermée ; un domestique de mon ami enfermé tout seul avec moi, je me suis livré au sommeil. A minuit, le valet en chemise, effrayé, entre dans la chambre où j'étois : — « Monsieur, me dit-il, levez-vous : tout le peuple vient vous chercher ; ils frappent à enfoncer la porte. On vous a trahi de chez vous ; la maison va être pillée. » En effet, on frappoit d'une façon terrible. A peine réveillé, la terreur de cet homme m'en donnoit à moi-même. — « Un moment, dis-je, mon ami ; la frayeur nuit au jugement. » — Je mets ma redingotte, en oubliant la veste, et, mes pantoufles aux pieds, je lui dis : — « Y a-t-il quelqu'issue par où l'on puisse sortir d'ici ? — Aucune, monsieur ; mais pressez-vous, car ils vont enfoncer la porte. Ah ! qu'est-ce que va dire mon maître ? — Il ne dira rien, mon ami ; car je vais livrer ma personne, pour qu'on respecte sa. maison. Vas leur ouvrir, je descends avec toi. » —

E 6

Nous étions troublés tous les deux. Pendant qu'il descendoit, j'ai ouvert une fenêtre qui donnoit sur la rue du Parc-Royal ; il y avoit sur le balcon une terrine allumée, qui m'a fait voir, au travers de la jalousie, que la rue étoit pleine de monde : alors le désir insensé de sauter par la fenêtre s'est éteint à l'instant où j'allois m'y jetter. Je suis descendu, en tremblant, dans la cuisine au fond de la cour ; et regardant par le vitrage, j'ai vu la porte enfin s'ouvrir. Des habits bleus, des piques, des gens en veste sont entrés : des femmes crioient dans la rue. Le domestique est revenu vers moi pour chercher beaucoup de chandelles, et m'a dit d'une voix éteinte: — « Ah ! c'est bien à vous qu'on en veut. — Eh bien, ils me trouveront ici. » —

Il y a près de la cuisine, une espèce d'office avec une grande armoire, où l'on met les porcelaines, dont les portes étoient ouvertes. Pour tout asile, et pour dernier refuge, ton pauvre père, mon enfant, s'est mis derrière un des ventaux debout, appuyé sur sa canne ; la porte de ce bouge uniquement poussée, dans un état impossible à décrire ; et la recherche a commencé.

Par les jours de souffrance qui donnoient sur la cour, j'ai vu les chandelles trotter, monter, descendre, enfiler les appartemens. On mar-

choit , on alloit au-dessus de ma tête. La cour
étoit gardée , la porte de la rue ouverte ; et moi
tendu sur mes orteils , retenant ma respiration ,
je me suis occupé d'obtenir de moi une résignation
parfaite , et j'ai recouvré mon sang-froid. J'avois
deux· pistolets en poche ; j'ai débattu long-tems
si je devois , ou ne devois pas m'en servir. Mon
résultat a été que , si je m'en servois , je serois
haché sur-le-champ , et ·avancerois ma mort
d'une heure , en m'ôtant la dernière chance de
crier au secours , d'en obtenir peut-être , en me
nommant , dans ma route à l'hôtel-de-ville. Déterminé à tout souffrir , sans pouvoir deviner d'où
provenoit cet excès d'horreur , après la visite
chez moi , je calculois les possibilités , quand la
lumière faisant le tour en bas , j'ai entendu que
l'on tiroit ma porte , et j'ai jugé que c'étoit le
bon domestique qui , peut-être en passant , avoit
imaginé d'éloigner pour un moment le danger qui me menaçoit. Le plus grand silence régnoit.
Je voyois à travers les vîtres du premier étage ,
qu'on ouvroit toutes les armoires : alors je crus
avoir trouvé le sens de toutes ces énigmes : les
brigands, me disois-je , se sont portés chez moi ;
ils ont forcé mes gens , sous peine d'être égorgés,
de leur déclarer où j'étois. La terreur les a fait
parler : ils sont arrivés jusqu'ici , et trouvant la
maison aussi bonne à piller que la mienne , ils

me réservent pour le dernier, sûrs que je ne puis échapper.

» Puis mes douloureuses pensées se sont tournées sur ta mère et sur toi, et sur mes pauvres sœurs. Je disois avec un soupir Mon enfant est en sûreté, mon âge est avancé; c'est peu de chose que ma vie, et ceci n'accélère la mort de la nature que de bien peu d'années; mais ma fille, sa mère, elles sont en sûreté. Des larmes couloient de mes yeux. Consolé par cet examen, je me suis occupé du dernier terme de la vie, le croyant aussi près de moi. Puis, sentant ma tête vidée par tant de contention d'esprit, j'ai essayé de m'abrutir, et de ne plus penser à rien. Je regardois machinalement les lumières aller et venir; je disois: Le moment s'approche; mais je m'en occupois comme un homme épuisé, dont les idées commencent à divaguer; car il y avoit quatre heures que j'étois debout dans cet état violent, changé depuis dans un état de mort. Alors, sentant de la foiblesse, je me suis assis sur un banc, et là j'ai attendu mon sort, sans m'en effrayer autrement.

» Dans ce sommeil d'horribles rêveries, j'ai entendu un plus grand bruit; il s'approchoit; je me suis levé, et machinalement je me suis remis derrière le ventail de l'armoire; une sueur froide m'a tombé du visage, et m'a tout-à-fait épuisé.

» J'ai vu venir le domestique, à moi, nud en chemise, une chandelle à la main, qui m'a dit d'un ton assez ferme : — « Venez, monsieur, on vous demande. — Quoi ! vous voulez donc me livrer ? J'irai sans vous. Qui me demande ? — Monsieur Gudin, votre caissier. — Que dites-vous de mon caissier ? — Il est là avec ces messieurs. » — Alors je crus que je rêvois, ou que ma raison altérée me trompoit sur tous les objets. Mes cheveux ruisseloient ; mon visage étoit comme un fleuve. — « Montez, m'a dit le domestique, montez ; ce n'est pas vous qu'on cherche : monsieur Gudin va vous expliquer tout. » —

» Ne pouvant attacher nul sens à ce qui frappoit mon oreille égarée, j'ai suivi au premier étage, le domestique qui m'éclairoit. Là j'ai trouvé monsieur Gudin en habit de garde national, armé de son fusil, avec d'autres personnes. Stupéfait de cette vision : — « Par quel hasard, lui ai-je dit, vous rencontrez-vous donc ici ? — Par un hasard aussi étrange que celui qui vous y a conduit vous-même, le propre jour que l'on a donné l'ordre de visiter cette maison, où l'on a dénoncé des armes. » — N'ayant plus besoin de mes forces, je les ai senti fuir ; elles m'ont manqué tout-à-fait ; je me suis assis sur le lit où j'avois sommeillé deux heures avant que le bruit commençât ; et il m'a dit ce qui suit.

— « Inquiet, à onze heures du soir, de savoir si notre quartier étoit gardé par les patrouilles, j'ai pris mon habit de soldat, mon sabre et mon fusil, et suis descendu dans les rues, malgré les conseils de mon fils. J'ai rencontré une patrouille, qui, m'ayant reconnu, m'a dit : — « Monsieur Gudin, voulez-vous venir avec nous ? vous y serez mieux que tout seul. — Je l'ai d'autant mieux accepté, que monsieur que vous voyez-là en habit de garde national, est le limonadier qui reste en face de vos fenêtres ; en un mot, c'est monsieur Gibé. » —

D'honneur ! ma pauvre enfant, je me tâtois le front, pour m'assurer que je ne dormois pas. — « Mais comment, ai-je dit à monsieur Gudin, si c'est bien vous qui me parlez, m'avez-vous laissé-là quatre heures, dans les angoisses de la mort, sans m'être venu consoler ? — Je vais bien plus vous étonner, me dit Gudin, par mon récit, que ma présence ne l'a fait. J'ai vu doubler le pas, et j'ai dit à tous ces messieurs : Ce n'est pas ainsi qu'on patrouille. — Aussi ne patrouillons-nous pas ; nous allons à une capture. — Je les vois arriver à la rue du Parc-Royal, et mon cœur commence à battre, nous sentant aussi près de vous. En détournant la rue des trois Pavillons à l'habitation où vous êtes, on nous crie : Halte

ici ; enveloppez la maison ; — et je me dis :
Grands Dieux ! par qu'elle fatalité me trouvé-je
avec ceux qui viennent pour arrêter M. de Beaumarchais ? Moi aussi je croyois rêver : je me suis
contenu de mon mieux , pour voir où tout abou-
tiroit. Le domestique ouvre la porte , et pense
tomber à la rénverse , me trouvant parmi ces
messieurs. Il a cru que la trahison qu'il avoit
soupçonnée dans vos gens, s'étoit étendue jusqu'à moi : il balbutioit. Alors on a lu à haute
voix l'ordre donné par la section, de venir visiter ici , soupçonnant qu'il y a des armes. — Eh
bien , alors , lui dis-je , comment n'êtes-vous pas
accouru ; comment n'avez-vous eu nulle pitié
de moi ? — Ma terreur n'a fait qu'augmenter ,
reprit Gudin , à cette lecture ; j'ai eu la bouche
encore plus close , et n'étois que plus effrayé ,
ne sachant pas , monsieur , s'il y avoit ou non,
des armes ; mais présumant avec effroi que, s'il
s'en trouvoit par malheur , vous alliez devenir
victime de vous être enfermé ici : j'ai vu tous les
rapports affreux de cette nuit à la visite qu'on
venoit de faire chez vous. Pendant le cours de
la recherche, enfin j'ai trouvé le moment de dire
tout bas au domestique : « L'ami de votre maître
est-il dans la maison? — Il y est , m'a-t-il dit.
— Dans un autre moment je lui ai demandé : —
Mais où est-il ? — Je n'en sais rien, m'a-t-il

répondu. — Il ne pouvoit pas s'éloigner ; il éclairoit les rechercheurs ; on ne le perdoit point de
vue ; je me suis glissé sans lumière jusqu'à la
chambre de votre lit ; je vous ai cherché à tâtons,
dessus , dessous , vous appelant tout bas. Mais
vous étiez ailleurs, et je ne pouvois vous aller
prendre. Enfin , la recherche achevée , assuré
que la calomnie avoit encore manqué son coup ,
j'ai confié à tous ces messieurs par quel hasard
vous vous trouviez caché dans la chambre du
maître ; et leur étonnement a au moins égalé le
nôtre. Dieu merci, le mal est passé ; recouchez-
vous , monsieur, et tâchez de dormir: vous devez en avoir besoin. » —

» Alors toute la patrouille étant entrée dans
cette chambre, j'ai dit au commissaire de section:
— » Monsieur, vous me voyez ici sous la sauve-
garde de l'amitié : je ne puis mieux payer l'asile
qu'elle me donnoit, qu'en vous priant, au nom
de mon ami, qui est excellent citoyen, de rendre
votre visite aussi sévère que le peuple l'a faite
hier chez moi , et d'en dresser procès-verbal,
pour que sa sûreté ne soit plus compromise par
d'infâmes calomnies. — Monsieur, m'a dit le
commissaire, notre procès-verbal est clos ; votre
ami est en sûreté. » —

» Ces Messieurs sont partis ; ont dit au peuple,
aux femmes dans la rue , que cette maison étoit

pure. Les femmes, enragées que l'on n'eût rien
trouvé, ont prétendu qu'on avoit mal cherché;
ont dit qu'en huit minutes elles alloient trouver
la cachette. Elles vouloient que l'on rentrât; on
s'y est opposé; le commissaire a fait brusquement refermer la porte. Ainsi ont fini mes douleurs; mais la sueur, la lassitude et la foiblesse
me brisoient…..

» J'ai appris, le lendemain matin, que des
hommes âgés, affectionnés à ce quartier, que
jamais rien n'avoit troublé, entendant ce tapage
affreux, saisis d'une terreur nocturne, ont sauté
par-dessus les murs, et que, de jardin en jardin,
ils ont été troubler des dames de la rue de la
Perle, en leur demandant, en chemise, de les
garantir de la mort : l'un d'eux s'étoit cassé la
jambe.

» L'effroi s'étoit communiqué; et de tout ce
quartier, ton père, qui avoit eu le plus sujet de
craindre, a peut-être été le seul qui ait achevé
dans son lit une nuit aussi tourmentée. »

Ecoutons maintenant le citoyen Beaumarchais
faire le récit de son incarcération, et des nouvelles frayeurs dont il fut rempli.

J'avois fait un grand mémoire pour l'assemblée
nationale, à qui je demandai des juges relativement à mon achat de 60,000 fusils déposés en
Hollande ; et l'on étoit à le copier, lorsqu'on

vint m'arrêter, le 13 août 1792, à cinq heures du matin, avec un grand scandale, et mettre les scellés chez moi. L'on me traîna dans la Mairie, où je restai debout dans un couloir obscur, depuis sept heures du matin jusques à quatre heures après-midi, sans que personne m'y parlât, sinon les gens qui m'avoient arrêté. Ils vinrent me dire, à huit heures : — « Restez là nous nous en allons; voilà un bon reçu que l'on nous a donné de vous. » —

Fort bien, me dis-je, me voilà comme le pied fourché sur la place : les conducteurs ont leur reçu, ils partent; et moi j'attends, bien garotté, le boucher qui m'achètera.

Après neuf heures d'attente sur mes jambes, on vint me prendre et me conduire dans un bureau, nommé de surveillance, présidé par **M.** Panis, qui se mit à m'interroger. Etonné qu'on n'écrivit rien, j'en fis la remarque; il me dit, que ceci n'étoit que sommaire, et qu'on y mettroit plus de formes, quand mes scellés seroient levés. Ce que j'y sus de plus certain, c'est qu'il y avoit sur moi des clameurs au Palais-Royal, sur la traîtrise avec laquelle je refusois d'amener en France soixante-mille fusils, que l'on m'avoit payés d'avance; et que j'avois des dénonciateurs. — Nommez-les, monsieur, je vous prie; sinon, moi je les nommerai. — Mais, dit-il, un monsieur Colmar, membre de la municipalité ; un monsieur Larcher, et tant d'autres. — Larcher, lui dis-je, ah ! n'allez pas plus loin. Envoyez seulement chercher un porte-feuille que j'ai fait mettre à part, sous un scellé particulier, vous y verrez la noire ingratitude de ce Larcher, et d'un Constantini, avec tant d'autres, ainsi que vous le dites ; mais qu'il n'est pas tems de nommer. — On lèvera demain vos scellés ; nous verrons, dit monsieur Panis ; en attendant, allez coucher à l'Abbaye. J'y fus, et je fus en chambrée avec les malheureux..... qui bientôt furent égorgés.

Le lendemain 14, après-midi, deux officiers municipaux vinrent me prendre à l'Abbaye, pour assister à la levée de mes scellés et description de mes papiers. L'opération dura toute la nuit jusqu'au lendemain 25, à neuf heures du matin ; puis l'on me conduisit à la Mairie, où mon couloir obscur me reçut une seconde fois, jusqu'à trois heures après-midi, qu'on me fit entrer de nouveau dans le bureau de surveillance, présidé par monsieur Panis. — « On nous a, me dit-il, rendu compte de l'examen de vos papiers. Il n'y a là-dessus que des éloges à vous donner ; mais vous avez parlé d'un porte-feuille sur l'affaire de ces fusils, que vous êtes accusé de retenir méchamment en Hollande ; et ce porte-feuille-là, ces deux messieurs l'ont déjà vu , ils nous ont même dit que nous en serions étonnés. (c'étoient les deux municipaux qui avoient levé les scellés.) — Monsieur , je brûle de vous l'ouvrir ; et le voici. — Je prends l'une après l'autre toutes les pièces justificatives. Je n'étois pas à la moitié, que monsieur Panis s'écria : — « Messieurs, c'est pur , c'est pur ! ne vous semble-t-il pas ainsi ? — Tout le bureau cria : — C'est pur ! — On ajouta qu'il falloit donner à monsieur Beaumarchais une attestation honorable de son civisme et de sa pureté , et lui faire des excuses des chagrins qu'on lui a causés , dont la faute est aux circonstances. Un monsieur Berchéret, secrétaire , dont les regards bienveillans me consoloient et me touchoient , écrivoit cette attestation , lorsqu'un petit homme aux cheveux noirs, au nez brusque , à la mine effroyable , vint , parla bas au président. Vous le dirois-je , ô mes lecteurs ? c'étoit le grand , le juste , en un mot, le Clément Marat.

Il sort. M. Panis , en se frottant la tête avec quelqu'embarras , me dit : — « J'en suis bien désolé , monsieur ; mais je ne puis vous mettre en liberté. Il y a une nouvelle dénonciation contre vous. — Dites-là moi , monsieur , je l'éclaircirai à l'instant. — Je ne le puis ; il ne faudroit qu'un mot , un seul geste de vous à quelques-uns de vos amis qui vous attendent là-dehors , pour détruirel 'effet de la recherche qu'on va faire. — Monsieur le président , qu'on renvoie tous mes amis ; je me constitue prisonnier dans votre bureau , jusqu'à la recherche finie : peut-être donnerai-je les moyens de la raccourcir. Dites-moi de quoi il s'agit. »

Il prit l'avis de ces messieurs ; et, après avoir exigé ma parole d'honneur , que je resterois au bureau et n'y parlerois à personne, jusqu'à ce qu'ils revinssent tous , il me dit : — « Vous avez envoyé cinq malles de papiers suspects chez une présidente , rue Saint-Louis , au marais , n°. 15 ; l'ordre est donné de les aller chercher. — Messieurs , leur dis-je , écoutez ma réponse. Je donne aux pauvres , avec plaisir, tout ce qu'on trouvera dans les cinq malles que l'on indique ; et ma tête répond de ce qu'on y verra de suspect : ou plutôt recevez ma déclaration qu'il n'y a aucune malle à moi dans la maison que vous citez. Seulement un ballot existe dans la maison d'un de mes amis , rue des trois-Pavillons : ce sont des titres de propriétés , que j'avois fait sauver , sur l'avis d'un pillage qui devoit se faire chez moi , la nuit du 9 au 10 août , et dont j'ai donné connoissance à M. Pétion. Pendant qu'on cherche les cinq malles , faites chercher aussi mon ballot, sur cet ordre que je donne au domestique de mon ami de le livrer ; vous l'examinerez aussi : une autre malle de papiers et de vieux registres m'a été volée le jour même que ce ballot sortit de ma maison ; faites-là tambouriner, messieurs : je ne saurois aller plus loin. »

Tout cela fut exécuté. L'attestation me fut donnée, et signée de tous ces messieurs : sauf l'examen des malles et du ballot.

Ces messieurs se décidèrent à aller dîner, pour revenir à l'arrivée des malles ; et moi je restai prisonnier dans le bureau, avec un seul commis, à qui la garde étoit confiée. Comme ils alloient sortir, un homme très-échauffé, portant écharpe, entra, et dit qu'il avoit dans la main des preuves de ma trahison, de l'affreux dessein où j'étois de livrer 60 mille fusils qu'on m'avoit bien payés, aux ennemis de la patrie. Il étoit comme un forcené, sur ce qu'on me donnoit une attestation du contraire. C'étoit monsieur Colmar, qui avoit voulu m'enlever cette affaire des fusils, et de plus mon dénonciateur.... Il m'injuria, me disant que mon cou y passeroit. Je le veux bien, lui dis-je, pourvu que vous ne soyez pas mon juge.

Ils sortirent. Je restai là, réfléchissant bien tristement sur la bisarrerie de mon sort. Mon ballot arriva ; mais nulle nouvelle des cinq malles. Que vous dirai-je enfin, lecteur ? Je restai là 32

heures

heures , et sans que personne y revînt. Le gai-
çon de bureau en allant se coucher me dit , qu'il
ne pouvoit me laisser seul dans le bureau la nuit.
Il me remit debout dans mon couloir obscur.
Sans la pitié d'un domestique qui me jeta un
matelas par terre , j'y serois mort de fatigue et
d'horreur.

Au bout de trente-deux heures , personne n'é-
tant revenu , des officiers municipaux , touchés
de compassion , s'assemblèrent et me dirent : —
« Monsieur Panis ne revient point ; peut-être
est-il incommodé. En visitant les malles chez
cette présidente , où l'on en a trouvé huit ou
neuf, on a vu que c'étoient les guenilles qui appartiennent à des religieuses , à qui elle a donné
retraite. Nous savons que vous êtes innocent de
toutes les choses qu'on vous impute. En attendant que le bureau revienne , nous allons , par
pitié , vous envoyer coucher chez vous. Demain
matin , on visitera votre ballot , et vous aurez
une attestation bien complète.

Et moi je dis à mon domestique qui pleuroit :
— « Vas me faire apprêter un bain ; il y a cinq
nuits que je ne repose point. » — Il court. On me
renvoie ; mais avec deux gendarmes qui devoient me garder la nuit.

Le lendemain, je renvoyai l'un deux , savoir
si le bureau venoit enfin de s'assembler, pour me

donner l'attestation promise. Il revint , avec d'autres gardes et l'ordre rigoureux de me conduire à l'Abbaye , au secret , avec défense expresse de m'y laisser parler à qui que ce soit du dehors , sans un ordre écrit de la municipalité. J'eus de la peine à retenir le désespoir de tout mon monde. Je les consolai de mon mieux , et je fus conduit en prison , où je me trouvai avec MM. d'Affry , Thierry , les Montmorin , Sombreuil , et sa vertueuse fille , qui s'étoit enfermée avec son père dans ce cloaque ; l'abbé de Bois-Gélin , MM. Lally-Tolendal , Lenoir , trésorier des aumônes , vieillard de 82 ans ; M. Gibé , notaire ; enfin cent-quatre-vingt-douze personnes encaquées dans dix - huit petites chambres.

Une heure après mon arrivée , on vint me dire que l'on me demandoit , avec un ordre de la municipalité. Je me rendis chez leconcierge où je trouvai.... M. Larcher , l'associé de Constantini , et celui de tant d'autres. Il venoit me renouveller les douces propositions qu'il m'avoit déjà faites chez moi , et même de leur vendre tous mes fusils d'Hollande....; et je prendrois en payement les 800 mille francs que je venois , dit-il , de toucher à la trésorerie. A cette condition , je sortirois de l'Abbaye , et j'aurois mon attestation.....Après un moment de silence , je dis

froidement à cet homme : Je ne fais point d'affaire en prison ; allez-vous-en dire cela aux ministres qui vous envoient, et qui savent aussi-
bien que moi, que je n'ai pas touché un sol des
800 mille francs dont vous parlez ; sotise qu'on
n'a répandue que pour me faire piller chez moi ,
la triste nuit du 10 août. — « Vous n'avez pas
touché, dit-il en se levant , huit-cents-mille francs
depuis quinze jours ? — Non, dis-je , en lui
tournant le dos. » — Il prit la porte, et court
encore. Je ne l'ai pas revu depuis ....

Revenu dans la chambre avec les autres prisonniers, je leur racontai à tous ce qui venoit de
m'arriver , et je vis que moi seul en étoit
étonné.

L'un de ces messieurs nous disoit. — « Les ennemis ont pris Longvvi : s'ils peuvent entrer dans
Verdun , la terreur gagnera le peuple , et l'on en
profitera pour nous faire égorger. — Je n'y vois
que trop d'apparence , lui dis-je en gémis-
sant. » —

Le lendemain, on me fit passer en prison le
billet que je vais copier. « Colmar, officier mu-
nipal , et celui qui a dit en votre présence avoir
des preuves contre vous , est cause du nouvel
ordre qui vous tient au secret. On nous promet
de s'occuper de vous sans délai.... Ecrivez avec
force au comité de la Mairie, que je ne quitte pas.»

Ce billet de mon neveu me fut remis par le concierge, à l'honneur duquel je dois dire, qu'il adoucissoit de son mieux le sort de tous ses prisonniers.

Je demande à mes compagnons d'infortune la liberté d'écrire un mémoire au comité de surveillance de la Mairie. M. Thierry me prêta du papier; M. d'Affry son porte-feuille pour me tenir lieu de bureau; le jeune Montmorin, assis par terre, le soutenoit pendant que j'écrivois. M. de Tolendal disputoit avec l'abbé de Bois-Gélin; M. Gibé me regardoit écrire : M. Lenoir, à genoux, prioit avec ferveur; et moi, j'écrivois ma requête....

Le lendemain, 29 août, sur les cinq heures du soir, nous philosophions tristement. M. d'Affry, ce vieillard vénérable, étoit sorti, de la veille, de l'Abbaye. Un guichetier vint m'appeller : — « Monsieur Beaumarchais, on vous demande. — Qui me demande, mon ami ? — Monsieur Manuel, avec quelques municipaux. » — Il s'en va. Nous nous regardons. M. Thierry me dit : — N'est-il pas de vos ennemis ? — Hélas! leur dis-je, nous ne nous sommes jamais vus; il est bien triste de commencer ainsi : cela est d'un terrible augure. Mon instant est-il arrivé ? — Chacun baisse les yeux, se tait; je passe chez le concierge, et je dis en entrant :

— « Qui de vous , messieurs , se nomme monsieur Manuel ? — C'est moi , me dit un d'eux en
s'avançant. — Monsieur , lui dis-je , nous avons
eu , sans nous connoître , un démêlé public sur
mes contributions. Non-seulement , monsieur ,
je les payois exactement , mais même celles de
beaucoup d'autres qui n'en avoient pas le moyen.
Il faut que mon affaire soit devenue bien grave ,
pour que le procureur - syndic de la commune
de Paris , laissant les affaires publiques , vienne
ici s'occuper de moi. — Monsieur , dit-il , loin
de les laisser là , c'est pour m'en occuper que je
suis dans ce lieu ; et le premier devoir d'un officier public , n'est-il pas de venir arracher de
prison un innocent qu'on persécute ? Votre
dénonciateur , Colmar , est reconnu un gueux ;
sa section lui a arraché l'écharpe dont il est
indigne : il est chassé de la commune , et
je le crois même en prison. C'est pour vous faire
oublier notre débat public , que j'ai demandé à
la Commune , de m'absenter une heure , pour
venir vous tirer d'ici. Sortez à l'instant de ce
lieu. » — Je lui jetai mes bras au corps , sans
pouvoir lui dire un seul mot ; mes yeux seuls lui
peignoient mon âme : je crois qu'ils étoient éner-
giques , s'ils lui peignoient tout ce que je pen-
sois.......... .... Je n'oublierai

jamais cet homme ni ce moment - là (1).
Je sortis....

Le Dimanche, 2 septembre, n'ayant aucune
réponse du ministre Lebrun, à qui j'avois demandé une audience pressante, toujours pour
mon affaire interminable des fusils, j'apprends
que la sortie de Paris est permise : fatigué de
corps et d'esprit, je vais dîner à la campagne à
trois lieues de la ville espérant revenir le soir. A
quatre heures l'on vient nous dire que la ville
étoit refermée ; qu'on sonnoit le tocsin, battoit
la générale, et que le peuple se portoit avec fureur vers les prisons, pour massacrer les détenus.
C'est bien alors que je criai dans ma gratitude
exaltée : O Manuel ! ô Manuel !...

Mon ami m'invita d'accepter un gîte chez lui.
Le lendemain, six heures du soir, un commandant des gardes nationales des environs, vint
lui dire tout bas : — « On sait que vous avez
chez vous M. de Beaumarchais ; les tueurs l'ont

-----

(1) Manuel, instituteur, commis de libraire, etc,
avant la révolution ; puis, grâce aux jacobins, procureur-
syndic de la commune de Paris ; auteur de quelques écrits,
et éditeur des Lettres à Sophie, par Mirabeau, fut guillotiné, le .... Un écrivain anonime l'accuse d'avoir été l'un
des chefs des massacres du mois de septembre 1792, et d'a-
voir reçu 30,000 francs de Beaumarchais.
Note de l'Editeur.

manqué cette nuit dans Paris ; ils doivent venir la nuit prochaine ici l'enlever de chez vous ; et peut-être m'obligera-t-on de m'y rendre avec toute ma troupe.... — Je le préviendrai de tout cela , dit mon ami ; je vais lui parler au jardin. » —

Je le vois arriver à moi, la figure pâle et défaite ; il me fait son triste récit. — « Mon pauvre ami , dit-il , qu'allez-vous faire ? — D'abord ce que je dois à l'ami qui me donne hospice : quitter votre maison pour qu'elle ne soit pas pillée. Si l'on vient me chercher ici , dites qu'on est venu me prendre ; que je suis parti pour Paris. Adieu. Gardez mes gens et ma voiture ; et moi je vais aller à mà mauvaise fortune. Ne disons pas un mot de plus ; retournez au salon ; n'y parlez plus de moi. » — Il m'ouvre une petite grille ; et me voilà marchant dans les terres labourées , fuyant tous les chemins. Enfin , dans la nuit, par la pluie , ayant fait trois lieues de traverse , je trouvai un asile chez de bonnes gens de campagne , à qui je ne déguisai rien , et dont je fus accueilli avec une hospitalité si touchante et si douce , que j'en étois ému aux larmes. Par eux, à travers vingt détours, j'eus des nouvelles de Paris. Les massacres duroient encore....J'écrivis au ministre Lebrun.

Je ne sais si ce furent les grands mots que je

répétai dans ma lettre , de « mémoire à l'assemblée nationale , où je repousserois les torts sur
ceux qui s'en rendoient coupables » , qui me va-
lurent enfin , le 6 septembre , ce billet des bu-
reaux , au nom de M. Lebrun : « Le ministre
des affaires étrangères , a l'honneur de prier M.
de Beaumarchais , de venir , demain vendredi ,
le matin , à neuf heures , à l'hôtel de ce département , pour terminer l'affaire des fusils. Le
ministre desire que le tout soit réglé avant dix
heures du matin.... »

Par les détours qu'il falloit prendre pour arriver à moi , sans que je fusse dépisté , ce billet
ne m'y vint que le lendemain à neuf heures , c'é-
toit celle du rendez-vous que M. Lebrun me
donnoit ; ce qui le rendoit impossible , étant à
cinq lieues de Paris , ne pouvant m'y rendre
qu'à pied , seul , à travers les plaines labourées,
pour n'y arriver que la nuit.

Une chose me frappa sur-tout dans ce billet:
il se pouvoit qu'on se fût bien douté , qu'étant
caché hors de Paris , je ne viendrois pas en
plein jour m'exposer à me faire tuer ; et qu'alors
on diroit , que c'étoit bien ma faute si l'affaire
n'étoit pas finie , ayant manqué le rendez-vous
qu'on me donnoit pour la terminer.

Je répondis sur-le-champ à M. Lebrun , que
je le priois de changer l'heure de la conférence,

et de la fixer à dix heures du soir , pour que je pusse arriver avec moins de danger de perdre la vie, qu'en plein jour.

Ma lettre fut remise ; et le ministre fit répondre verbalement par son suisse , qu'il m'attendroit le lendemain samedi à neuf heures précises du soir.

Je calculai qu'il me falloit quatre heures pour me rendre à Paris, à travers les terres labourées. Je partis le 8 de septembre, à cinq heures du soir, à pied, de chez mes bonnes gens qui vouloient me conduire ; ce que je refusai, crainte qu'on ne nous remarquât.

J'arrivai , seul , mes forces épuisées, traversé de sueur, avec ma barbe de cinq jours, mon linge sale, en redingotte (comme à ma sortie de prison) ; j'étois à neuf heures précises à la porte de M. Lebrun. Le Suisse me dit que le ministre ayant affaire en ce moment, me remettoit à onze heures ce soir, ou demain matin, à mon choix. Je priai le Suisse de lui dire, que je reviendrai à onze heures, n'osant pas me montrer le jour.

Je ne pouvois attendre chez le ministre. Quelqu'un pouvoit m'y voir , puis ébruiter mon retour. J'en sortis. Mais où aller ? que faire, en attendant ce rendez-vous ? La crainte d'être rencontré par quelque patrouille incendiaire ; me fit résoudre à mé cacher sur le Boulevard, entre des tas de pierres et de moélons, où je m'assis par terre. Je m'admirois dans cet asyle, où la fatigue mendormit. Et sans un tapage qui se fit assez près de moi, vers onze heures, on m'y auroit trouvé le lendemain matin.

J'entendis sonner l'heure, et je m'acheminai aux affaires étrangères...... O Dieu ! jugez de ma douleur, quand le Suisse me dit, que le ministre étoit couché ; qu'il m'attendroit le lendemain à neuf heures du matin. — « Vous ne lui avez donc pas dit ?.... Pardonnez-moi, Monsieur. Je lui ai dit.... — Donnez-moi vîte du papier. » — J'écrivis une courte lettre, en dévorant ma frénésie. Je rappellois le danger que je craignois de courir, en me montrant de jour, et je demandois un rendez-vous pour le lendemain, à la nuit close.

Le tems de me copier donna celui de m'amener un fiacre. J'arrivai chez moi à minuit. Je renvoyai le fiacre à six-cents pas, pour qu'il ne sut point qui j'étois. En rentrant j'eus bien de la peine à modérer chez moi la joie de me revoir encore vivant. Je recommandai le secret.....

Nous allons terminer ici le récit du citoyen Beaumarchais. Nous observerons seulement que le ministre Lebrun, sans être touché de la frayeur qui dominoit ce citoyen, ou s'en faisant peut-être un jeu, eut l'impudeur de le faire encore en vain aller et revenir, enveloppé des ombres de la nuit, et que ce ne fut qu'à la sixième course nocturne, qu'il lui accorda enfin une audience rapide, qui ne termina rien (1).

DÉTAILS SUR LA PRISON.

DE LOUIS XVI,

DERNIER ROI DES FRANÇAIS.

On trouve dans un ouvrage fort rare, publié en 1796, des détails peu connus sur la détention de Louis au Temple et de sa famille : j'ai cru qu'ils devoient être placés dans une histoire des Prisons qui offrira des matériaux précieux,

---

(1) N... Lebrun, auteur et rédacteur d'un Journal, et depuis ministre des affaires étrangères, fut enveloppé dans le nombre des victimes que sacrifièrent les terroristes; il périt sur l'échafaud, le... Il laissa une femme et six enfans en bas âge, qui tombèrent dans la plus affreuse indigence. Cette veuve infortunée vint réclamer des secours à la barre de la convention nationale. Comme elle est encore jolie, et qu'à la beauté elle joint sans doute des vertus, elle vient de faire un mariage fort avantageux.

Note de l'Editeur.

pour peindre à la postérité les faits les plus importans de notre révolution (1).

La tour du Temple fut destinée à servir de prison à Louis XVI , sa femme et ses deux enfans. Afin de les y recevoir, on abattit une partie du palais et tous les bâtimens qui se réunissoient à la tour, de sorte que celle-ci resta isolée. La portion du jardin qui devoit d'abord servir de promenade aux prisonniers, fut enfermée par une enceinte de murs excessivement élevée. Louis occupoit le premier étage , et sa famille le second. On garnit toutes les croisées de barreaux de fer très-épais. Les fenêtres en outre furent masqués en dehors , par des espèces d'abat-jour en planche, machine qu'on appelle soufflets, et au moyen desquelles les prisonniers ne pouvoient voir de leur chambre ce qui se passoit au-dehors ; ils ne recevoient l'air et le jour que par l'ouverture que ces soufflets présentoient au haut des croisées. L'escalier qui conduisoit à l'appartement de Louis , étoit coupé par six guichets dont les portes étoient si basses et si étroites , qu'il falloit se plier en deux et se traîner sur le

---

(1) L'extrait qu'on va lire est tiré d'un livre intitulé: *Eloge historique et funèbre de Louis XVIe du nom*. C'est un volume in-8 , de 392 pagis. Neufchâtel, de l'impr. royale,

Note de l'Editeur.

côté pour en franchir le seuil. Ces portes étoient de fer et garnies de verroux : elles faisoient un bruit lugubre et épouvantable quand elles tournoient sur leurs gonds. On les tenoit fermées en tout tems. Lorsqu'on se présentoit à l'une d'elles il falloit attendre qu'on l'eût fermée, pour que la suivante s'ouvrît.

A l'entrée de l'escalier on construisit un septième guichet, dont la porte également de fer, étoit si épaisse, qu'il fallut cinquante hommes vigoureux pour la poser sur ses gonds. La première porte de l'appartement de Louis étoit aussi de fer. Ainsi pour parvenir jusqu'à lui, il falloit se faire ouvrir huit portes. Une garde d'environ trois-cents hommes veilloit jour et nuit autour de cette prison.

On conçoit qu'il fallut du tems pour faire les travaux convenables, qui coûtèrent des sommes immenses. En attendant qu'ils fussent à-peu-près terminés, Louis habita la partie du palais que l'on a conservée. Dans ses heures de promenades il voyoit travailler à sa prison ; il étoit témoin de l'empressement qu'on mettoit à la terminer.

Ce fut au milieu de septembre 1792, qu'il vint habiter cette ténébreuse tour. En l'y faisant transférer, la municipalité autorisa les commissaires qu'elle tenoit au Temple, à lui ôter plumes, encre, papier, crayons; on ne lui en

permit l'usage que lorsque la Convention nationale décréta qu'il comparoîtroit à sa barre comme
accusé.

L'appartement qu'occupoit Louis ne formoit
originairement qu'une seule pièce. On en fit
pour lui quatre pièces ; la première servoit de
salle à manger ; il couchoit dans la seconde , et
son valet-de-chambre dans la troisième : on avoit
pratiqué en outre dans une tourelle un petit cabinet où il aimoit quelquefois à se retirer. Sa
chambre à coucher étoit ornée d'une tenture
jaune , et meublée fort proprement. On lui
avoit donné pour lit celui du capitaine du comte
d'Artois : ce lit fut transporté de l'appartement
que ce capitaine occupoit au Temple , dans la
chambre de Louis.

Sur sa cheminée on posa une pendule au bas
de laquelle étoient gravés ces mots : Le Paute,
horloger du roi. Lorsque la Convention nationale
eut décrété que la France seroit désormais une
république, les commissaires qui se trouvoient
toujours auprès de sa personne , collèrent un
pain à cacheter sur le mot roi ; ils placardèrent
également dans sa salle à manger la déclaration
des droits de la constitution de 1792. Au bas on
lisoit : L'an premier de la république. C'est ainsi
qu'on signifia à Louis qu'il étoit déchu de son
titre de roi.

Deux commissaires de la municipalité passoient la journée entière dans sa chambre à coucher, et le suivoient dans la pièce où il venoit prendre ses repas. Le soir ces commissaires se retiroient dans la salle à manger, et fermoient en dehors à deux verroux, la chambre à coucher. Ils fermoient également en dedans, la porte de la salle à manger, qui l'étoit de plus en dehors. Ils mettoient les clefs dans leur poche. Ils dressoient ensuite deux lits de sangle contre la porte de la chambre à coucher, et se jettoient sur ce lit tout vêtus.

Il étoit défendu au valet-de-chambre qui restoit auprès de Louis, de lui parler bas pendant la nuit. Ainsi, aux questions qui lui étoient faites alors, le valet-de-chambre étoit obligé de répondre à haute voix. Il falloit pendant le jour se soumettre au même réglement : ç'eût été un crime de se parler à l'oreille. Si durant les repas, il arrivoit, soit à Louis, soit à son épouse, soit à sa sœur, de faire à voix basse une demande au valet-de-chambre qui servoit, les commissaires criaient : Parlez plus haut. Lorsque celui-ci étoit obligé de sortir de l'appartement de son maître, pour quelque chose de relatif à son service, il trouvoit à la porte de la salle à manger, un troisième commissaire qui le conduisoit et le ramenoit.

Voici comment Louis employoit sa journée. Il se levoit à six heures précises. Il donnoit ses premiers momens à la prière. Il lisoit ensuite le petit office que les chevaliers de l'ordre du Saint-Esprit sont tenus de réciter tous les jours. A ces prières il en ajoutoit d'autres prises dans le bréviaire des prêtres. Comme on lui refusoit un ministre des autels pour célébrer la messe, c'étoit pour lui une privation bien sensible.

La piété de Louis, au reste, n'étoit pas plus gênante pour les autres que pour lui-même. Il ne sondoit ni ne gênoit la conscience de personne, ainsi que le prouve le trait suivant. On ne servit un vendredi, sur sa table, que du gras. Il ne fit aucune plainte de cette singularité. Il prit un verre de vin, trempa dedans un morceau de pain, et dit en souriant: — « Voilà mon dîner. » — On lui représenta qu'il ne devoit point être aussi rigide, et que dans sa situation, l'on pouvoit bien se passer de faire abstinence. Il répondit à ceux qui lui faisoient cette observation: —« Je ne gêne point votre conscience, ne gênez point la mienne. Vous avez vos pratiques, et moi j'en ai d'autres ; chacun doit se tenir à celles qu'il sait être les meillleures. »

La prière et la lecture conduisoient Louis jusqu'à neuf heures. Alors sa famille, pendant tout le tems qu'il eut la liberté de communiquer avec elle, se réunissoit dans la salle à manger. Il alloit l'y joindre, et la voyoit déjeûner ; car depuis son incarcération, il ne prenoit jamais rien avant l'heure du dîner. Le déjeûner fini, il rentroit dans sa chambre, et donnoit à son fils une leçon de latin, ensuite une de géographie. Sa fille étoit de son côté, instruite par Marie-Antoinette. Pendant que ces enfans écoutoient et répétoient ce que leur apprenoient leurs parens, la sœur de Louis s'occupoit d'un ouvrage à l'aiguille.

A midi, on donnoit une heure de récréation aux enfans. A une heure, on se réunissoit de nouveau dans la salle à manger, pour le repas. La table étoit assez abondamment servie. Louis étoit fort sobre ; il sembloit ne prendre de nourriture qu'autant qu'il lui en falloit pour soutenir ses tristes jours : lui seul méloit un peu de vin à son eau (1) : sa famille ne buvoit que de l'eau.

Un membre de la commune auroit donc pu se dispenser, à l'une des séances publiques du conseil-général, de prononcer ces étranges paroles :

-----

(1) A cette époque, il y avoit sans doute quelque changement dans la façon de vivre de Louis XVI, qui n'étoit pas tout-à-fait aussi sobre lorsqu'il étoit sur le trône.

Note de l'éditeur.

— « Je propose de mettre Louis à la diette, c'est-à-dire au pain et à l'eau, jusqu'à ce qu'on lui coupe la tête. »

Après le repas, on donnoit encore une récréation aux enfans. Toute la famille se réunissoit ensuite autour d'une table et s'amusoit à de petits jeux.

La conversation et la lecture succédoient au jeu. A neuf heures on soupoit. Après ce dernier repas, Louis prenoit congé de sa famille, bénissoit sa fille, et emmenoit avec lui son fils, du moins pendant tout le tems qu'il lui a été possible de le garder auprès de lui. Rentré dans sa chambre et fermé sous cent verroux, Louis faisoit dresser pour l'enfant un lit à côté du sien, et lorsque cet enfant avoit récité ses prières, il ordonnoit qu'on le couchât. Quant à lui, après avoir lu encore quelque tems, il se prosternoit devant Dieu, et se mettoit au lit sur les onze heures.

Lorsque Louis n'eut plus la liberté de communiquer avec sa famille, il donna à la lecture les momens qu'il consacroit à converser avec elle. Il avoit une véritable passion pour l'étude. Il préféroit les auteurs latins aux françois, et il ne s'est jamais couché sans avoir lu quelques pages ou de Tacite, ou de Tite-Live, ou de Sénèque, d'Horace, de Virgile, ou de Térence.

Parmi les livres écrits dans sa langue, il lisoit volontiers des relations de voyage.

Jusqu'au mois d'octobre, il lui fut permis de lire les feuilles périodiques. Le goût bien naturel qu'il avoit de connoître la nouvelle tournure que prenoient les affaires de la France, parut affecter ses geoliers. Ils lui retirèrent tous les journaux.

Louis se dédommagea de cette privation, en recourant plus souvent à sa bibliothèque. Le nombre de livres qu'il a lus dans le cours de cinq mois et sept jours qu'il a passés au Temple, est très-considérable. Lui-même en fit le calcul la veille de sa mort : il se trouva monter à deux-cens-cinquante-sept volumes.

M. Cléry obtint la permission de remplacer M. Hue en qualité de valet-de-chambre de Louis, qui avoit déjà eu précédemment, en cette même qualité, M. Chamilly : ses deux citoyens lui avoient été successivement enlevés, et faillirent à être massacrés dans les prisons où on les traîna. Cléry étoit peu connu de Louis ; mais il avoit été au service du ci-devant dauphin, et ce titre suffisoit pour qu'il fut bien accueilli.

Peu s'en fallut que ce dernier n'éprouvât le même sort que ses deux prédécesseurs. Un jour qu'il descendoit l'escalier de la prison, un homme vêtu de l'uniforme de garde national s'approche de lui comme pour lui parler à l'oreille. Cléry

recule quelques pas , et crie à ce soldat : Parlez
haut. Ce soldat lui prend alors la main et lui dit :
— « Je voulois tout simplement vous donner le
bon jour. » — Cléry poursuit son chemin, et
oublie cette aventure. Vingt-quatre heures après
des officiers d'un tribunal criminel entrent dans la
chambre de Louis et interpellent Cléry de donner sa déclaration juridique sur cet évènement :
il la donne conforme au récit qu'on vient de lire.

Quelques jours après , pendant que Louis étoit
à table avec sa famille , de nouveaux officiers de
justice suivis de gendarmes , entrèrent dans la
salle à manger, et sommèrent Cléry de les suivre.
Il obéit. Cette brusque apparition jette la famille
de Louis dans la consternation. Elle ne doute
point que ce nouveau serviteur ne soit encore
une victime qu'on cherche à immoler. Cependant Cléry est à peine dans la rue, qu'un groupe
d'hommes et de femmes, poussant des hurlemens
effroyables , environne sa voiture et demande sa
tête. Il eût infailliblement perdu la vie à l'heure
même , si l'un des officiers qui l'accompagnoient
n'eût pas eu recours à une feinte : il dit à ces
forcenés que M. Cléry avoit des secrets importans
à révéler devant le tribunal au pied duquel on le
conduisoit , et qu'il étoit intéressant pour la chose
publique de lui laisser la vie jusqu'à ce qu'il eut
donné cette révélation.

On se rendit à cette raison. Cléry , toujours
suivi de ces femmes qui vouloient, disoient-elles,
répandre le sang d'un ami de Capet, arrive en
présence du tribunal. On l'accuse d'avoir reçu une
lettre mistérieuse de ce même garde national
dont il avoit fait rencontre sur l'escalier de la
prison, et d'avoir remis cette lettre à son maître.
Cléry refute si victorieusement ce mensonge ,
qu'il est absous au bruit des applaudissemens de
ceux-là même , qui un instant auparavant , vouloient l'égorger. Ils demandent qu'il soit réin-
tégré au Temple, et l'y conduisent en triomphe.
Il rentra à minuit dans la chambre de son maître,
dont les inquiétudes furent agréablement cal-
mées par ce retour inespéré.

Lors du massacre des 2 et 3 septembre , les
cannibales mirent au haut d'une pique la tête
de l'infortunée Lamballe , ainsi qu'il a été
rapporté plus haut ; ils vinrent la promener autour des murs du Temple , ensorte que cette
tête sanglante et défigurée frappa les yeux de
Louis et de son épouse , et sembla leur annoncer le sort qui les attendoit.

Dès que la Convention nationale eut laissé entrevoir l'intention de s'occuper du procès de Louis,
les précautions à son égard redoublèrent, ainsi
que la sévérité des mesures. Le concierge , un
porte-clefs , tous les agens , tous les sous-em-

ployés, toutes les personnes, en un mot, qui
avoient charge de le garder ou de le servir, furent constitués prisonniers dans la tour. Tous
ceux qui le servoient ou l'approchoient furent
fouillés scrupuleusement ; on leur enleva toùt
instrument, tout outil de fer ou d'acier : on ne
leur laissa pas même un couteau. Toutes les provisions de bouche, qui entroient dans la prison,
étoient visitées avec soin. On ne servit plus aucun plat sur la table, que les cuisiniers et les
valets subalternes qui aidoient à la cuisine, n'y
eussent goûté.

Ce n'est pas tout. Louis et sa famille subirent
d'exactes perquisitions. On ouvrit son secrétaire,
ses armoires, ses tiroirs ; on les dépouilla de leurs
couteaux, de leurs ciseaux; on leur prit jusqu'à
ces compas qui servent à rouler les cheveux. De
sorte que toutes les personnes de cette famille,
nées dans la profusion de toutes choses, et pour
qui la propreté étoit un besoin, ne purent plus re-
médier à l'incommodité qui résulte de l'excrois-
sance des ongles.

On pense bien que dans ce dépouillement général, les rasoirs de Louis ne furent pas oubliés.
On ne les lui rendit que plus de huit jours après
sa première comparution à la barre des représentans du peuple Français. Il eut la tête tranchée
à la guillotine le 21 janvier 1793.

En terminant ce récit, disons un mot de la manière dont fut traitée Marie-Antoinette, pendant le séjour qu'elle fit à la conciergerie, avant d'être condamnée à la mort par le tribunal révolutionnaire de Fouquier-Tinville. Elle n'avoit qu'une seule chambre, où elle étoit gardée à vue : les seuls officiers municipaux administrateurs de police, avoient la facilité de parvenir jusqu'à elle. Il fut question de lui refuser du café pour ses déjeûners; et l'on prétend qu'on ne lui servoit, à dîner, que la soupe et le bouilli; le soir un morceau de rôti, rarement des légumes, et jamais de dessert. Ce dénuement, cette détresse dura plus d'un mois : il ne finit qu'au moment de son supplice.

ANECDOTES

RELATIVES AUX 2 ET 3 SEPTEMBRE 1793.

PARMI les nombreuses victimes qu'on vit périr dans les prisons de la Force, à Paris, lors des horribles journées des 2 et 3 septembre, on compte avec douleur Marie-Thérèse-Louise de Savoie-Carignan, veuve de Louis-Alexandre-Joseph-Stanislas de Bourbon, prince de Lamballe, prince du sang, chef du conseil et surintendante de la maison de la reine, âgée de quarante-trois ans moins cinq jours. Remplie d'attachement pour la maison de France, elle avoit voué en particulier à la reine, une amitié à toute épreuve, et ne l'avoit jamais abandonnée dans ses malheurs. Il n'y avoit guère plus d'un mois qu'elle étoit revenue de Londres, où elle étoit allée dans le courant de juillet. On la combla d'égards et de caresses à la cour St.-James ; on lui fit les plus vives instances pour l'y retenir jusqu'à la cessation des troubles de France. Mais apprenant que les affaires de ce royaume se brouilloient plus que jamais, et que de nouveaux malheurs menaçoient son amie, elle voulut absolument venir se réunir à elle, et partager jusqu'au bout son infortune. Il est rare de trouver à la cour des rois un tel exemple d'amitié ; madame de Lamballe étoit extrêmement bienfaisante ; elle poussoit même jusqu'à l'excès le penchant qu'elle avoit à obliger, ne sachant jamais refuser, et rendant indifféremment service à quiconque recouroit à elle. Pendant tout le tems qu'elle passa à l'hôtel de la Force, elle nourrit les indigens qui s'y trouvoient. Ce fut le 3 septembre au matin qu'on vint l'avertir qu'elle alloit être transférée à l'Abbaye, et qu'il falloit sur-le-champ descendre dans le guichet de la prison. Elle étoit encore au lit ; elle répondit

qu'elle

qu'elle aimoit autant cette prison qu'une autre , et refusa absolument de descendre. Un homme vêtu de l'uniforme de garde national , s'approcha alors de la princesse , et lui dit durement qu'il falloit obéir , et que sa vie en dépendoit. Elle répondit qu'elle alloit faire ce qu'on desiroit , pria les personnes qui étoient dans sa chambre de se retirer , passa à la hâte une robe , et rappela le garde national qui lui donna le bras , et la conduisit dans le guichet. Lorsqu'elle fut en présence du sanguinaire tribunal , la vue des armes ensanglantées , des bourreaux dont les mains , le visage et les vêtemens étoient teints de sang , les cris de douleur des malheureux qu'on égorgeoit dans la rue , lui causèrent un grand saisissement , tout son corps tressaillit. On eut l'air de vouloir commencer un interrogatoire. « Helas ! dit la princesse , je n'ai rien à répondre ; mourir un peu plutôt ou un peu plus tard , cela m'est indifférent ; je suis préparée à la mort. — **Ah !** elle ne veut pas répondre , dit le président , allons , à l'Abbaye : ce cri étoit à la Force , le signal de mort , comme celui à la Force l'étoit à l'Abbaye ; les bourreaux entraînèrent aussi-tôt la malheureuse victime. Elle eut à peine passé le seuil de la porte , qu'elle reçut derrière la tête un coup de sabre qui fit jaillir son sang. Deux hommes la tenoient fortement sous les bras , et l'obligèrent de marcher sur les cadavres. Comme elle s'évanouissoit à chaque instant, elle avoit le soin de croiser les jambes, de manière qu'en tombant sa pudeur n'eut rien à souffrir de son attitude. Lorsqu'enfin elle fut tellement affoiblie, qu'il ne lui fut plus possible de se relever, ses bourreaux profanèrent son corps par mille excès de barbarie et de lubricité. Eh! quel est l'homme sensible qui pourroit contempler cet affreux spectacle? La tête de la princesse fut coupée, et promenée dans les rues sur une pique; son cœur et ses entrailles servirent de pâture à une troupe de cannibales. M. le duc de Penthèvre, beau-père de la princesse, parvint à recueillir ses déplorables restes.

Ce morceau historique est tiré d'une brochure estimable, intitulée: Almanach des honnêtes gens. On y trouve encore d'autres traits intéressans, relatifs aux prisons de Paris et aux massacres que la scélératesse y fit commettre: nous croyons devoir en rapporter quelques-uns.

La section du Contrat - Social, ci - devant Saint - Eustache, apprenant qu'on égorgeoit les prisonniers de l'Abbaye, envoya dans cette prison trois différentes députations pour réclamer deux de ses membres qui y étoient détenus pour une légère rixe. Aucune de ces trois députations ne put parvenir jusqu'à l'Abbaye. Lorsque la

troisième eut informé la section qu'elle n'avoit
pas été plus heureuse que les deux premières,
M. B..., horloger, se leva, et dit que si on
vouloit le nommer d'une quatrième députation,
il croyoit pouvoir réussir. Sa proposition fut ac-
cueillie; on nomma trois nouveaux députés, et
M. B... fut compris dans ce choix. Ils partirent
aussi-tôt; lorsqu'ils furent à quelque distance du
théâtre du carnage, l'ardeur avec laquelle les
bourreaux s'acharnoient sur les victimes, effraya
les compagnons de M. B... Ils lui abandonnèrent
les pouvoirs de la section, et s'enfuirent saisis
d'horreur. L'estimable horloger s'avança avec
beaucoup de peine, marchant sur des lambeaux
de chair, et enfonçant dans le sang jusqu'à la
cheville. Arrivé à la porte de la prison, deux
bourreaux, les mains ensanglantées, le saisirent
au collet, en lui criant : — « Malheureux ! que
viens-tu faire ici ? es-tu las de vivre ? — Je
viens, répondit-il, réclamer deux citoyens de ma
section. — As-tu tes pouvoirs ? où sont-ils ? —
Les voilà. — Eh bien, entre; au surplus, nous
saurons bien te retrouver. »

Lorsque M. B... fut dans le guichet, d'autres
bourreaux lui firent les mêmes questions, auxquelles il fit les mêmes réponses. Parmi ces gens-
là, les uns buvoient, les autres fumoient; d'autres assouvis de vin et de sang, dormoient pro-

fondément. M. B... n'entrevoyoit les objets qu'à la lueur de deux ou trois torches. Il demanda le président ; on le lui montra placé devant une table couverte de papiers, de registres, de bouteilles , de verres, de piques, de sabres teints de sang. Il exposa l'objet de sa mission, et montra ses pouvoirs. Deux bourreaux le tenoient toujours à la gorge. — « D'abord , dit le président, voyons si ceux que tu reclames sont encore ici. » — En disant cela , il parcouroit un registre, et s'écria tout-à-coup : — « Oui, ils y sont encore. Pourquoi, demanda-t-il ensuite à M. B... , sont-ils détenus ici ? — Pour une légère querelle qui n'a eu aucune suite fâcheuse. — En es-tu bien sûr ? — J'en ai la plus grande certitude. — En réponds-tu sur ta tête ? — Oui. — Eh bien , voilà du papier , signe ; et s'il y a contre eux le plus léger soupçon d'aristocratie , ta tête y sautera : voyons les écrous. » — Le président prit en effet le registre des écrous , et après avoir vérifié ceux des deux prisonniers, il s'écria : — « Il a raison , il n'a pas menti ; on peut aller chercher ces deux hommes. » — Les deux prisonniers retirés de leurs cachots, le président dit à M. B...

— « Tiens les voilà , va-t-en promptement avec eux. » — M. B... les prit sous le bras, les serrant contre sa poitrine , et pria qu'on lui donnât une escorte pour arriver jusqu'à la rue. Le président ordonna à deux satellites de passer devant cet homme humain, et de prévenir les assommeurs. Ces deux hommes le prirent au collet, et le traînèrent rapidement vers la porte de la rue. Comme il alloit franchir le seuil du guichet, un jeune homme de 19 ans, se jetta à ses genoux, et lui cria : — « Et moi aussi, monsieur, je reclame votre pitié ; sauvez-moi la vie. » — M. B... n'eut pas le tems de répondre, parce que ses conducteurs le tirèrent hors de la prison, tandis que des bourreaux se jettèrent sur le malheureux jeune homme, et l'entraînèrent après lui. M. B... fut à peine dans la rue, qu'il vit couper la tête à ce même jeune homme. Il vouloit se hâter de s'éloigner, tenant toujours étroitement les deux prisonniers qu'il avoit délivrés, mais un groupe de bourreaux l'environna et l'arrêta. — « Tiens, regarde, lui dit l'un d'eux, en lui montrant l'infortuné qui venoit d'être décolé, veux-tu voir le cœur d'un aristocrate ? » Ce brigand avoit à peine fait cette question, qu'avec son sabre, il fendit le tronc du cadavre, en retira le cœur tout saignant et le mit sous les yeux de M. B..., ; ensuite, il prit des mains d'un de ses voisins, un verre dans lequel il exprima le sang qui découloit du cœur, et but une partie de cette infernale boisson.... Lorsque le cannibal eut bu, il présenta le verre à M. B..., en lui disant : —

« Allons, à ton tour. » — Il fallut faire semblant de goûter à cet horrible breuvage. Cette épouvantable épreuve subie, l'antropophage s'écria : — « Voilà un brave homme ! s'il y en avoit eu plusieurs comme lui dans les sections, cinquante pauvres innocens qne j'ai égorgés, ne l'auroient pas été. » — M. B... ramena les deux prisonniers qui lui devoient la vie et la liberté, se mit au lit en arrivant chez lui, et fut plusieurs jours malade.

———————

Les officiers généraux qui s'étoient rassemblés au château des Tuileries, auprès de Louis XVI, dans la journée du 10 août, et qui allèrent se cacher dans les combles, où ils furent pris, périrent presque tous à l'Abbaye et dans les autres prisons, les 2 et 3 septembre. A la Conciergerie, Monmorin, informé de ce qui se passoit au-dehors, se jetta sur les meubles de sa chambre et les brisa ; on a vu une table d'un pouce d'épaisseur, qu'il avoit mise en pièces dans l'excès de son désespoir. A l'Abbaye, l'un de ces officiers généraux apperçut de sa fenêtre le commencement du carnage. La situation où le mit cet horrible tableau, fut telle, qu'il rongea à moitié les cinq doigts de sa main gauche. Un de ses compagnons d'infortune qui étoit dans la même

chambre limoit, avec ses dents, les barreaux de
sa croisée.

———

Le 2 septembre, 1792, une femme apprenant
que son confesseur étoit du nombre des ecclésiastiques qu'on massacroit aux Carmes, conçut un
vif desir d'avoir son corps pour lui rendre les
honneurs de la sépulture. Comme elle étoit toute
entière à cette idée, elle entendit rouler dans la
rue un tombereau ; elle courut à la fenêtre, vit
qu'il étoit rempli de cadavres, et reconnut parmi
eux le corps de son confesseur ; elle avoit dans
ce moment auprès d'elle un chirurgien ; elle le
conjura avec des instances réitérées, de l'aller
acheter des conducteurs du tombereau, et le lui
montra, afin qu'il ne se trompât point. Le chirurgien se rendit à ses instances, se présenta aux
conducteurs, leur déclara sa profession, et les
pria de lui vendre un des cadavres qu'ils empor-
toient, feignant d'en avoir besoin pour des expériences anatomiques ; on lui demanda vingt
écus, et on lui permit de choisir ; il donna la
somme demandée, et ne manqua pas de s'emparer du corps qui lui avoit été désigné. Il le fit porter dans l'antichambre de la bonne dame, qui se
proposoit, disoit-elle, de l'enterrer dans sa cave,
en attendant un meilleur tems. Elle fut dispensée

G 4

de ce soin : ce n'étoit point un cadavre qu'on lui avoit apporté, c'étoit un corps vivant. Dès qu'il fut en effet resté seul avec le chirurgien, il se dressa sur ses pieds, et demanda des habits. Lorsqu'il se trouva en état de paroître devant sa vertueuse libératrice, il lui parla ainsi : — « Lorsque j'ai vu qu'on massacroit tous mes compagnons d'infortune, il ne m'est pas venu d'autre idée que de me jetter parmi les cadavres ; elle m'a réussi ; on m'a cru mort, on m'a dépouillé, et on m'a mis sur ce tomberau d'où vous m'avez retiré, et duquel je devois être jetté dans une carrière. Je n'ai pas reçu le moindre mal, pas la plus légère égratignure. » — Ayant parlé ainsi, il se jetta à genoux avec sa libératrice et le chirurgien ; tous les trois remercièrent le ciel de ce prodige.

Le 2 septembre, pendant qu'on égorgeoit les prisonniers de l'Abbaye, un ecclésiastique, qui attendoit dans un cachot de cette prison, que son tour arrivât, imagina de quitter son habit, et de se faire un vêtement de tous les haillons qui se trouvèrent autour de lui. Lorsqu'il comparut devant le sanguinaire tribunal, on lui demanda la cause de sa détention ; il feignit d'être un pauvre mendiant, et dit qu'il avoit été arrêté demandant

son pain. Sur cette réponse, que son accoûtre-
ment rendoit très-croyable , il fut élargi. Enivré
de joie , il s'élance dans la rue , et se hâte de
gagner son logis. En entrant dans sa rue aux environs du Loûvre, il rencontre deux de ses voisins, dont l'un étoit boucher ; il leur saute au
cou , les serre étroitement dans ses bras , et leur
dit : — « Félicitez-moi , mes bons amis, mes
chers voisins , j'ai échappé au carnage. » — Il
leur raconte ensuite par quel stratagême il avoit
sauvé sa vie. Il parloit à deux scélérats ; ces
deux monstres après l'avoir écouté tranquillement
lui dirent à leur tour: — « Tu ne nous échap-
peras pas , à nous. » — Ils le saisissent au même
instant , l'étendent par terre , et l'égorgent au
milieu de la rue.

———————

Dans quelques villes des départemens il y eut
aussi des massacres les 2 et trois septembre. A
Reims , entr'autres , des ecclésiastiques furent
jettés dans un feu ardent. De ce nombre fut
l'abbé de Puységur , vicaire-général. Trois fois
il s'échappa des flammes ; trois fois il y fut replongé , et finit par y laisser la vie.

———————

Enfin l'on vit que tôt ou tard il est des crimes qui sont punis. Un décret de la Convention, rendu après de longs débats, souvent repris et interrompus, ordonna que le procès seroit fait et parfait à tous les septembriseurs. Mais les chefs de ces affreuses journées échappèrent aux rigueurs tardives et justes de ces poursuites, et il n'y eut que très-peu du commun des meurtriers de condamnés, attendu qu'on s'avisa de faire valoir en leur faveur l'intention qu'ils pouvoient avoir eue en commettant tant de crimes ; loi odieuse et révoltante, heureusement abolie depuis l'époque de cet étrange jugement.

L'AGONIE DE DIX MOIS,

O U

LES SOUFFRANCES DES 73 DEPUTÉS,

ENDANT LEUR INCARCERATION.

Nous n'insérons ici que l'extrait de cette relation intéressante, publiée par le citoyen Blanqui, l'un des législateurs embastillés, et qui prouve que la tyrannie de Marat et de Robespierre déchiroit même le sein de la Convention nationale. Nos lecteurs vont entendre parler le citoyen Blanqui, l'une des principales et respectables victimes de ces deux monstres.

Immédiatement après le décret du 3 octobre 1793 (vieux style), qui envoyoit en arrestation soixante-quinze représentans du peuple, sans avoir été entendus, ceux des membres qui étoient présens à la séance, furent sommés de sortir par la barre de la Convention, à l'appel nominal qui en fut fait, et de se rendre dans un réduit qui donne entrée aux latrines. C'est la place qui leur fut provisoirement assignée par le comité de sûreté générale. Ils restèrent dans cet endroit infect et chargé d'un méphitisme insupportable,

G 6

jusqu'à a nuit close ; de-là ils furent transférés au corps-de-garde du pavillon national. Les tribunes des Jacobins s'y étoient déjà rendues en masse, et en occupoient les avenues. Il n'y eut aucune espèce d'outrages que les prisonniers n'eussent à essuyer de la part de ces femmes forcenées , qui s'efforçoient de bien gagner leur argent.

Dans cet intervalle , la municipalité avoit reçu l'ordre de nous faire conduire dans des maisons d'arrêt. Ainsi nous fûmes livrés à ce que nous avions d'ennemis les plus acharnés ; car nous n'avions cessé de dénoncer cette municipalité rebelle.

A deux heures après minuit , la force armée se présente pour exécuter cet ordre. Elle étoit composée de citoyens armés et d'un fort escadron de gendarmerie à cheval. Les citoyens plus réspectueux envers la représentation nationale que ne le desiroit , peut-être , la municipalité, offrent leurs bras aux députés ; et ces bras , forcés de remplir une fonction qui répugne au titre de bons citoyens , tremblent sous la main des représentans du peuple.

Nous défilons d'un pas lent par le Carrousel , le quai du Louvre , le Pont-Neuf , le quai des orfèvres , entourés de la cavalerie qui chasse brusquement tout citoyen , que la curiosité arrête pour voir passer ce convoi ; et , après bien des détours , nous arrivons enfin à la chambre d'arrêt de la Mairie.

Cette prison peut contenir quarante personnes. Un parquet situé le long du mur , couvert d'un peu de paille , quelques bancs et quelques tables en font l'ameublement.

Quand nous y arrivâmes , elle étoit occupée par une cinquantaine de détenus : nous étions vingt-cinq ; il fallut donc passer le reste de la nuit sur des bancs , ou debout , au milieu d'un méphitisme corrupteur , qui arrêtoit presque la respiration. Avant de nous y jetter , on nous avoit dépouillés de nos cartes de députés , de nos papiers , de nos armes....

Le lendemain , chacun de nous fut conduit à la mise des scellés sur ses papiers , et à la maison de la Force , au département appellé le Bâtiment-Neuf.

Ce bâtiment est composé de six étages , tous voûtés en pierre de taille jusqu'au plus haut. Chaque étage ne consiste qu'en un long sallon , où sont placées le long du mur , des crêches ou bières garnies de sacs de paille , avec une couverture pour chaque paire de sacs , sur lesquels il est impossible de coucher , à cause de leur forme cilindrique. Il n'est pas besoin de dire que ces simulacres de paillasses abondoient en vermine de tout genre. Cette partie de la prison est destinée pour les prévenus de vols , d'assassinats , de meurtres , de fabrication de faux assignats , ou pour y déposer les criminels condamnés par un jugement.

Nous fûmes placés au sixième étage avec une trentaine de malheureux qui y étoient déjà. Nous étions sans lit , et il fallut bien nous accommoder des sacs de paille , qui ressembloient bien plus à des tronçons de bois , si mieux n'aimions passer une seconde nuit debout. Le sallon ne reçoit d'air que par de petites lucarnes ; le méphitisme effrayant , et par surcroît d'horreur , un gros baquet , destiné aux besoins naturels de la nuit , étoit placé à la tête du sallon. Notre collègue Mercier , ce précurseur de la révolution , l'immortel auteur de l'an 2440 , et de plusieurs drames touchans et philosophiques , mal jetté dans sa crêche , eut à flairer toute la nuit ce baquet pestilenciel placé justement sous son nez.

Presque aucun de nous ne se connoissoit particulièrement ; cependant l'humanité sembloit être notre premier besoin. Des collègues charitables , à qui j'étois également très-peu connu , s'empressèrent de m'offrir leur chambrée , dans le cas qu'il fût possible d'être mieux logé. J'acceptai cette offre avec reconnoissance.

La plus grande partie de la maison de la Force étoit occupée par des citoyens détenus en vertu

de la loi du 17 septembre 1793. Nous ne trou-
vâmes qu'un chétif emplacement de 14 pieds en
quarré au département de la Bite-au-Lait. Nous
nous y plaçâmes huit ; les autres se logèrent dans
differens endroits de la maison ; la majeure partie resta au Bâtiment-Neuf.

La chambre que nous prîmes , et qui étoit ,
comme je l'ai déjà dit , de 14 pieds en quarré ,
contenoit de plus un escalier , et fournissoit le
passage à deux autres sallons , où étoient entassés
une cinquantaine de prisonniers ; cependant il y
fallut dresser nos lits , et y monter notre petit
ménage. Les lits se touchoient ; la moitié du
mien étoit même sous celui de mon voisin , et
deux autres collègues couchoient par terre ,
faute d'espace. Pour se mettre au lit , il falloit
entrer par les pieds , et pour rester dans la
chambre , il falloit se tenir sur les lits , ou en
démonter quatre ou cinq. L'emplacement étoit à
un petit premier , sous les toîts , et couvert de
biais. L'extérieur répondoit parfaitement à l'intérieur. La porte étoit fermée au verrou jour et
nuit. Pour y arriver , il falloit traverser une
loge de cochons placée au pied de l'escalier. Ces
animaux venoient souvent nous incommoder jusques dans notre gîte. Sous les fenêtres , une autre
loge de cochons , et à l'autre extrémité , les latrines communes. Tout cela , joint ensemble ,

formoit une masse de méphitisme bien propre à altérer les santés les plus robustes.

Les autres collègues, ainsi que ceux qui venoient journellement nous rejoindre, n'étoient pas mieux que nous. Cependant, ô criminelle administration ! elle faisoit payer de location 12 livres par mois à chaque prisonnier, à qui elle ne fournissoit que le toît, propriété nationale. Et de cette manière, sur huit-mille prisonniers qu'il y a eu dans Paris, c'étoit une recette de 176,000 livres qui entroit tous les mois dans la caisse de l'administration, elle qui mettoit la dépense au compte du trésor public.

Dans une position aussi terrible, nous ne cherchions qu'à nous égayer. En déplorant les malheurs publics, qui alloient en augmentant, le calme étoit au fonds de nos âmes et la sérénité de l'innocence peinte sur nos figures...

Dès la première décade de notre détention, vingt-deux des trente-deux collègues décrétés d'accusation, avoient été mis en jugement. Ils se défendoient devant ce qu'ils croyoient des juges : le peuple, qui aime essentiellement la justice, s'intéressoit à leur sort en goûtant leur justification. Les tirans en sont effrayés; ils font remuer les Jacobins. Ceux-ci vont demander audacieusement à la Convention nationale, que les formes soient abrégées à leur égard. Robespierre motive la pétition sur ce que l'un des accusés a eu l'audace d'arracher des larmes à l'auditoire. Quel crime ! Le decret passe, et les prévenus sont envoyés en masse à l'échafaud (1).

Ce massacre nous donna la mesure de ce que nous devions attendre pour nous-mêmes. Chacun prit son parti ; et en nous exhortant réciproquement à la résignation, au calme et à la dignité due au caractère de représentans, nous attendions tranquillement notre tour....

Bientôt les Cordeliers, rémués par les fameux conspirateurs Hébert et complices ; les Jacobins conduits par les décemvirs et suppôts, vont demander solemnellement nos têtes à la Convention nationale ; et sur la motion d'un membre, le rapport fatal qui nous concerne est ajourné au premier frimaire....

Impatiens du retard, nos ennemis, Hébert et Henriot, à la tête, forment le projet de nous massacrer dans les prisons et courir ensuite sur la Convention nationale ; car c'étoit là leur véritable but, le terme de leurs attentats.

Plusieurs collègues étoient venus nous joindre

---

(1) Ce n'étoient pas tant les larmes qu'ils faisoient répandre, qu'on redoutoit, que la vérité qu'ils pouvoient dire.

Note de l'Editeur.

à la Force, et nous y étions au nombre de quarante-huit. Trois fois on vint prendre nos noms, prénoms et qualités....

Le supplice d'Hébert laissoit respirer en repos les députés détenus, et déjà il ne leur restoit plus à supporter que les vexations journalières de l'administration de police. Mais ce repos fut de courte durée. Le sistême du massacre des prisonniers en masse avorté par le supplice d'Hébert, qui avoit eu l'heureuse imprudence d'attaquer les gouvernans eux-mêmes, se convertit en sistême de conspiration des prisons, qui avoit pour but de massacrer juridiquement, et en détail, ceux qu'on n'avoit pu détruire collectivement.

Les députés détenus sentirent des premiers toute l'atrocité d'une pareille trouvaille, inconnue jusqu'alors aux anciennes tyrannies ; ils sentirent la nécessité d'en détourner les résultats de la maison qu'ils habitoient. Après le transférement demandé et obtenu par les détenus, en vertu de la loi du 17 septembre, il ne restoit dans la prison que des hommes vraiment républicains, et jettés, comme nous dans les cachots par la haîne et la proscription. Leurs sentimens, à quelques-uns près, nous étoient connus ; mais de quoi n'est-elle pas capable la scélératesse ? Il s'agissoit donc d'éloigner jusqu'au moindre prétexte d'envelopper notre prison dans les prétendues conspirations. A cet effet, il falloit, sans allarmer les prisonniers, les tenir sans cesse sous les yeux des surveillans, pour déjouer toutes leurs machinations. Voici comment on s'y prit.

On avoit mis en avant le jeu de la galoche. Dussaulx, le vénérable Dussaulx, notre collègue, qui, par son grand âge, sembloit être au-dessus de ces jeux enfantins, ne dédaignoit pas d'être de la partie. Il étoit même des premiers à mettre tout en mouvement Par-là, les uns en jouant, les autres en regardant jouer, chacun étoit occupé. Le nombre des prisonniers augmentant tous les jours, il fallut bientôt avoir recours à d'autres genres d'occupation.

L'intérieur de la promenade étoit encombré de pierres, de briques et autres décombres; on proposa de la déblayer pour l'avoir plus libre. Chacun mit la main à l'ouvrage. Au moyen des briques, on fit des siéges avec des dossiers; on dressa des autels le long des allées; au fond du jardin, un grand dossier embrassoit trois siéges à-la-fois. le tout surmonté de terrasses où furent plantés des arbustes, des herbes odoriférantes, des fleurs, du gazon. Un prisonnier, à l'aide de son seul couteau, fit d'une pierre brute le buste de Linnaeus (1), qui fut placé au centre.

____

(1) Linnaeus ou Linné, l'un des plus célèbres botanistes

Pour avoir une idée des vexations inouies qu'on imaginoit pour inquiéter les prisonniers, il est bon de dire que cet arrangement ne fut pas plutôt achevé, qu'un brutal, architecte ou maître maçon, envoyé sans doute par nos persécuteurs, se présente avec des manœuvres, et fait main-basse sur les autels, les siéges, les fleurs, les arbustes, et tout ce qu'il rencontre ; sous le prétexte de prendre des briques, dont il dit avoir besoin, lui qui n'avoit jamais daigné en faire enlever une seule, lorsqu'elles encombroient la promenade. Les prisonniers furent obligés de racheter leur ouvrage à force d'argent. Cette vexation fut renouvellée plus d'une fois.

Ce travail amusa les prisonniers pendant plusieurs décades. Ensuite le jeu de ballon qui se continuoit souvent du matin au soir ; celui des dames, du trie-trac, des échecs et autres, tous exécutés en public, enlevèrent à la tyrannie toute ressource pour perdre les prisonniers de cette maison, où l'on n'eût à regretter que quelques républicains.

Les buveurs de sang en enrageoient. Déjà ils avoient employé, et toujours en vain, différens

---

et naturalistes dont les sciences s'honorent ; il naquit en Suède, et mourut en 1778.

Note de l'Editeur.

moyens pour produire des mécontentemens qu'ils
étoient prêts à transformer en rebellion. Etoit-on
malade ? on n'obtenoit d'être transféré à l'infirmerie que quand on étoit mourant. Et qu'étoit-ce
que cette infirmerie ? Un véritable cimetière. Là,
deux et souvent trois malades occupoient le
même grabat, sans soin , sans ressource , sans
consolation. Les maladies y étoient amalgamées
de la manière la plus révoltante. La fièvre lente
gissoit à côté de la putride , à côté de l'aigue. Les
visites des parens , des amis , y étoient interdites.
Rarement on y passoit trois jours , et jamais on
n'en sortoit vivant. Notre collègue Doublet ,
malgré toutes nos sollicitations auprès du comité
de sûreté-générale pour en obtenir sa translation
dans une maison de santé , y périt dans les trois
jours, et ses parens ne purent le voir que lorsqu'il n'étoit plus. Notre collègue Laurenceot
étoit tombé malade. Au risque de mourir dans les
bras les uns des autres , nous nous étions engagés
à ne jamais permettre qu'aucun de nous allât
s'ensevelir dans le tombeau fétide de l'infirmerie.
En lui prodiguant tous les soins qui dépendoient
de nous , nous ne cessâmes de solliciter , pendant
près d'un mois, la permission du comité pour le
faire transporter dans une maison de santé. A la
fin cette permission fut accordée ; mais dans
quelle circonstance ? Quand il fut guéri. Alors il

ne voulut plus abandonner ses collègues, d'autant plus que leurs dangers recommençoient par les manœuvres des Jacobins.

Le sistême de la conspiration des prisons une fois arrêté, sistéme qui n'etoit dans le fond qu'une septembrisation renouvellée sous des formes juridiques, on ne s'occupa plus que des moyens de créer des pretextes à la rebellion, par des vexations de tout genre.

L'enlèvement de toute somme au-dessus de 50 livres, fut des premiers mis en usage. Les administrateurs de police, à qui on laissoit le détail de l'exécution, s'acquittèrent au gré de leurs maîtres de cette opération. On fouilla dans les malles, les paillasses, les coins, les réduits, et jusqu'aux habillemens : c'est à-peu-près ainsi qu'un voyageur est fouillé sur une grande route par une bande d'assassins qu'il a le malheur de rencontrer. Les prisonniers avoient les yeux sur les députés, et les prenoient pour règle de leur conduite. On n'ignoroit pas que ceux-ci recevoient tous les mois leurs indemnités, par décret de la Convention nationale ; cependant on passe outre : ils se soumirent sans murmurer, et chaque prisonnier en fit autant.

Cette mesure n'ayant pas produit le mécontentement qu'on en attendoit, on en employa une seconde, c'est l'enlèvement de nos rasoirs,

couteaux, canifs. On poussa cette vexation au
point, à l'égard des femmes, de leur enlever
jusqu'aux aiguilles, et on les priva ainsi du seul
passe-tems utile qui leur restoit dans leur captivité. A la Force, nous n'avions point de femmes,
mais on nous enleva jusqu'aux compas à rouler
les cheveux, sous prétexte que c'étoient des
armes tranchantes. Pour donner plus d'alarmes,
on choisissoit le milieu de la nuit, tems où le
bruit des verroux devient plus effrayant par les
sursauts qu'il occasionne.....

Succède enfin la table commune, plus connue
sous le nom de *gamelle*.... Qu'on se figure tout
ce qui doit être jetté au rebut en fait de subsis-
tance. Morue pourrie, harengs infects, viande
en putréfaction, légumes absolument gâtés, le
tout accompagné d'une demi-chopine d'eau de
la Seine, teinte en rouge au moyen de quelques
drogues, et l'on aura une idée de nos tristes
repas. Nous n'en prenions qu'un par jour; car
l'introduction particulière de toute espèce d'ali-
ment et boisson étoit sévèrement interdite (1).
Vouloit-on se plaindre? le tribunal révolution-

---

(1) Il nous est tombé entre les mains des lettres d'un des
députés détenus à la Force, qui prouvent que du moins
celui-ci recevoit furtivement des vivres à son choix ainsi que
du vin, et même des liqueurs.

Note de l'Editeur.

naire, c'est-à-dire l'échafaud, attendoit impitoyablement le plaignant....

Le défaut de nourriture, et sur-tout sa mauvaise qualité, devoient produire des effets per-
nicieux sur les meilleurs tempéramens. J'étois à
la fleur de l'âge, d'une santé à toute épreuve,
et cependant j'en ai contracté des maux de nerfs,
qui ne m'abandonneront qu'avec la vie. Qu'on
juge des effets produits sur les vieillards et les
infirmes.

« Nous éprouvâmes tous des effets plus ou
moins graves de cette captivité, et des traitemens barbares qui en redoubloient l'horreur. La
mélancolie, l'ennui, le désespoir rongeant des
cœurs flétris par le soupçon du crime, les alarmes
de nos familles, tous ces sentimens affligeans
retracés pendant des nuits éternelles, dont l'in-
somnie comptoit toutes les heures, échauffèrent
notre sang, vicièrent nos humeurs, et se joignant
à l'air infect que nous respirions, altérèrent les
santés les plus robustes (1). »

Tant de vexations ne produisant rien dans la
maison que nous habitions, on résolut d'appe-

---

(1) Nous avons cru pouvoir placer ici ce passage, tiré de
la brochure publiée par les représentans du peuple détenus
dans la maison d'arrêt des Carmes.

Note de l'Editeur.

santir

santir nos chaînes, s'il étoit possible. Un jour l'administration trouva à propos de rompre l'harmonie qui régnoit entre les prisonniers, en les faisant tous transférer dans plusieurs maisons différentes. On avoit calculé que le transfèrement opéreroit peut-être ce que n'avoient pu produire les autres vexations. L'ordre en est donné.... Afin d'assurer le succès qu'on espéroit, on décida que les députés seroient transférés en plein jour, pendant que les autres translations s'exécutoient dans la nuit.

Au jour marqué, des fourgons ou charettes sont à la porte de la prison; chaque député est appellé et entre, à son tour, dans la voiture scandaleuse, avec son paquet sous le bras. Ces voitures n'étoient ni couvertes ni fermées, et n'ayant aucun siège à l'intérieur, on ne pouvoit s'y tenir ni assis ni debout; on nous y entasse jusques à quatorze par charretée. Le convoi part à dix heures du matin; il est précédé, suivi et entouré d'une nombreuse escorte de gendarmerie à cheval, ayant un insolent municipal à la tête et un autre à la queue : jamais appareil de malfaiteurs ne fut plus soigneusement recherché. Des femmes éplorées, épouses, amies ou connoissances des députés, accompagnent en silence la marche lugubre. Le municipal ordonne brusquement qu'on repousse ces femmes; malgré son ordre barbare, elles continuent leur marche, et cherchent à étouffer leurs sanglots ; le brutal ordonne qu'elles s'éloignent, ou qu'on les arrête ...

Il nous défend même de regarder le peuple, parce qu'il s'apperçoit que la foule des spectateurs se montre sensible à notre sort....

Avant d'intéresser la sensibilité du lecteur sur notre nouvelle prison, je vais rapporter quelques anecdotes concernant celle de la Force, qui achèveront de faire connoître tout ce que nous y éprouvâmes.

Le concierge étoit un bonhomme qui n'inquiétoit guères les prisonniers. Rarement on le voyoit dans l'intérieur, et quand il y paroissoit, il se comportoit avec humanité, souvent avec douceur. C'est peut-être à son apathie qu'il faut attribuer l'empire que quelques intrigans avoient usurpé dans la maison. Au nombre de trois ou quatre, ils disposoient souverainement de toutes les places, et semb'oient distribuer leurs faveurs....

Malgré la sévérité avec laquelle toute communication avec l'extérieur étoit interdite, on a eu lieu de se convaincre que les cerbères n'étoient pas inaccessibles à la corruption.

Au commencement, nonobstant la défense, on voyoit par fois entrer quelques étrangers mu-

nis de permissions par écrit émanées de l'administration de police : l'anecdote suivante nous
apprit comment on parvenoit à se les procurer.
Après que les communications furent défendues
sans exception, un prisonnier s'écria : « Eh quoi !
trois-mille livres ne suffisent donc pas pour voir
ma femme ? » Questionné sur le sens de cette
phrase, il avoua avoir déboursé trois-mille livres
pour obtenir la permission de voir sa femme trois
fois par décade.

La tendresse conjugale étoit mise à contribution aux Magdelonnettes comme dans les autres
maisons d'arrêt. Une femme fut contrainte de
débourser 300 livres pour jouir, une seule fois,
du plaisir de voir son mari à travers les grilles
d'une fenêtre, sans pouvoir lui parler.

Les guichetiers de la Force, en général,
étoient humains, au moins dans la partie que
nous habitions. L'exemple du guichetier-chef
influoit beaucoup sur leur conduite. Cet homme,
vraiment au-dessus de son état, étoit d'une douceur surprenante. Par l'humanité dont il accompagnoit toutes ses démarches, il cherchoit à
adoucir ce que son emploi avoit de dur et de
rebutant. Sans jamais manquer à ses devoirs, il
les remplissoit avec une aménité qui le rendoit
intéressant. Il s'appelle Ferney ; il a depuis été
employé à l'Hospice, ci-devant l'Evêché.

Ses égards éclatoient sur-tout envers les députés. Il avoit pour eux une sorte de respect, que tout autre auroit craint d'avoir dans ces circonstances déplorables. Lorsque les administrateurs vinrent à l'heure de minuit, procéder à l'enlèvement des effets qu'ils appelloient nos armes, l'un d'eux s'étoit jetté nonchalamment sur le lit, où étoit couché notre collègue Marbos : — « Citoyen, lui dit Ferney, es-tu venu ici pour insulter au malheur ? Ignores-tu que c'est un représentant du peuple qui est couché dans ce lit ? » L'administrateur se leva tout honteux qu'un guichetier lui eût donné des leçons de conduite.

Quand le régime de la *gamelle* fut institué, l'arrêté du comité portoit qu'il seroit défendu aux guichetiers de boire avec les détenus, à qui on avoit enlevé tout moyen d'avoir du vin. On sent que cette loi n'étoit qu'une ironie insultante.

Ferney, touché de compassion pour les vieillards et les infirmes, leur dit : — « Citoyens, si la loi défend aux guichetiers de boire avec les détenus, elle ne défend pas aux détenus de boire avec les guichetiers. Quand vous aurez besoin d'un verre de vin, passez au guichet, et vous trouverez toujours sur la table une bouteille de vin à votre service. » —

Le mépris de la vie étoit aussi grand à la Force

que par-tout ailleurs ; c'est l'effet-ordinaire des tyrannies : quand la vie est à charge, on cesse d'y être attaché. Lors de la fournée, connue sous le nom de *chemises rouges*, un détenu avoit reçu son acte d'accusation, et attendoit à tout moment les gendarmes pour être traduit au tribunal redoutable. Il étoit musicien, et se souvient tout-à-coup qu'un détenu de ses amis lui avoit demandé une ariette. Aussi-tôt il rentre dans sa chambre, il copie l'ariette, et revient à son ami : — « Mon cher, lui dit-il, voilà ton affaire : la musique est bien, je viens de l'essayer sur ma flûte. Je suis fâché de ne pouvoir te procurer encore quelqu'autre morceau : demain je ne serai plus. » — En effet, le lendemain il fut exécuté.

Dès notre entrée aux Magdelonnettes, on nous enferma tous les quatre-vingt (1) dans le corridor du rez-de-chaussée. Les corridors de cette maison sont tous d'une infection insupportable, à cause des latrines qui sont situées à l'un des bouts de chacun d'eux ; mais celui-là est le plus infect de tous, parce qu'il est plus près du centre d'infection, et plus loin de l'air.

---

(1) On voit que le nombre des députés détenus avoit journellement augmenté ; puisqu'on incarcéra successivement les prétendus fédéralistes, et les députés qui protestèrent en faveur de Louis XVI. *Note de l'Editeur.*

Une nuit s'étoit écoulée et nous étions toujours entassés dans cette sépulture. C'étoit au plus fort de la chaleur , et plusieurs de nous alloient succomber , lorsqu'à nos cris on vint nous délivrer. Il étoit alors l'heure du dîner ; nous n'avions ni pain, ni vin, ni autres comestibles, et quand nous en demandâmes on nous répondit brusquement : « Allez vous faire f..... »

Le soir arrive, il falloit nous loger, et il n'y avoit point de place ; on nous propose de coucher dans les corridors ; le méphitisme qui y régnoit nous effraie. Nous demandons au concierge la faculté de coucher à l'air dans le péristille de la cour, en nous chargeant des frais de garde que cela pourroit occasionner. Déjà le concierge y consentoit, lorsqu'un guichetier crie d'une voix sépulcrale qu'il ne falloit pas faire tant de façons pour des députés : dès-lors tout projet s'évanouit, et nous sommes forcés de dresser nos lits dans les corridors, les passages et les escaliers.

Le lendemain un administrateur arrive ; le concierge lui demande des logemens pour les représentans du peuple. « Il n'y a qu'à les mettre aux pailleux, répond-il froidement : c'est assez bon pour des députés. »

Les pailleux sont ceux qui, ne pouvant se procurer le nécessaire pour se loger à leurs frais,

le sont à ceux de la nation. Ce sont des prévenus
de vols, d'assassinats et semblables délits : il n'est
pas besoin de dire que ce sont toujours les plus
mal logés.

Nous fûmes donc forcés de faire déblayer, à
nos frais, les chambres des pailleux, les faire
nettoyer, et payer même des sommes considérables pour nous faire céder deux ou trois chambres en totalité. Une vingtaine d'entre-nous se
logèrent dans ces chambres remplies de vermine ; le reste demeura par les corridors et les
passages.

Depuis long-tems, toute communication
même par lettres, avec l'extérieur, étoit interdite aux prisonniers. Aux Magdelonnettes la
surveillance étoit encore plus sévère ; tout billet
qui contenoit un mot de plus que le strict nécessaire en linge, étoit impitoyablement déchiré.
L'entrée des choses indispensables à la santé étoit
défendue. — « Pourquoi (dit un jour un détenu à
un administrateur de police) le vinaigre, qui est
si nécessaire dans cette prison, n'y peut-il pas
entrer, quand la loi ne le défend point ? — Si la
loi ne le défend pas, moi je le défends, répondit-il du ton le plus brusque. »

La maison avoit une petite cour pour la promenade. Calcul fait, il pouvoit revenir trois
pieds d'espace à chaque prisonnier ; et cependant

les tables y étoient dressées en plein-vent. C'étoit ou à l'ardeur du soleil, ou à la pluie tombante, qu'il falloit prendre son chétif repas, si mieux on n'aimoit s'en passer.

Comme le nombre étoit infiniment supérieur à l'espace, on avoit divisé les repas en trois tems, distribués à tour de rôle parmi tous les détenus. Ceux qui étoient du deuxième ou du troisième tems, prenoient sous le bras tout l'attirail nécessaire, se tenoient debout derrière les premiers, à-peu-près comme les laquais de l'ancien régime, et bravant l'ardeur du soleil, ils attendoient patiemment qu'on leur cédât la place. L'amalgame des tables étoit singulier ; galeux, pouilleux, voleur, homme de bien, tout étoit pêle-mêle ; c'étoit l'emblême du cahos présenté sous celui de l'égalité, tant l'ignorance a la manie de confondre toutes les idées.

Tant de souffrances, et sur tout la manière horrible et incroyable avec laquelle on nous traitoit aux Magdelonnettes, nous décidèrent enfin à porter nos plaintes aux comités de salut-public et de sûreté-générale.... Nous ignorions alors ce qui se passoit entre ces deux comités ; nous avons su depuis qu'ils étoient en mésintelligence, et cette division nous fut très-utile. En effet, quarante-huit heures après, arrivèrent Amar et Vouland ; ils s'assurèrent en personne de la déplorable

situation où nous nous trouvions, et finirent par
en verser des larmes d'attendrissement : c'est
beaucoup dire. En notre présence, ils donnèrent
les ordres les plus positifs à un administrateur présent, de nous fournir, sous vingt quatre heures,
un local plus commode, et nous regarder comme
des représentans du peuple dans le malheur ; si
l'administration y manquoit, ils la menacèrent de
l'indignation du comité.

Dès le lendemain au soir, des charriots couverts et moins incommodes que les premiers, furent à la porte de la prison, pour transférer les
députés aux Bénédictins anglais. D'autres suivoient de près pour le bagage. La translation se
fit entre dix heures et minuit. Les administrateurs préposés au convoi étoient aussi rampans
après la mercuriale des commissaires, qu'ils
avoient été insolens auparavant, tant les scélérats
sont lâches.

Il fallut encore passer une nuit blanche ; mais
la maison s'annonçant d'une manière favorable,
nous oubliâmes le désagrément d'une nuit pour
ne nous occuper que de l'avantage du changement. En effet, la maison étoit commode, propre, l'air sain et dégagé, la perspective agréable,
la promenade délicieuse ; et pour la première fois
l'horrible aspect des grilles et des verroux dispa-
roissoit à nos yeux. Une seule peine venoit trou-

bler notre plaisir ; c'est que pour nous y loger, on avoit fait sortir les femmes qui y étoient en grand nombre , et rendu par-là le séjour désagréable aux autres prisonniers ; cependant , ils ne nous en témoignèrent point d'humeur , et nous reçurent même avec intérêt et fraternité. Un local particulier nous fut destiné pour le logement ; la table , la promenade et les entretiens nous restèrent en commun....

Dans cette nouvelle demeure , nos jours s'écouloient sans autre inquiétude que celle qu'occasionne naturellement l'incertitude de son sort. C'étoit le calme perfide qui précède toujours la tempête : mais nous étions loin de penser que l'orage grondât de si près sur nos têtes. Un jour , c'étoit le 9 thermidor , entre quatre et cinq heures de l'après-midi , deux hommes armés , ayant le concierge à la tête , paroissent dans le jardin , en examinent toutes les parties , et affectent sur-tout de bien remarquer la portion du bâtiment que nous occupions ; ensuite ils disparoissent. Le soir, on nous fait rentrer une heure plutôt qu'à l'ordinaire. On demande la cause d'une pareille nouveauté : on répond que les jours ayant diminué , il faudra dans la suite se retirer de meilleure heure. La raison paroît plausible , et chacun rentre chez soi paisiblement.

Cependant les sentinelles sont doublées. Celles

qui sont dans le jardin chargent leurs fusils, et
s'annoncent prêtes pour onze heures. On se demande ce que tout cela signifie ; personne n'en
sait rien. Peu de tems après, le tocsin se fait entendre ; des rassemblemens se manifestent autour
de la prison ; nos inquiétudes augmentent : quelques mots saisis dans le brouhaha du rassemble-
ment annoncent l'arrestation de Robespierre et
de ses complices. Bientôt plusieurs hommes, le
sabre à la main, précédés du concierge, se présentent de chambre en chambre, et nous intiment
l'ordre de nous coucher, et, qui plus est, de mettre
bas nos habillemens, et jusqu'à nos culottes. Les
scélérats ! ils vouloient que leurs victimes fussent
prêtes à être égorgées ! Cette visite se répète de
quart-d'heure en quart-d heure pendant toute la
nuit, qui fut des plus alarmantes.

Enfin le lendemain nous fûmes avertis que la
victoire remportée par la Convention nationale
sur les Nérons de la France, nous avoit sauvés
d'un massacre général dans les prisons. Chacun
se félicitoit sur le danger auquel il venoit d'é-
chapper ; chacun s'abandonnoit à la joie ; un
doux pressentiment nous annonçoit un avenir
plus heureux ; et en effet ce pressentiment n'a pas
été trompeur. Pour nous, il est incontestable,
que nous avions vécu jusqu'alors dans une agonie
continuelle, et que cette agonie ne cessa qu'à
l'époque du 9 thermidor.   H 6

Peu de jours après cet évènement remarquable, des fiacres s'arrêtent à la porte de la prison, et les députés sont appellés pour y monter. On nous annonce que nous allons être tous réunis à la maison des Fermes-Générales, et que nous y serons mieux traités. Déjà nous regardons cette douceur comme le résultat de l'heureuse journée du 9 thermidor. Nous arrivons. La maison se présente de la manière la plus défavorable. Par-tout des grilles et des verroux, mauvais air, mauvaise promenade, et encore une nuit blanche. Déjà nous regrettions la salubrité et les agrémens des Bénédictins anglais, que nous n'avions goûtés qu'à peine ; mais la liberté des communications qui nous fut accordée le lendemain, nous fit oublier tout ce que nous perdions au change. En effet, depuis dix mois d'une séparation douloureuse, nous revoyons, nous embrassons nos amis, nos parens, nos collègues.... Bientôt nous eûmes la consolation de revoir au milieu de nous ceux de nos collègues qui avoient été renfermés dans d'autres prisons.....

Mais nous fûmes saisis d'horreur de partager l'asile de Joseph Lebon, dont la voix publique nous avoit annoncé les crimes....

Notre sort, au-lieu d'améliorer, paroissoit empirer tous les jours. Immédiatement après le 9 thermidor, on nous avoit réunis aux Fermes,

ainsi qu'on l'a vu, avec la liberté des communications et de la table. Peu de tems après, ces
communications ne purent aller au-delà du rez-
de-chaussée ; déjà on travailloit à un parloir
pour les réduire encore entre deux grilles. Enfin,
trente-deux jours après notre réunion, l'ordre est
donné pour nous disperser dans cinq prisons différentes. Nous tirons au sort la prison qui doit
échoir à chacun, et nous nous divisons encore,
sans savoir quand nous nous reverrons.

Nous entrons douze à la caserne des Carmes,
maison servant jadis de caserne, et réduite en
prison sous le régime des bastilles. Nous sommes
jettés tous les douze dans une chambre longue,
placée sur un bassin d'eau, dont l'évaporation
étoit telle, que tous les matins, nos lits en
étoient imbibés ; et au mois de vendemiaire,
nous étions obligés, pour nous réchauffer, de
sortir à l'air ou au soleil. Toute communication
nous étoit interdite aussi sévèrement qu'avant le
9 thermidor ; bref, nous étions au secret le plus
rigoureux. Nos collègues, dans les autres maisons, n'étoient pas mieux traités que nous.

Le renouvellement des vexations, dont on ne
prévoyoit pas le terme, nous décida enfin à publier des mémoires pour la Convention nationale et le peuple Français, qui ignoroient, sans
doute, ce que nous souffrions..... L'incertitude

du terme de nos malheurs, jointe au dépérissement progressif de nos santés, nous déterminèrent à demander notre élargissement provisoire; ce qui nous fut accordé, malgré les obstacles qu'on ne manqua pas d'opposer encore.

Enfin, le décret du 18 frimaire, en nous rappellant à nos fonctions, a mis le comble à la justice de la Convention nationale, qui veut la tenir irrévocablement à l'ordre du jour.....

MÉMOIRES

D'UN DÉTENU;

PAR LE CITOYEN RIOUF.

LE mois d'octobre 1793 (vieux style) sera fameux à jamais par les arrestations innombrables qui eurent lieu pendant sa durée. La tyrannie entra, pour ainsi dire, en possession de la France entière, à cette époque; et ses effets se firent sentir d'une manière explosive sur toute la surface de la république. La faction, dont Robespierre étoit le chef, triomphoit par-tout, et recueilloit les fruits de la victoire qu'elle avoit remportée le 31 mai. L'usurpation s'organisoit; les efforts des bons citoyens, sans suite, sans puissance, sans point central, n'eurent d'autres effets que d'indiquer plus sûrement au coup du tyran tout ce qu'il y avoit de gens éclairés et capables d'énergie dans la République. Le prétendu fédéralisme fut un vaste piège, dans lequel furent enveloppés tous les administrateurs dignes de leur poste, et une foule d'hommes dignes de la liberté. Une génération entière, cette génération véritablement disciple des Jean-Jacques, des Voltaire, des Diderot, a pu être anéantie, et l'a été en grande partie, sous cet horrible prétexte.

Qui ne seroit déchiré de douleur, en songeant à cet espoir de la patrie, dévoré par un tyran, et abandonné encore chaque jour à la férocité des Jacobins, ses satellites (1). Enfin, la France n'offroit alors que l'image d'un pays conquis par des sauvages, et dont Robespierre dirigeoit les mains destructives contre les lumières et la probité. Dans cet état désastreux, Bordeaux n'échappa pas au sort commun, ainsi que les villes d'Arras, Nantes, Lyon, etc.

Les émissaires du tyran, gorgés des trésors de l'Etat, marchandoient la liberté d'une petite portion de citoyens, pour avoir le droit d'usurper

____

(1) J'écrivois ces lignes avant la fermeture du repaire de ces trop fameux brigands.

celle de tous les autres. Dans leurs complots parricides, ils machinoient contre nos plus florissantes cités ; souffloient dans leur sein tous les fléaux, la délation, l'espionnage, la calomnie et l'anarchie ; ils épouvantoient tous les hommes intègres, et appelloient à eux tous les scélérats. Par-tout où ils osoient se montrer, les bons citoyens devoient se cacher, et leur cortège ne devoit être formé que par cette populace qu'on trouve toujours à la suite des imposteurs, par une soldatesque effrénée, des Jacobins et des bourreaux.

Le jacobinisme et le roberspierisme étoient des maladies nouvelles dont on voyoit bien les symptômes, mais dont on ignoroit les terribles effets. Les départemens, éloignés sur-tout, pouvoient-ils prévoir qu'il en résulteroit la ruine de nos principales cités, le massacre de plus de cent-mille citoyens, l'emprisonnement de trois-cent-mille, la destruction du commerce et des arts, l'asservissement de la France, mutilée, flétrie et noyée dans son sang ?

A Bordeaux, les vrais magistrats étoient en fuite, destitués ou arrêtés eux-mêmes. Un mauvais génie invisible sembloit s'être emparé de la ville, et ne se plaire qu'à porter ses coups dans l'ombre ; c'est dans ces circonstances qu'on vit tout-à-coup paroître le buste de Marat, couvert d'un bonnet rouge, et promené par un comédien du Vaudeville, que suivoient quelques hommes inconnus dans la ville ; ces présages affreux qu'ils appelloient une fête, redoubloient la tristesse universelle. On regardoit en silence cette procession traverser les rues, et n'entraînant après elles que quelques vagabonds, comme un égoût qui entraîne les immondices. Le triomphe du nouveau Teutatès annonçoit que des sacrifices d'hommes alloient se faire. Les foibles digues qui défendoient encore l'ordre public, furent renversées, par la destitution totale de la municipalité ; des intrigans, des envoyés jacobites se répandirent dans toutes les places.

Je ne fus point témoin de ces horreurs ; j'étois destiné à en voir d'autres plus atroces encore. Si je n'ai pas été frappé de la dévastation de Bordeaux, et si je n'ai pas vu le sang couler dans ses murs, j'ai vu massacrer sa députation entière ; les hommes les plus éclairés, les plus éloquens et les plus vertueux de la république, ne survécurent que de peu de jours à la liberté de la seconde des cités qu'ils représentoient, et dont ils soutinrent la gloire jusques sur l'échafaud.

Tel étoit l'état déplorable dans lequel se trouvoit Bordeaux, et l'orage qui grondoit sur lui, lorsque j'y fus arrêté, le 4 octobre 1793 (vieux style), à trois heures après minuit, peu de tems

avant l'entrée des lieutenans du vainqueur du 31
mai.

Je n'avois jamais paru de ma vie devant aucun
magistrat; je n'avois jamais connu d'assignation
devant aucun tribunal, et mon indépendance
avoit été jusqu'alors, je crois, la plus grande et
la plus complette, dont aucun être eût jamais
joui. Je puis dire que je n'avois aucune idée de
ce que c'étoit qu'une prison et des fers. Jetté
depuis dans des cachots, au milieu d'une foule
d'infortunés, je me suis souvent reproché de
n'avoir jamais arrêté mes pensées sur ces dépôts,
où l'ordre social entasse ceux qu'il sacrifie à sa
sûreté, et où depuis la tyrannie a précipité des
milliers de victimes. Ce fut du sein de cette indépendance vierge, pour m'exprimer ainsi, que
je fus plongé tout-à-coup dans la captivité, et
chargé de fers. D'abord ma position me parut un
rêve. Il me sembloit toujours que j'allois me
réveiller libre.

Je fus conduit au comité révolutionnaire de la
section Franklin, le seul qu'il y eût alors, et qui
étoit sorti comme tout formé des enfers. C'étoit
un ramas de clubiste, présidé par des émissaires
à cheveux noirs. Ce comité instrumentoit tout
aussi tranquillement que si ç'eût été la chose la
plus naturelle du monde, que d'arrêter la nuit
trois ou quatre-cents personnes, et de remplir

tout de confusion et d'alarmes. Seulement une
sorte de satisfaction niaise, mêlée d'étonnement,
se peignoit sur la figure des sans-culottes, qui
croyoient que pour cette fois-la, le peuple alloit
être heureux, puisqu'il arrêtoit tous les riches.
Quelqu'éclat qu'ait jetté l'esprit français par sa
littérature et ses philosophes, il est peu de nation où l'esprit de la masse soit moins avancé.
C'est que la littérature ne polit qu'un certain
cercle d'hommes, et que la liberté seule donne
du sens et de l'esprit à une nation.

J'avois été arrêté avec un Espagnol. Il étoit
venu chercher la liberté en France, sous la
garantie de la foi nationale. Persécuté par l'inquisition religieuse de son pays, il étoit tombé
en France dans les mains de l'inquisition politique des comités révolutionnaires. Je doute qu'il
existe une âme plus véritablement, plus énergi-
quement éprise de l'amour de la liberté, et plus
digne d'en jouir. Sa destinée est d'être toujours
persécuté pour sa cause, et de l'aimer toujours
davantage. Raconter mes malheurs, c'est raconter les siens; notre persécution avoit les
mêmes causes, les mêmes fers nous ont enchaînés, les mêmes cachots nous ont reçus, et le
même coup devoit finir notre vie. Au moment
où nous fûmes saisis, un officier municipal accompagnoit la horde. Je remarque cette circons-

tance ; depuis je n'ai plus vu de magistrat du peuple, et mes yeux ne se sont plus reposés sur l'écharpe nationale, signe consolateur, et qui rappelloit au moins l'idée d'un pays civilisé. C'étoit tous gens sans aveu ; des Savoyards, des Byscayens, des Allemands mêmes. C'étoit à cette tourbe que des Français étoient abandonnés. Si j'étois indigné pour moi-même, combien ne le fus-je pas davantage quand je vis au milieu de ces factieux, un représentant du peuple, Du-châtel, la tête nue, et pressé par des satellites... Ils osoient l'interroger. Il me sembla voir tout le peuple français outragé dans sa personne. Au bout de trois heures, qui suivirent un court in-terrogatoire, on vint nous signifier que Duchâ-tel, l'Espagnol et moi, allions être traduits à la Réole, devant des représentans.

Bientôt un grand bruit se fait entendre, des hommes armés s'assemblent ; les allées et les venues se précipitent. O véritable contre-révolu-tion ! je vois passer Duchâtel, les mains char-gées d'indignes fers et attaché au corps avec une corde, qu'un gendarme tenoit en laisse, à six pieds ; ce jeune homme retenoit des larmes d'indignation qui rouloient dans ses yeux ; la tête haute et le regard courageux et terrible, son ca-ractère de représentant se traçoit sur son front, en traits d'autant plus augustes qu'il étoit mé-

:onnu : sa taille étoit avantageuse , l'intrépidité
respiroit tellement dans tout son visage d'une
beauté mâle et vigoureuse , sa jeunesse paroissoit tellement indépendante et libre , que tant
qu'à duré la route , je ne me souviens pas d'avoir
vu un seul moment de sécurité aux gendarmes ,
quoiqu'il eût des fers anx pieds et aux mains, et
qu'il fut attaché avec une douzaine de cordes en
dedans et en dehors de la voiture ; il traversa
avec majesté tout le long corridor , et une partie
de la place. Les hommes qui le conduisoient ,
avoient les yeux baissés , comme honteux de descendre du rang de citoyen français , au rôle de
sbirre de la tyrannie.

On nous jetta chacun dans une voiture : le
peuple gardoit le silence , les femmes pleuroient , l'intérêt étoit sur tous les visages ; c'é-
toit une énigme , un mistère du gouvernement.
Le peuple , par ce choc violent , étoit reporté à
trente ans en deçà de la révolution.

Enfin nous partons : le cortège étoit magnifique
et beaucoup trop : trois berlines à six chevaux ,
des hommes qui couroient à cheval devant, derrière et aux portières, donnent une idée des dila-
pidations qui se commettoient dans ces occasions.
C'étoit la fête des chars , et nous recrutâmes
jusqu'aux portes de la ville beaucoup de Sans-culottes à qui leurs camarades disoient de monter :

— « Prends un cheval, c'est la nation qui paie. » —

J'avois quatre citoyens dans ma voiture, sans compter ceux qui étoient sur le siège, et sur l'impériale ; je leur parlai avec chaleur et véracité sur beaucoup d'objets, ils m'écoutoient ; mais avois-je plus de raison que des citoyens venus exprès de Paris, pour apporter à Bordeaux la véritable politique, et qui tout d'un coup, comme par magie, avoient rendu une grande partie des porteurs d'eau et des commissionnaires de cette ville si puissans, qu'ils arrétoient les gens riches ; et si heureux qu'ils couroient la poste ?

A la première pause, pour souper, je ne pus retenir mon indignation ; l'Espagnol et moi n'étions point attachés ; le redoutable Duchâtel l'étoit ; des mains étrangères suppléoient à l'usage des siennes, comprimées dans d'étroits ferremens ; on le faisoit manger. Un innocent, un représentant du peuple, un homme vertueux, dans cet état, auquel son semblable insulte à ce point, faisoit bouillonner mon sang : je lisois dans ses yeux, les plus expressifs que j'aie jamais vus, tout ce qui se passoit dans son âme ; je mendiois dans ses regards le signal de la résistance, qui nous eut fait infailliblement massacrer tous trois. Le sourire amer erroit sur ses lèvres et le désespoir dans son cœur. En parlant avec force contre cette indignité , je saisis, sans m'en appercevoir , une bouteille , dans l'attitude d'un homme qui veut la lancer : il n'en fallut pas davantage ; aussi-tôt trois gendarmes me serrent , m'entourent comme par une manœuvre insensible. Au bout d'un quart-d'heure , je n'eus plus rien à envier à mon malheureux camarade d'infortune , et je fus garotté. Depuis je l'ai été jusqu'à Paris. Le chef de la bande qui nous conduisoit , étoit un homme à cheveux noirs , crépus et jacobites , au teint bilieux , à la machoire pesante, au ventre énorme , et à l'air mistérieux d'un satellite de Lenoir ou de Sartines. La liberté ne lui avo't pas donné une haute idée de la dignité de l'homme , puisqu'il l'outrageoit ainsi : il est probable qu'il n'avoit pas non-plus étudié la tolérance dans Voltaire : il avoit à la bouche certains mots , de montagne , de sans-culottes , de jacobins, comme un bedaud de paroisse , celui de luthériens , de pape , et d'assemblée des fidèles ; voilà je crois tout ce qu'il savoit de la révolution : au reste il étoit costumé convenablement, les moustaches , le large sabre , les pistolets à la ceinture : je parie aussi qu'il étoit fort en régle du côté des cartes civiques et des certificats. Ce fut par son ordre , que je fus attaché : je lui en témoignai mon ressentiment par une infinité de sarcasmes : — « Monseigneur le jacobin, lui dis-je, vous qui êtes couronné d'un bonnet rouge, en vertu de quel article des droits de l'homme, chargez-vous un citoyen français de fers ? » — Il fut enchanté d'appercevoir que j'étois anti-jacobin ; cette découverte acheva de lui ôter toute espèce de remords, et c'est le seul profit que j'aie retiré de mes discours. Il retourna vers la proie qu'il couvoit spécialement des yeux, le représentant. En arrivant à la Réole, il ne manqua pas de me faire mettre au cachot tout seul, comme mutin ; au passage de la Garonne j'avois eu une nouvelle altercation, et j'avois été tenté vingt fois en la passant, d'aller au fond de la rivière chercher la vérité avec un grand coquin de Biscayen qui discutoit vivement sur les droits de l'homme, avec moi qu'il tenoit enchaîné.

Quand je fus sous ces voûtes souterraines, quand d'énormes verroux se refermèrent sur moi avec un fracas inconnu à mes oreilles ; quand je me vis seul, séquestré de la nature entière, privé de la douce lumière du jour, je payai à l'humanité le tribut qu'elle ne remet à personne. Je me souvins de mes affections et je pleurai. Ce sont les seules larmes que j'aie versées dans ce long cours d'adversités. Mon dernier adieu s'exhala vers tout ce que j'avois de cher, à travers ces murailles épaisses : depuis mes yeux sont restés secs.

Les

Les agens subalternes avoient disparu , et
les égards , l'humanité même se remontrèrent.
On nous mit , au bout de deux jours , l'Espagnol
et moi , toujours séparés , dans une maison de
Bénédictins qui servoit de cazerne. A travers
des barreaux simples et très-espacés , mes yeux
se promenoient sur une immence vallée que traverse la Garonne ; je revis des arbres , des
champs , et le magnifique spectacle de la nature.
J'en jouissois de toute mon âme comme d'un
bien que j'étois menacé de perdre à jamais.
L'appareil qui nous environnoit étoit tout-à-fait
militaire. Interrogés quelques jours avant ,
nous avions traversé une haie de soldats qui gardoient un escalier étroit, long et obscur , par
lequel on arrivoit à une chambre mal éclairée où
siégeoient les représentans. On me demanda peu
de chose , même avec une espèce de bonté ,
mais forcée , autant qu'il m'en souvient , et le
ton d'un intendant poli , mais vieilli dans l'exercice d'un pouvoir despotique. Le général de l'armée révolutionnaire m'étoit venu prendre avec
quelques adjudans , et me parut faire là précisément le même métier que j'ai vu faire depuis
aux valets de guichetiers , à la conciergerie.
Le club se tenoit sous ma chambre. Quelquefois,
dans le lointain , à travers les taillis, au-delà de
la rivière , je voyois les représentans du peuple se

Tome I. I

promener à cheval , suivis du général révolutionnaire et de ses adjudans. Je n'étois point fâché de
voir les armes céder à la toge ; mais je ne pouvois m'empêcher de comparer cet état de puissance avec les dogmes de la sans-culotterie.

Enfin nous fûmes envoyés tous trois à Paris ,
et remis à la discrétion de deux gendarmes qui ,
spéculant sur nous , nous affamèrent le long de
la route. Duchâtel étoit avec un gendarme dans
la première voiture , l'Espagnol et moi avec
l'autre gendarme dans la seconde. Ce fut par
une suite de cette cupidité , que nous fîmes le
chemin sans descendre et sans arrêter , et que nous
restâmes 149 heures assis au fond d'un cabriolet
fort incommode ; aux relais nous obtenions qu'on
plaçât nos voitures de front ; nous nous voyions et
cela nous consoloit ; Duchâtel plaisantoit même
d'assez bonne grace sur le sort qui l'attendoit.

A un relai , Duchâtel apprit qu'un de ses
collègues étoit à l'auberge ; il demanda à le voir ;
il obtint pour toute réponse : « Je n'ai pas le tems,
je dîne. » Je ne cherche point à me rappeller le
nom de cet homme : c'étoit à son collègue malheureux , souffrant , enchaîné , qu'il répondoit
ainsi. Cet individu peut bien être un de ceux qui
ont usurpé la souveraineté nationale , mais à
coup sûr ce n'est pas un grand homme.

Pour l'instruction de ceux qui abandonnent avec

tant de facilité, l'existence des citoyens à des mains mercenaires, je dois une petite digression sur un des gendarmes ; on verra combien l'abus de l'autorité, est voisin de son exercice, et de combien d'instituteurs sages et profonds a besoin une nation dont la maladie particulière, est l'ostentation, l'envie de paroître et de sortir de sa sphère.

Ce gendarme avoit été cuisinier à Agen ; il voulut se montrer dans toute sa splendeur aux mêmes lieux où il avoit végété dans l'obscurité de la cuisine.

Il nous fit faire 40 lieues de plus, exprès pour sa gloire, et pour que tout Agen le vit disposant des deniers de l'Etat, et enchaînant les citoyens. Cet homme étoit bien un des plus jactancieux et des plus méchans personnages qu'on puisse voir.

Il avoit un de ces fronts larges et plats sur lesquels on lit en gros caractères, IMPUDENCE. Il ne manquoit jamais de mettre à chaque poste tous les gardes nationaux en réquisition, qui regardoient en avançant la tête, avec mystère, et une précaution respectueuse, comme si Pitt et Cobourg au moins eussent été derrière les stores ; s'il étoit de l'essence de la liberté d'avoir des gendarmes, il en faudroit au moins de formés exprès pour elle. J'ai vu les routes couvertes de femmes attachées avec des colliers de fer au col, des hommes enchaînés trois à trois, d'autres courant attachés à la queue d'un cheval, pour avoir été ou Brissotins, ou Rolandins, ou Modérés. L'humanité a été plus dégradée en France pendant un an, (l'an 2 de la République) qu'elle ne l'est en Turquie depuis cent ans. Je ne m'appesantis sur toutes ces choses, que parce qu'à chaque pas on sent le besoin de donner au peuple le respect de lui-même, et de la dignité de l'homme.

Quand nous fûmes dans Agen, à la même auberge où il avoit servi, c'est alors que notre homme voulut recueillir tous les regards : il alloit, il venoit, il visitoit la voiture à chaque instant et sans nécessité ; il faisoit des signes aux citoyens, plus triomphant que s'il eût amené douze Autrichiens, faits prisonniers de sa main. Il nous laissa trois heures en proie à l'ardeur du soleil et aux injures de toute espèce : je fus couché en joue ; injurié spécialement, parce qu'à la fin mes yeux s'étoient allumés d'indignation, et que mes regards sans doute étoient devenus sinistres comme ceux des clubistes qui nous visitoient, la carte à la boutonnière, le bonnet sacré en tête, et les imprécations à la bouche.

L'illustre cuisinier mit enfin le comble à sa gloire ; il fend la foule, crie gare et paroît avec deux maréchaux-ferrans. Alors aux yeux de tout

Agen, il commande du ton qu'on crie aux armes,
de river à la jambe de l'Espagnol et à la mienne
un boulet ramé de 80 livres. Ces deux boulets
furent apportés avec ostentation, et montrés au
peuple préalablement. Nos mains attachées, nos
corps ceints d'une triple corde, lui paroissoient
des mesures peu suffisantes ; nous gardâmes le
reste de la route ces fers tellement pesans, que
si la voiture eût un peu penché, nous avions
infailliblement la jambe cassée ; et si extraordinaires, qu'ils étonnèrent à la Conciergerie de
Paris des guichetiers en place depuis dix-neuf
ans. C'est à la jactance de l'illustre cuisinier
d'Agen que l'Espagnol et moi dûmes ce traitement. On ne pouvoit rien ajouter à la barbarie
de ceux qu'avoit éprouvés dès le commencement
de la route le représentant du peuple. Pour l'Espagnol, combien de fois pendant le chemin lui
demandai-je pardon de tant d'indignités, au nom
de la nation française !

Nous arrivâmes à Paris le 16 octobre (vieux
style). Ici s'ouvre une scène nouvelle. Nous
voilà donc tombés tous trois dans cet abîme des
vivans, dans cette Conciergerie de Paris, teinte
encore sur tous les murs du sang des victimes
du deux septembre, et où le tribunal révolutionnaire a dépassé toutes les bornes connues de la
scélératesse et de la férocité. Avant d'y parvenir

nous avions été présentés à toutes les prisons de
Paris, etp romenés pendant trois heures, du
Luxembourg à la Force, de la Force à l'Abbaye,
dont la vue seule me fit frissonner. On nous
reçut à la Conciergerie. On nous porta dans le
premier guichet, et l'on fit venir des serruriers
pour dériver mes fers et ceux de l'Espagnol.
Ceux de Duchâtel étoient à vis. D'abord on
m'assit sur un fauteuil, mais cette posture ne
paroissant pas commode à l'ouvrier, on m'éten-
dit à terre ; couché comme un animal exposé en
vente, j'étois en butte à leurs ris insolens ; l'o-
pération finie, je veux me relever ; mais n'ayant
pas consulté mes forces épuisées à mon insçú,
par une longue marche, (j'étois resté, comme je
viens de le dire, cent-quarante-neuf heures en
voiture sans changer de place) je chancelle ;
aucune main secourable ne se présente ; j'étois
repoussé de l'un à l'autre comme un homme ivre
dont se joue la populace : je désespérai cette fois
de l'humanité, je la maudis, et je tombai la face
contre terre. Oui, mon ame est forte puisqu'elle
n'a pas succombé à ces épreuves. O dignité de
l'homme, première base de la liberté, quand
seras-tu respectée ! Bientôt je fus séparé de mes
compagnons, et plongé, sous le nom de secret,
dans le cachot le plus infect de la maison ; j'y
trouvai des voleurs et un assassin condamné à

mort , qui croyoit gagner beaucoup en prolon-
geant sa misérable existence dans un pareil repaire , au moyen d'un appel en cassation , qui
ne lui réussit pas. Le soir trois grands guichetiers , suivis d'énormes chiens , vinrent nous visiter. Je vis mes malheureux compagnons se
presser d'aller au-devant d'eux ; c'étoit en effet
les seuls êtres par lesquels ils communiquoient
encore avec le monde. Ce fut à la lueur de
leurs flambeaux , qui apportoient la lumière dans
cette caverne , où jamais celle du soleil ne pé-
nétroit , que je vis et de quels hommes j'étois
entouré , et quelle habitation m'étoit échue en
partage : elle étoit de douze pieds quarrés au
plus : mes compagnons étoient au nombre de
trois , l'un condamné pour assassinat , étoit un
voleur de cinquante ans , nommé Pampin , tout
mutilé par le crime , boiteux et borgne , la figure balafrée et couverte de rides pendantes ;
mais il avoit des bras de fer et les épaules d'une
largeur démesurée : tout le sceau de l'homicide
étoit imprimé sur sa personne, des pieds à la tête ;
sa voix étoit rauque et terrible.

Le second étoit un marchand d'argent , fabri-
cateur de faux assignats , être dégradé, qui n'a-
voit pas même le ressort qui peut rester dans
l'âme d'un voleur ; tout son maintien étoit pate-
lin et faux : il avoit l'air né pour l'espionnage ,

plus encore que pour le vol. Il feignoit de n'a-
voir pas d'argent, pour vivre aux dépens des autres , qui en usoient d'abord bien avec lui. Ce
qu'il avoit , il le mangeoit seul et à bas bruit :
ses plaintes lâches et hypocrites , ses habitudes
mendiantes , son égoïsme l'eussent mis , s'il étoit
possible , au-dessous de l'assassin lui-même.
Ses autres camarades le sentoient et le traitoient
avec supériorité : ils lui reprochoient de manquer
de savoir vivre , et vouloient souvent l'endoc-
triner à force de coups de-poing. Quand Pampin,
Pampin fameux par ses longs malheurs et par ses
travaux, plus nombreux que ceux d'Ulisse , avec
sa voix enrouée , mais forte , lui avoit dit : —
« Tu n'es pas fait pour vivre avec d'honnêtes
gens . . . » — Il ne répliquoit plus , et si les
leçons de Pampin devenoient un peu trop vives,
il pleuroit. Je connus que la lâcheté et l'avarice
sordide sont les plus honteux et les plus haïssa-
bles des vices. Je portois une telle aversion au
marchand d'argent , que j'étois à chaque instant
prêt de me réunir aux autres contre lui. L'union
de la caverne , les services de la fraternité , de
camarade à camarade , une certaine tournure
d'indépendance conservoient à l'âme de Pampin
et à ceux de son espèce que j'ai vus , quelques-
uns des caractères de son essence primitive : ce
maraud de publicain , faux-monnoyeur , qui

auroit aussi volé sur la grande route, s'il en avoit eu le courage, n'avoit rien de tout cela et paroissoit pétri d'un limon encore plus vil. Il auroit volé ses camarades mêmes, sans Pampin, qui, comme dépositaire du grand code des procédés à observer entre voleurs, disoit qu'il ne falloit point travailler en prison. Zénon dictoit ses préceptes avec moins d'austérité.

Le troisième étoit un jeune homme que le libertinage avoit conduit au vol, auquel il paroissoit s'être livré avec un attrait irrésistible. Il ne manquoit pas d'une sorte d'éducation : il avoit été, dans sa première jeunesse, secrétaire de Diétrik, qui à force de vertus avoit péri sur le même échafaud où ce jeune homme, qui l'avoit servi autrefois, fut conduit peu de tems après lui, à force de crimes. La prison avoit été souvent son domicile ; il y avoit été mis cette fois pour faux assignats, et ce fut la dernière. C'étoit une espèce de Pilade. Le nom d'un de ses amis, arrêté comme lui et son complice, étoit sans cesse à sa bouche ; il ne parloit que du bonheur de sacrifier sa vie pour la sienne. Cet ami de son côté pourvoyoit exactement à tous ses besoins. Le même échafaud a terminé leur sort à tous deux.

Tels étoient les individus que je découvris autour de moi et auxquels on m'associoit, parce qu'on me soupçonnoit d'être brisso.in. Ils étoient fort déguenillés et portoient leur profession écrite sur leurs figures sinistres. Les guichetiers les traitoient avec une sorte de bonté, mais avec une grande supériorité protectrice. Pour moi, couché sur mon fumier, je gardois le silence. Un guichetier secoua ma jambe d'une main et la laissa retomber, tandis que de l'autre il me promenoit la chandelle devant la figure. J'ai sçu depuis que c'étoit la manière dont ils signaloient les nouveaux venus. Je lui dis : — « Si ta place te donne le droit de me traiter avec cette indignité, tu as raison. » — Et je tournai le dos. Pendant treize jours, que je suis resté dans mon cachot, je ne lui ai plus adressé la parole une seule fois, ainsi qu'à ses confrères.

Pendant ce tems, où j'eus occasion de me trouver avec beaucoup de voleurs, je ne leur ai vu guères d'autre remords, que celui de s'être laissé prendre. J'appris de leur bouche beaucoup de leurs exploits, souvent ensanglantés par l'assassinat ; et c'étoit presque toujours en riant aux éclats, qu'ils les racontoient. J'y ai appris, ce qu'on refuseroit de croire, si depuis il n'y avoit eu un jury du tribunal révolutionnaire, qu'un de leurs camarades exécuté à vingt-deux ans, avoit déjà assassiné soixante-trois personnes. Je connus par leurs entretiens, aux moments où je feignois de

dormir , qu'ils tenoient à tous les voleurs de Paris , à ceux du garde-meuble , et que si la loi
n'en eût fait justice , ils auroient exécuté de
nouvéaux assassinats , qu'ils méditoient jusques
dans les fers ; car le jeune homme étoit vraiment
tout noir de crimes , et avoit assassiné , mais
sans être découvert. Les joueurs de tripots , les
marchands d'argent recrutent sur-tout parmi eux
leur armée. Je les ai vus beaucoup soupirer après
le repos , et envier le sort de quelques-uns de
leurs camarades , qu'ils nommoient , et qui , retirés à leurs campagnes , vivoient du fruit de
leurs forfaits , restés inconnus. Leurs habitations
les plus ordinaires , sont les bourgs environnant
Paris : ils ont des correspondans et vont souvent
à soixante ou cent lieues , pour des expéditions
qu'on leur indique. La corruption de leurs mœurs
est au comble , et le mépris des lois sociales , a
été précédé chez tous , par le mépris des lois de
la nature. Ce sont de terribles gens , pour être
sans préjugés. Inceste et athéïsme , sont des
mots auxquels ils prétendent qu'il n'y a aucune
idée véritable attachée.

Un de leurs stratagêmes est d'enrôler dans
leur bataillon des jeunes garçons d'une figure
agréable ; et ces ganymèdes , enfans de Mercure, leur ouvrent la nuit les portes de l'homme ,
dont le goût dépravé n'est pas à l'épreuve de la
beauté d'un visage imberbe.   I 6

Ils étoient aristocrates presque tous, mais la cause s'en rapportoit uniquement à eux. C'étoit parce que dans le nouveau code criminel ils étoient jugés par des jurés qu'ils traitoient d'ignorans, qu'il n'étoit pas facile d'abuser. Je ne pouvois m'empêcher de rire, en les voyant se frapper le front de colère, et dire, en jurant, « si c'étoit des gens habiles, nous nous tirerions d'affaires ! » Ils savoient parfaitement les lois qui les concernent, et sur-tout leurs ambiguités. Mais le sens et la raison du jury n'étoient point éblouis des fausses lueurs de leur chicane, qu'ils possédoient mieux que beaucoup d'avocats, et c'est ce qui les irritoit. D'ailleurs, ils étoient attachés au vieux barreau, sous lequel ils avoient fait leurs premières armes, aux vieilles perruques parlementaires, avec lesquelles ils avoient eu plus d'un démêlé, dont ils s'étoient tirés avec honneur. Pampin parloit toujours avec les plus grands éloges de l'ancienne magistrature. L'industrie de ces hommes est étonnante. Il en étoit peu d'entr'eux qui ne se fût sauvé de prison plusieurs fois. J'appris d'eux-mêmes, qu'en 1791 et 92, ils trouvoient le moyen de contrefaire des billets de maison de secours et même des assignats, jusques dans leurs cachots, et de les mettre ensuite en circulation. Ils se servoient d'un clou ou d'un hardillon de boucle pour graver

les planches. Pour se procurer de la lumière, ils
pressuroient leur salade, dont ils exprimoient
l'huile, et effiloient leurs chemises, dont ils tres-
soient des mêches. Des marchands, ainsi que je
l'ai appris de leur bouche, en achetoient pour
cent francs par jour, à leurs femmes, qui les
exportoient avec adresse de la Conciergerie. Ils
m'ont paru, par rapport aux autres hommes, ce
que le loup est par rapport aux animaux domes-
tiques. Ils méprisoient beaucoup les révolutionnaires, nom donné par eux aux gens arrêtés pour
affaires politiques, et les regardoient comme des
hommes sans industrie, sans invention, sans
courage, et capables de faire manquer une entreprise.

Malgré leur politesse et même leur amitié
pour moi, malgré leur confiance la plus abandonnée, j'étois au milieu de mes commençaux-
voleurs navré de tristesse. Je ne trouvois aucun
rapport entre mon prétendu girondisme et leurs
crimes. Nous étions absolument privés de clarté.
L'air étoit méphitique, la malpropreté, le plus
grand des fléaux, nous recouvroit pour ainsi
dire de nos propres immondices. Elles refluoient
jusqu'à nous dans un terrein de douze pieds, et
où nous avons été entassés souvent sept à-la-fois.
Je savois assez bien, au moyen des arrivans, ce
qui se passoit à Bicêtre, à la grande et petite

Force, tous les vols que faisoient les petits voleurs ; mais j'ignorois ce que faisoit Robespierre, le comité de salut-public, et le reste du monde ; j'étois au secret le plus rigoureux, sans nouvelle de mes camarades d'infortune. On ne m'interrogeoit point. J'eus d'abord recours à mon imagination ; mais elle n'enfantoit plus de prestiges J'essayois d'évoquer la nature dans ce qu'elle a de plus riant, et d'embellir mes rêveries du charme de ses tableaux. Elle étoit sourde à ma voix. Les vers suivans, faits entre un voleur assassin et un fabricant de faux assignats, me prouvèrent par le peu d'imagination dont ma tête étoit remplie en les composant, qu'elle étoit glacée aussi-bien que mon cœur. C'est la peinture de la moisson, telle qu'elle se fait dans mon pays natal. De quelle plus douce image pouvais-je chercher à embellir ma caverne ?

Moissons, dont le Zéphir dans ces riantes plaines,
Agitoit en courant les vagues incertaines ;
Cérès, dans ses greniers appelle vos trésors,
Et la seule Pomone embellira ces bords.
Déjà de vos épis l'appui long et fragile,
Va tombant sous la faulx du moissonneur agile.
Quelque tems, du soleil épuisant tous les traits,
De vos javelles d'or vous couvrez les guérêts.
Bientôt un bras nerveux vous enserre et vous lie.
Le glaneur suit de près la gerbe qu'il envie :
Il s'anime au travail, et son tas va croissant.

L'avare laboureur l'éloigne en menaçant,
Tandis qu'un tendre enfant, guidé par la nature,
Du pauvre qu'on outragea ressenti l'injure,
Et glissant vers la gerbe une innocente main,
Fait de quelques épis l'honorable larcin.
Sur le pas du glaneur il les sème avec joie.....!
Mais un fouet dans les airs éclate et se déploie,
C'est un rustique char, qui pesamment traîné,
Roule vers le hameau de gerbes couronné.
  O fortunés travaux, scène heureuse et champêtre!
Avant la fin du jour vous allez disparoître;
Où flottoient les moissons mes yeux ne verront plus
Que des chasseurs cruels dans la plaine accourus.
Pour moi, qui dans ces champs, devenus solitaires,
De l'amant de Procris fuit les jeux sanguinaires,
Paisible promeneur, je respecte en marchant
L'humble chaume où l'oiseau se cache en palpitant.

J'abandonnai bientôt cette esquisse, mon imagination broncha, les moissons disparurent, et je me trouvai avec mes camarades les voleurs. Le désespoir s'emparoit tout de bon de mon âme; je m'abstenois presqu'entièrement de nourriture, non que je fusse bien déterminé à mourir; mais je trouvois dans l'appauvrissement de mon sang une patience, une résignation que ne me pouvoient donner toutes les leçons de Sénèque et d'Epictète lui-même. Si je ne briguois pas précisément la mort, j'en acquérois au moins l'immobilité; je restois sans peine quarante-huit heures couché sur le même côté; quand je mangeois au contraire, comme un jour où je régalois mon camarade Pampin, mon sang reprenoit son activité, je retrouvois de la rage et j'étois aux enfers. Une diète excessive me donnoit un engourdissement qui n'étoit pas sans quelques charmes; je me sentois cheminer vers la mort par la douce voie du sommeil, mais j'y allois en voyageur paresseux et à mon aise : je savois que je n'avois qu'à vouloir pour arriver au terme.

Vers les onze heures du matin, les verroux retentissent, les quatre ou cinq portes qu'il falloit ouvrir pour arriver jusqu'à nous, mugissent sous leurs gonds et retombent avec fracas; les nôtres s'ébranlent : on ouvre ; c'étoit Lebeau, concierge, qui venoit lui-même me chercher pour l'interrogatoire. Un de ses enfans qui étoit avec lui, recule à la vue du cachot, et s'écrie avec la naïveté de son âge; « Que c'est affreux, un ca-» chot, Papa ! » Lebeau lui-même, homme bon et sensible, se tenoit à une certaine distance, et détournoit la tête, moins pour ne pas respirer l'air pestilentiel qui s'en exhalloit, que pour ne pas voir un spectacle si déplorable. Pâle, défait, la barbe sale et longue, les habits couverts de paille hachée, qui depuis treize jours composoit mon lit, je partis pour l'interrogatoire : il fut long et peut-être plus vif que ne le permettoit l'humanité, et l'état dans lequel j'étois. Je ne

revins plus dans ma caverne ; et je suis bien aise
d'apprendre aux lecteurs que peu de mois après,
Fouquier-Tinville exila tous les voleurs de la
Conciergerie, leur ancien domicile, et ne voulut
plus y souffrir que la probité, les talens et les
lumières ; mon cachot fut supprimé comme trop
mal-sain.

On me mit dans une autre partie de la Conciergerie. Je quittois l'antre du crime justement
enchaîné, j'entrai dans le temple de la vertu
persécutée. Vergniaux, Gensonné, Brissot,
Ducos, Fonfrède, Valazé, Duchâtel et leurs
collègues furent les hôtes que je trouvai installés
dans ma nouvelle demeure. Pendant une année
entière que je l'habitai, je ne cessai d'y voir
l'ombre de ces grands hommes, planant sur ma
tête et ranimant mon courage. Le sentiment de
l'admiration fit place bientôt à celui de la reconnoissance. J'appris que c'étoit aux sollicitations de Ducos, que je devois d'être sorti du cachot, c'est-à-dire la vie, bien triste présent sans
doute, dans ces tems désastreux, mais dont il
m'est bien doux de lui être redevable. L'aimable
et intéressant jeune homme ! il m'avoit vu une
seule fois, dans le monde, et il me fit l'accueil
d'un frère.

La curiosité se réveille à ces noms fameux,
mais j'ai peu de moyens de la satisfaire ; j'arrivai

deux jours avant leur condamnation, et comme pour être témoin de leur mort. La France et l'Europe connoissent leur procès, si l'on peut donner ce nom à la proscription la plus atroce; il fut entièrement la violation la plus solemnelle de tous les droits, jusqu'à leur ôter enfin celui de se défendre.

Tous ces athlètes vigoureux qui réunissoient à eux seuls presque toute l'éloquence française, étoient entraînés dans l'arène sanglante, enchaînés de toutes parts; il leur étoit défendu de se servir de leurs forces. Vergniaux une seule fois, avec cette flexibilité d'organe qui va remuer toutes les âmes, laissa échapper une étincelle de son talent; tous les yeux pleurèrent; la tyrannie pâlit et arracha le décret qui mit le sceau à la gloire des proscrits, et à l'infamie des proscripteurs.

Ils étoient tous calmes, sans ostentation, quoiqu'aucun ne se laissât abuser par l'espérance. Leurs âmes étoient à une telle hauteur, qu'il étoit impossible de les aborder, avec les lieux communs des consolations ordinaires. Brissot, grave et réfléchi, avoit le maintien du sage luttant avec l'infortune; et si quelque inquiétude étoit peinte sur sa figure, on voyoit bien que la patrie seule en étoit l'objet. Gensonné recueilli en lui-même sembloit craindre de souiller

sa bouche en prononçant le nom des assassins.
Il ne lui échappoit pas un mot de sa situation ;
mais des réflexions générales sur le bonheur du
peuple, pour lequel il faisoit des vœux. Vergniaux, tantôt grave et tantôt moins sérieux,
nous citoit une foule de vers plaisans, dont sa
mémoire étoit ornée ; et quelquefois nous faisoit
jouir des derniers accens de cette éloquence sublime qui étoient déjà perdue pour l'univers ;
puisque les barbares l'empêchoient de parler.
Pour Valazé, ses yeux avoient je ne sais quoi
de divin. Un sourire doux et serein ne quittoit
point ses lèvres, il jouissoit par avant-goût de sa
mort glorieuse. On voyoit qu'il étoit déjà libre,
et qu'il avoit trouvé dans une grande résolution
la garantie de sa liberté. Je lui disois quelquefois : « Valazé, que vous êtes friand d'une si
belle mort, et qu'on vous puniroit en ne vous
condamnant pas ! » Le dernier jour, avant de
monter au tribunal, il revint sur ses pas pour me
donner une paire de ciseaux qu'il avoit sur lui,
en me disant : « C'est une arme dangereuse, on
craint que nous n'attentions sur nous-mêmes. »
L'ironie digne de Socrate avec laquelle il prononça ces mots, produisit sur moi un effet que
je ne démêlai pas bien : mais quand j'appris que
ce Caton moderne s'étoit frappé d'un poignard
qu'il tenoit caché sous son manteau, je n'en fus

point surpris, et je crus que je l'avois deviné. Il avoit dérobé ce poignard aux recherches, car on les fouilloit comme de vils criminels, avant de monter. Vergniaux jetta du poison qu'il avoit conservé, et préféra de mourir avec ses collègues.

Les deux frères Fonfrède et Ducos se détachoient de ce tableau sévère, pour inspirer un intérêt plus tendre et plus vif encore. Leur jeûnesse, leur amitié, la gaîté de Ducos inaltérable jusqu'au dernier moment, les graces de son esprit et de sa figure, rendoient plus odieuse la rage de leurs ennemis. Ducos s'étoit sacrifié pour son frère, et s'étoit rendu en prison pour partager son sort. Souvent ils s'embrassoient et puisoient dans ces embrassemens des forces nouvelles. Ils quittoient tout ce qui peut rendre la vie chère, une fortune immense, des épouses chéries, des enfans ; et cependant ils ne jettoient point leurs regards en arrière, mais les tenoient fortement fixés sur la Patrie et la Liberté.

Une seule fois Fonfrède me prit à part, et comme en cachette de son frère, laissa couler un torrent de larmes, aux noms qui brisent les cœurs les plus stoïques, aux noms de sa femme et de ses enfans ; son frère l'apperçoit : « Qu'as-tu donc ? lui dit-il... — Fonfrède honteux de pleurer, et rentrant ses larmes : « Ce n'est rien, c'est lui qui me parle . . . » Il rejettoit ainsi sur moi ce qu'il croyoit la honte d'une foiblesse. Ils s'embrassèrent, et s'entrelaçant ils devinrent plus forts. Fonfrède arrêta les siennes prêtes à couler et tous deux redevinrent vraiment romains. Cette scène se passa 24 heures avant leur exécution.

Ils furent condamnés à mort dans la nuit du 29 octobre (vieux style), vers les onze heures. Ils le furent tous, on avoit en vain espéré pour Ducos et Fonfrède, qui peut-être eux-mêmes ne s'étoient pas défendus de quelque espérance. Le signal qu'ils nous avoient promis nous fut donné. Ce furent des chants patriotiques qui éclatèrent simultanément, et toutes leurs voix se mêlèrent pour adresser les derniers hymnes à la liberté ; ils parodioient la chanson des Marseillois de cette sorte :

> Contre nous, de la tyrannie,
> Le couteau sanglant est levé, etc.

Toute cette nuit affreuse retentit de leurs chants, et s'ils les interrompoient, c'étoit pour s'entre-tenir de leur patrie, et quelquefois aussi, pour une saillie de Ducos.

C'est la première fois qu'on a massacré en masse tant d'hommes extraordinaires. Jeunesse, beauté, génie, vertus, talens, tout ce qu'il y a d'intéressant parmi les hommes, fut englouti d'un seul coup. Si des cannibales avoient des représentans, ils ne commettroient point un pareil attentat. Nous étions tellement exaltés par leur courage, que nous ne ressentîmes le coup que long-tems après qu'il fut porté.

Nous marchions à grands pas dans la carrière de la persécution, l'âme triomphante de voir qu'une belle mort ne manquoit pas à de si belles vies, et qu'ils remplissoient d'une manière digne d'eux la seule tâche qui leur restât à remplir, celle de bien mourir ; mais quand ce courage emprunté du leur, se fut refroidi, alors nous sentîmes quelle perte nous venions de faire : le désespoir devint notre partage ; on se montroit en pleurant le misérable grabat que le grand Vergniaux avoit quitté, pour aller les mains liées porter sa tête sur l'échafaud. Valazé, Ducos et Fonfrède étoient sans cesse devant nos yeux. Les places qu'ils occupoient, devinrent l'objet d'une vénération religieuse ; et l'aristocratie même se faisoit montrer avec empressement et respect, les lits où avoient couché des grands hommes.

O vous, les premiers de nos citoyens ! vous n'avez eu d'autres torts que de naître dans un siècle de boue, et d'avoir eu le courage de la vertu, dans la plus prostituée des cités (1). Elle aura

______

(1) Où plutôt parmi des représentans indignes de ce nom. *Note de l'Editeur.*

beau vous élever des statues , et chercher à dérober sous leurs piedestaux , la place où vous
fûtes immolés : ce qu'elle fera (si sa destinée
est d'être libre enfin). Jamais elle n'effacera les
marques de votre sang qui déposeront contre
elle aux yeux de l'univers et de la postérité. Vous
êtes morts comme des hommes qui avoient fondé
la liberté républicaine , et avec lesquels elle
devoit s'éclipser. Vous brillez au milieu de tant
de lâcheté et d'incivisme , comme Caton et
Brutus au milieu du sénat corrompu.

Cent-mille Français furent immolés sur votre
tombe ; l'ordre social s'écroula , et la tyrannie
régna sur des cadavres ; nos plus belles cités détruites ou ravagées ; une année d'horreurs in-
connues jusqu'alors au monde , ont suivi votre
perte et gravé votre apologie en traits ineffa-
çables , sur les tables de l'histoire.

Plusieurs d'entr'eux ont remis leur défense
entre des mains fidelles : fasse le ciel qu'au milieu de la terreur universelle , elles soient restées
courageuses dépositaires de ces trésors inesti-
mables , et qu'ils ne soient pas perdu pour la
postérité !

Dans le côté de la Conciergerie , où je viens
de dire que j'avois été placé, étoit la prison des
femmes, séparée de celle des hommes par une
grille. Les prisonniers communiquoient avec

elles à travers cette grille, et les fenêtres de deux chambres à rez-de-chaussée qui donnent sur leur cour. C'est là que j'ai vu engloutir une foule innombrable de victimes, de tout âge et de toute condition. Le sang des vingt-deux fumoit encore, lorsque la citoyenne Roland arriva ; bien éclairée sur le sort qui l'attendoit, sa fermeté n'en étoit point altérée : sans être dans la fleur de l'âge, elle étoit encore pleine d'agrémens ; elle étoit grande, et d'une taille élégante. Sa phisionomie étoit très-spirituelle ; mais ces malheurs et une longue détention avoient laissé sur son visage des traces de mélancolie, qui tempéroient sa vivacité naturelle. Elle avoit l'âme d'une républicaine, dans un corps pétri de grâces, et façonné par une certaine politesse de cour. Quelque chose de plus que ce qui se trouve ordinairement dans les yeux des femmes, se peignoit dans ses grands yeux noirs, pleins d'expressions et de douceur ; elle parloit souvent à la grille avec la liberté et le courage d'un grand homme. Ce langage républicain, sortant de la bouche d'une jolie femme française, dont on préparoit l'échafaud, étoit un des miracles de la révolution auquel on n'étoit point encore accoutumé. Nous étions tous attentifs autour d'elle dans une espèce d'admiration et de stupeur. Sa conversation étoit sérieuse sans être froide ; elle s'exprimoit

avec

avec une pureté, un nombre et une prosodie, qui faisoient de son langage une espèce de musique, dont l'oreille n'étoit jamais rassasiée : elle ne parloit jamais des députés qui venoient de périr, qu'avec respect, mais sans pitié efféminée, et leur reprochant même de n'avoir pas pris des mesures assez fortes. Elle les désignoit le plus ordinairement sous le nom de *nos amis*; elle faisoit souvent appeller Clavière pour s'entretenir avec lui. (1) Quelquefois aussi son sexe reprenoit le dessus, et on voyoit qu'elle avoit pleuré au souvenir de sa fille et de son époux. Ce mélange d'amolissement naturel et de force la rendoit plus intéressante. La femme qui la servoit me dit un jour : « Devant vous elle rassemble toutes ses forces, mais dans la chambre elle reste quelquefois trois heures appuyée sur sa fenêtre à pleurer. » Le jour où elle monta à l'interrogatoire, nous la vîmes passer avec son assurance ordinaire ; quand elle revint ses yeux

---

(1) Clavière, qui depuis s'enfonça un couteau dans le cœur, après avoir lu la liste de ses témoins, en récitant ces vers de Voltaire :

Les criminels tremblans sont traînés au supplice ;
Les mortels généreux disposent de leur sort.

Note de l'Editeur.

Tome I.   K

étoient humides; on l'avoit traitée avec une telle dureté, jusqu'à lui faire des questions outrageantes pour son honneur, qu'elle n'avoit pu retenir ses larmes tout en exprimant son indignation. Un pédant mercenaire outrageoit froidement cette femme célèbre par son esprit, et qui, à la barre de la Convention nationale, avoit forcé, pat les grâces de son éloquence, ses ennemis à se taire et à l'admirer. Elle resta huit jours à la Conciergerie, et sa douceur l'avoit déjà rendue chère à tout ce qu'il y avoit de prisonniers, qui la pleurèrent sincèrement.

Le jour où elle fut condamnée, elle s'étoit habillée en blanc et avec soin: ses longs cheveux noirs tomboient épars jusqu'à sa ceinture; elle eût attendri les cœurs les plus féroces; mais ces monstres en avoient-ils un? d'ailleurs elle n'y prétendoit pas; elle avoit choisi cet habit comme symbole de la pureté de son âme. Après sa condamnation, elle repassa dans le guichet avec une vitesse qui tenoit de la joie. Elle indiqua, par un signe démonstratif, qu'elle étoit condamnée à mort. Associée à un homme que le même sort attendoit, mais dont le courage n'égaloit pas le sien, elle parvint à lui en donner, avec une gaîté si douce et si vraie, qu'elle fit naître le rire sur ses lèvres à plusieurs reprises.

Parvenue sur la place de l'exécution, elle

s'inclina devant la statue de la liberté, et prononça ces paroles mémorables : — « O liberté !
que de crimes on commet en ton nom ! »

Elle avoit dit souvent que son mari ne lui
survivroit pas. Nous apprîmes dans nos cachots,
que sa prédiction étoit justifiée, et que le vertueux Roland s'étoit tué sur une grande route,
indiquant par-là, qu'il avoit voulu mourir irréprochable envers l'hospitalité courageuse.

Mon cœur, qui devoit être déchiré par tant de
ténaillemens dans cette horrible demeure, n'a
point connu de douleur plus amère, que celle
que me causa la mort de cette femme à jamais
célèbre. Le souvenir de son assassinat s'unira
dans mon âme à celui de mes infortunés amis,
pour l'envelopper jusqu'au tombeau d'un deuil
inconsolable.

Clavière, né dans une république ancienne
(Genève), homme très-instruit dans les fi-
nances, fut élevé, par son mérite, à la place de
ministre des contributions. Craignant que la
horde Maratiste qui l'avoit jetté dans le fond
d'un cachot, ne le fit périr sur l'échafaud, il se
poignarda ; et mourut avec la tranquillité d'un
homme de bien. Son épouse apprend cet acte de
désespoir et de vertu, et s'empoisonne, après
avoir consolé ses enfans, et mis ordre à ses affaires. Avant de se donner le coup mortel, ce

vieillard auguste me prend à part , au bout d'un long corridor , éclairé d'une lampe funéraire. Il venoit de lire la liste de ses témoins , et d'y trouver en tête ses plus féroces ennemis , entr'autres Arthur , cet étranger , devenu membre de la Commune de Paris , et encore plus factieux et plus sanguinaire que les Hébert et les Chaumette. — « Ce sont des assassins , me dit-il , je veux me dérober à leur fureur. » — Alors commence l'entretien le plus grave et le plus réfléchi sur les moyens de se débarrasser de la vie. Il calcule les coups et la manière la plus sûre de se percer le cœur. Illustre Génevois , je fus digne de toi ; je t'entendis , sans pâlir, délibérer sur ta mort ; j'approuvai ta résolution républicaine ; je vis le couteau se promener sur ta poitrine , et ta main assurée marquant la place où tu devois te frapper. Je t'eusse imité ; mais, comme toi , je n'en avois pas reçu le signal. Enfin , il me quitte.... Au bout d'un quart-d'heure , il n'étoit plus. On le trouva rendant le dernier soupir dans sa chambre , où il s'étoit renfermé pour consommer son dessein. (1)

____

(1) Arthur , marchand de papier peint sur le Boulevard , fut guillotiné après la révolution du 9 thermidor, comme membre de la commune conspiratrice. Hébert et Chaumette avoient eu précédemment le même sort ; car

Peu de tems après , je serrai dans mes bras , Girey - Dupré et Boisguyon , qui arrivoient de Bordeaux , tout meurtris de leurs fers. Je ne parlerai point du courage de Girey-Dupré. Ce mot suppose un effort ; je dirai seulement qu'il est mort sans y faire attention ; ces fers n'avoient rien changé à sa gaîté ouverte et franche. Il avoit la même fleur de santé que je lui avois toujours connue : il s'abandonnoit , sans réserve , aux moindres amusemens. Tout entier au plaisir d'être , on eût dit qu'il ignoroit qu'il étoit dans les fers , et que l'échafaud l'attendoit. A l'interrogatoire il ne répondit que ces mots : — « J'ai connu Brissot , j'atteste qu'il a vécu comme Aristide , et qu'il est mort comme Sidney , martyr de la liberté. » — Une réponse courageuse désarme les grandes âmes , elle irrite la médiocrité. C'est l'effet que produisit celle de Girey-Dupré. On interrompit là son interrogatoire , et dans son acte d'accusation on consigna comme criminelle, cette réponse qui le couvre de gloire. Il n'alla point à la mort, il y vola. En montant au tribunal , il leur offrit la victime toute préparée

---

si nous éprouvions une réaction de tyrannie , cette même réaction agissant sur elle-même vengeoit bientôt la France.

Note de l'Editeur.

K 3

pour le supplice ; il avoit ouvert le col de sa chemise , et parut ainsi à l'audience. Sa raison ferme et inébranlable aux lâches séductions de l'espérance , lui avoit démontré qu'il n'y avoit plus qu'à présenter sa tête. Si l'on se rappelle le talent qu'il annonçoit dans le Patriote français ; si d'un autre côté l'on considère tant de grandeur d'âme dans un jeune homme de 14 ans , on sentira qu'il n'est point de perte plus cruelle pour un pays libre, que celle d'un jeune citoyen qui donnoit de si belles espérances. Doué d'une moralité profonde , il pouvoit honorer les places les plus importantes. Il étoit, pour m'exprimer ainsi, de cette étoffe, dont on fait de vrais magistrats dans une république. On l'a moissonné dans la fleur de son âge ; c'est un crime irréparable envers la Patrie.

Voici un couplet qu'il fit peu de momens avant de monter au tribunal.

Pour nous quel triomphe éclatant !
Martyrs de la liberté sainte ,
L'immortalité nous attend.
Dignes d'un destin si brillant ,
 A l'échafaud marchons sans crainte ;
L'immortalité nous attend.
　Mourons pour la Patrie,
C'est le sort le plus beau , le plus digne d'envie.

Boisguyon étoit un philosophe pratique ,

d'une vertu douce et bienfaisante ; recueilli en lui-même , il travailloit sans cesse à se rendre meilleur ; son esprit étoit fort cultivé ; il passoit pour avoir dirigé toutes les opérations de Beysser , sous lequel il commandoit. Mais comme en toutes choses il étoit ennemi de l'ostentation, on ne le nommoit presque jamais , et même pas du tout. Ce sont de ces mérites qui n'ont rien à démêler avec le vulgaire , et que l'observateur philosophe se plaît à contempler dans l'espèce de *coque mistérieuse* , où ils s'enveloppent. Pour le peindre en un mot , il avoit des pièces qui eussent pu servir à sa justification , mais qui pouvoiént compromettre des personnes qui n'étoient point ses amis , et qu'on eût plutôt soupçonnées de vouloir le sacrifier : il brûla ces pièces , de peur d'être tenté d'en faire usage.

Son patriotisme constant n'avait guères dû être autre chose, en aucun tems , que de la philantropie. Mais son âme n'étoit pas d'une trempe aussi forte que celle de Girey-Dupré ; il écrivit à Robespierre , sur lequel il n'était pas encore tout-à-fait détrompé ; il lui rappelait , dans sa lettre , que dans des tems où ils étaient menacés, il avoit protégé ses jours. Le tyran l'avait oublié ; il ne répondit point, et ne daigna pas faire un signe , pour l'arracher à ses bourreaux.

Vers la même époque on amena Bailly , l'homme de la révolution , le plus heureux en honneurs , et celui dont l'agonie fut la plus douloureuse. Il épuisa la férocité de la populace dont il avoit été l'idole, et fut lâchement abandonné par le peuple, qui n'avoit jamais cessé de l'estimer. Il est mort comme le juste de Platon , ou comme Jésus-Christ , au milieu de l'ignominie ; on cracha sur lui ; on brûla un drapeau sous sa figure ; des hommes furieux s'approchoient pour le frapper , malgré les bourreaux , indignés eux-mêmes de tant de fureur. On le couvrit de boue. Il fut trois heures à la place de son supplice, et son échafaud, dont on lui fit porter des pièces , fut dressé dans un tas d'ordures. Une pluie froide, qui tombait à verse , ajoutait encore à l'horreur de sa situation ; les mains liées derrière le dos , obligé de ravaler l'humeur qui s'écoulait de son nez , il demandait quelquefois le terme de tant de maux ; mais ces paroles étoient proférées avec le calme digne d'un des premiers philosophes de l'Europe. Il répondit à un homme qui lui disoit tu trembles, Bailly: — Mon ami, c'est de froid. — Si l'on demande d'où nous étions si bien instruits ; qu'on sache que c'étoit par le moyen du bourreau, qui, pendant une année entière, n'a cessé un seul jour d'être appellé dans cette horrible demeure, et qui racontoit aux geoliers ces abominables et admirables circonstances.

Si je m'abandonnois à la tâche douloureuse de nommer individuellement tous les êtres intéressans sacrifiés dans cette boucherie, à parler de leur courage et de leurs vertus, j'entasserois des volumes. Qu'on sache seulement que le mépris de la mort étoit devenu une chose triviale, et que Socrate, au milieu de quatre-mille personnes de tout âge et de tout sexe, que j'ai vu massacrer en un an, n'auroit été remarqué que par son éloquence et ses discours sublimes sur l'immortalité de l'âme.

Je me contenterai de peindre l'esprit qui n'a cessé d'animer le tribunal révolutionnaire, et les scènes d'horreur qui se sont renouvellées dans la Conciergerie. On croyoit assez généralement, avant le vingt-deux prairial, que ce tribunal conservoit quelques formes ; mais je puis attester qu'il n'a jamais été qu'un tribunal de sang, ne suivant d'autres lois que son caprice, ou la férocité des tyrans auxquels il n'a jamais cessé d'être vendu : j'en ai la preuve dans les différens jugemens dont j'ai eu connoissance pendant une année de détention. Il est vrai qu'il ne poussa pas tout-à-coup l'impudence jusqu'à entasser, comme Caligula, dans un même procès, au nombre de soixante et quatre-vingt, des hommes qui ne s'étoient jamais connus, et jusqu'à les juger en une heure; mais s'il étoit moins scandaleux, il n'étoit pas moins atroce. Comment des êtres érigés en bourreaux des prétendus conspirateurs de prisons, ont-ils pu être, en aucun tems, des juges intègres? Comment les assassins des vingt-deux députés, de Bailly, de Diétrick, de Houchard, de Custines père et fils, de Lamourette, de Biron, de Lamarlière, de la citoyenne Roland, et de mille autres, peuvent-ils être soupçonnés d'avoir jamais eu de l'humanité? N'avoient-ils pas commencé par porter la désolation dans Orléans par la boucherie de neuf citoyens des plus considérables de cette ville? Ils ne cessèrent de tuer en détail, jusqu'à ce qu'enfin ils aient tué en masse; et si alors l'instruction, au lieu d'être d'une heure, duroit quelquefois deux jours, c'étoit un supplice de plus, car personne n'échappoit. Long-tems avant le vingt-deux prairial, un de mes camarades de chambre, assassiné pour fédéralisme; trouva dans le même homme, son dénonciateur, son témoin et son juré; et ce juré il l'avoit fait condamner pour émission de faux assignats; le crime trouvant par-tout protection, ce scélérat avoit eu le moyen d'échapper à la vengeance des lois, et de devenir juges

de vil criminel qu'il étoit : il étoit de plus dé-
biteur de celui qu'il condamna comme juré , et
sa boule noire n'en tomba que plus vîte. J'ai
vu le billet entre les mains de ce malheureux
jeune homme , nommé Barré , dont le frère et
le vieux père moururent de douleur ; un brigand échappé au supplice , porta la désolation
dans toute une famille honorée , patriote et paisible , et la fit disparoître de la terre.

Quelques - unes des malheureuses victimes
étoient aveuglées jusqu'au dernier moment, par
l'espérance , et leurrées d'une idée de justice : on
ne pouvoit croire qu'elle se fût entièrement ef-
facée du cœur d'hommes qui osoient s'appeller
juges et jurés. Ceux qui arrivoient des départemens éloignés discutoient leurs droits avec confiance : un vieux conseiller du parlement de
Toulouse , disoit avant de monter , qu'il ne
voudroit pas être à leur place et qu'il les embar-
rasseroit bien ; un autre citoit le droit romain.
Cette erreur qui navroit l'âme des prisonniers ,
habitans anciens et expérimentés de la Conciergerie , prenoit sa source dans une ignorance bien
naturelle ; malheur à l'homme qui eût deviné
tant d'horreurs ! Au moment sur-tout d'être jugés, le bandeau s'épaississoit plus que jamais sur
leurs yeux. La victime désignée sans le savoir ,
descendant en elle-même , n'y trouvoit qu'innoc=

cence et que paix ; un appareil légal se déve-
loppoit devant elle. Un acte d'accusation , une
liste de jurés , des témoins , des défenseurs chèrement payés , toutes les formes protectrices ,
tout ce qu'il y a de saint parmi les hommes ,
étoit mis en usage ; mais ce n'étoit qu'une comédie atroce , qu'on jouoit pour mieux l'abuser.
Est-il étonnant qu'elle en fut la dupe ? Custines
fils , malgré tout son esprit , malgré la proscription demandée et obtenue ouvertement par Robespierre , y succomba lui-même : il prit un défenseur , écrivit toute la nuit ses moyens de défense , et faisoit à ses bourreaux l'honneur de
croire que l'innocence pouvoit échapper une
fois de leurs mains.

L'espérance habite dans le cœur de l'homme
jusqu'au dernier moment pour l'amollir et le
trahir. Personne , pour le dire là-dessus , n'a fait
ce qu'il devoit faire : il falloit les faire succomber
sous le poids de l'opprobre et refuser de leur répondre ; ou ces septembristes habillés en juges ,
auroient repris les massues du 2 septembre , ou
ils auroient été obligés de lâcher leur proie. Il
est bien vrai qu'après le 22 prairial , ils ne gar-
dèrent plus de mesure : la paresse des subalternes
y trouvoit son profit autant que la cruauté des
chefs. On n'avoit plus besoin d'examiner des
pièces qui s'accumuloient d'une manière ef-

frayante ; on envoyoit un garçon de bureau prendre les noms, et c'est tout ce qu'on vouloit, puisqu'il ne s'agissoit plus que de listes de proscriptions. Les défenseurs furent supprimés, ainsi que les interrogatoires ; mais, si l'on ose le dire, cette loi fut salutaire, puisqu'elle ôta tout-à-fait le masque dont se couvroit ce fantôme de tribunal, qui au fond ne fut jamais composé que d'assassins : on vit alors des hommes condamnés par méprise de nom, le frère pour le frère. Un jeune homme de vingt-cinq ans, qui n'avoit jamais été marié, fut conduit au supplice comme ayant un fils émigré et qui portoit les armes contre sa patrie. On se joua ouvertement et sans pudeur de la vie des hommes. La canaille des huissiers, des sous-greffiers, et de tous les subalternes, composée d'anciens records, ou de misérables qui savoient à peine lire, se déchaînoit contre l'existence des citoyens ; ils insultoient dans leur griffonnage barbare, ceux qu'ils assassinoient d'une manière atroce. J'ai vu apporter à une femme un acte d'accusation sur lequel étoit écrit.«tête à guillotiner sans rémission.» Aucun de ces actes inlisibles n'étoient ortographié, et on n'y trouvoit aucune construction française. Souvent on recevoit un acte destiné à une autre personne : alors l'huissier se contentoit de substituer votre nom à celui qu'il effaçoit.

Plusieurs fois en buvant avec les guichetiers, ils en fabriquoient tout-à-coup et de gaîté de cœur. Des femmes ont entendu dicter leurs accusations au milieu des ris : « joignons celle-là à son mari, » crioient-ils en s'enivrant, et la victime n'échappoit pas : en effet, ces actes étoient imprimés, avec un protocole commun à tous, il n'y avoit que quelques lignes à remplir, et c'est dans ce peu de lignes que se commettoient les méprises les plus absurdes, et toujours impunément. La ci-devant duchesse de Biron, entr'autres, monta avec un acte d'accusation, rédigé pour son homme d'affaires. Oui, c'est l'heureux génie de la France qui les poussa à se démasquer par la loi du 22 prairial. N'avoient-ils pas ôté la parole aux vingt-deux députés et à Danton ? La conscience des jurés ne jouoit-elle pas à l'aise dans leurs poitrines, depuis qu'ils pouvoient se déclarer assez instruits ? ne jugeoient-ils pas d'après des inductions ? Pourquoi donc cette loi du 22 ? O vertige des scélérats ! O inconcevable enchaînement des évènemens humains !

Enfin, avant le 22 prairial, n'ai-je pas vu des hommes, qui, pendant qu'on les interrogeoit, avoient entendu rédiger leur acte d'accusation dans la pièce voisine ? Avant le 22 prairial, n'insultoient-ils pas de la manière la plus barbare à l'accusé qu'ils chargeoient d'outrages, et qu'ils livroient aux risées du peuple? La pudeur des femmes les plus vertueuses et les plus respectées n'y étoit-elle pas révoquée en doute, et forcée à rougir aux quolibets grossiers d'une canaille crapuleuse, dont le repaire le plus ordinaire étoit dans les mauvais lieux, et qui souvent siégeoient étant ivres? Je viens de dire que parmi ces jurés, il y avoit un faiseur de faux-assignats; mais presque tous étoient aussi vils; et qui voudroit fouiller dans cet égoût, y trouveroit des hommes flétris par la justice. Coffinal, Dumas, n'étoient-ils pas juges avant cette époque, et pour faire *feu de file*, avoient-ils attendu le signal de la loi du 22? Si c'est une vérité incontestable, que le crime à découvert est moins hideux, que lorsqu'il prend le masque de la vertu; ne seroit-il pas absurde de nier, que le tribunal étoit plus atroce encore avant le 22 prairial qu'après?

Les furieux du dehors secondoient parfaitement ces monstres; jamais antropophages n'ont eu de pourvoyeurs plus zélés et plus entendus. On y voyoit arriver sans cesse de nouvelles victimes: il sembloit sur-tout qu'ils étoient animés d'une fureur aveugle contre le sexe le plus foible et le plus aimable. Les femmes les plus belles, les plus jeunes, les plus intéressantes tomboient pêle-mêle dans ce gouffre, d'où elles sortoient pour aller, par douzaine, inonder l'échafaud de leur sang.

On eût dit que le gouvernement étoit dans les mains de ces hommes dépravés, qui, non contens d'insulter au sexe par des goûts monstrueux, lui vouent encore une haîne implacable. De jeunes femmes enceintes, d'autres qui venoient d'accoucher, et qui étoient encore dans cet état de foiblesse et de pâleur qui suit ce grand travail de la nature, et qui seroit respecté par les peuples les plus sauvages; d'autres dont le lait s'étoit arrêté tout-à-coup, ou par frayeur, ou parce qu'on avoit arraché leurs enfans de leur sein, étoient jour et nuit précipitées dans cet abîme. Elles arrivoient traînées de cachots en cachots, leurs foibles mains comprimées dans d'indignes fers. On en a vu qui avoient un collier de fer au col. Elles entroient les unes évanouies et portées dans les bras des guichetiers qui en rioient; d'autres en pleurs; d'autres dans un état de stupéfaction qui les rendoit comme imbéciles: vers les derniers mois sur-tout, c'étoit l'activité des enfers. Jour et nuit les verroux s'agitoient. Soixante personnes arrivoient le soir pour aller à l'échafaud le lendemain. Elles étoient aussi-tôt remplacées par cent autres, que le même sort attendoit les jours suivans.

De tous les coins de la France on charrioit des victimes à la Conciergerie. Elle se remplissoit sans cesse par les envois des départemens, et se vidoit sans cesse par le massacre et le transférement dans d'autres maisons. Des guichetiers chargés d'actes d'accusation, les colportoient de chambre en chambre très-avant dans la nuit. Les prisonniers, arrachés au sommeil par leurs voix épouvantables et insultantes, croyoient que c'étoit leur arrêt. Ainsi ces mandats de mort, destinés à soixante ou quatre-vingt personnes, étoient distribués chaque jour, de manière à en effrayer six-cents. Par la gradation des massacres, j'ai bien connu toute la profondeur de ce vers de Racine :

Et laver dans le sang vos bras ensanglantés.

D'abord ils avoient entassé quinze personnes dans leurs charrettes meurtrières ; bientôt ils en mirent trente, enfin jusqu'à quatre-vingt-quatre, et quand la mort de Robespierre est venue arracher le genre humain à leurs fureurs, ils avoient tout disposé pour en envoyer cent-cinquante à la fois à la mort. Déjà un aqueduc immense, qui devoit voiturer du sang, avoit été creusé à la place St-Antoine. On avoit aussi préparé des carrières immenses, vastes catacombes, qui devoient au moins contenir trente-mille cadavres.

C'étoit vers les trois heures après-midi, que ces longues processions de victimes descendoient du tribunal, et traversoient lentement, sous de longues voûtes, au milieu des prisonniers qui se rangeoient en haie pour les voir passer, avec une avidité sans pareille. Que l'homme est foible, qu'il est un animal asservissable ! J'ai vu quarante-cinq magistrats du parlement de Paris, trente-trois du parlement de Toulouse, allant à la mort du même air qu'ils marchoient autrefois dans les cérémonies publiques. J'ai vu cinquante fermiers-généraux passer d'un pas calme et ferme; les vingt-cinq premiers négocians de Sédan, plaignant , en allant à la mort, dix-mille ouvriers qu'ils laissoient sans pain. J'ai vu ce Beysser, l'effroi des rebelles de la Vendée, et le plus bel homme de guerre qu'eut la France : j'ai vu ces généraux , que la victoire venoit de couvrir de lauriers qu'on changeoit soudain en cyprès. Tous ces jeunes militaires, si forts, si vigoureux, qu'on entouroit d'une armée de gendarmes ; leur jugement sembloit avoir fait sur eux l'effet d'un enchantement qui les rendoit immobiles. J'ai vu ces longues traînées d'hommes qu'on envoyoit à la boucherie. Aucune plainte ne sortoit de leur bouche ; ils marchoient silencieusement, et sembloient craindre de regarder le ciel , de peur que leurs regards n'exprimassent trop d'indignation. Ils ne savoient que mourir.

Dans ce hâchis d'hommes, qu'on appelloit *fournées*, on entassoit des êtres diamétralement opposés de sistême et de parti. Thouret avec d'Eprémenil, Chapellier avec la ci-devant duchesse de Grammont. Plusieurs fois des générations entières ont été absolument détruites en un jour; le respectable Malesherbes, âgé de plus de 80 ans, fut traîné à la mort, à la tête de sa famille entière; il périt avec sa sœur, sa fille et son gendre, et la fille et le gendre de sa fille; M. de Montmorin, avec son fils. Quatre Brienne furent égorgés à-la-fois. Dans d'autres *fournées* on voyoit réuni ce que la nature avoit de plus aimable : quatorze jeunes filles de Verdun, d'une candeur sans exemple, et qui avoient l'air de jeunes vierges parées pour une fête publique, furent menées ensemble à l'échafaud. Elles disparurent tout-à-coup, et furent moissonnées dans leur printems : la cour des femmes avoit l'air, le lendemain de leur mort, d'un parterre dégarni de ses fleurs par un orage. Je n'ai jamais vu parmi nous de désespoir pareil à celui qu'excita cette barbarie.

Vingt femmes du Poitou, pauvres paysannes, pour la plupart, furent également assassinées ensemble : je les vois encore, ces malheureuses victimes, je les vois étendues dans la cour de la Conciergerie, accablées de la fatigue d'une longue route et dormant sur le pavé. Leurs regards, ou ne se peignoit aucune intelligence du sort qui les menaçoit, ressembloient à ceux des bœufs entassés dans les marchés, et qui regardent fixement et sans connoissance au-tour d'eux. Elles furent exécutées toutes peu de jours après leur arrivée. Au moment d'aller au supplice, on arracha du sein d'une de ces infortunées, un enfant qu'elle nourrissoit, et qui au moment même s'abreuvoit d'un lait, dont le bourreau alloit tarir la source. O cris de la douleur maternelle, que vous futes aigus ! mais vous futes sans effet. Quelques femmes sont mortes dans la charrette, et on a guillotiné des cadavres. N'ai-je pas vu, peu de jours avant le 9 thermidor, d'autres femmes traînées à la mort ; elles s'étaient déclarées enceintes.... Et ce sont des hommes, des Français, à qui leurs philosophes les plus éloquens prêchent depuis soixante années, l'hmmanité et la tolérance !.... Si l'on n'eût arrêté ce débordement de sang humain, je ne doute pas qu'on n'eût vu des hommes aller se précipiter d'eux-mêmes sous le tranchant de la guillotine. Comme l'a très-bien dit Fréron, la première des affections sociales, l'amour de la vie, s'éteignoit déjà dans

tous les cœurs. J'ai vu plus de dix femmes,
qui n'osant prendre du poison , avaient crié
vive le roi , et chargeoient par ce moyen cet
abominable tribunal du soin de terminer leurs
jours. Les unes pour ne pas survivre à un époux,
d'autres à un amant, d'autres par dégoût de la
vie , presqu'aucune par fanatisme royal. Et dans
quelle classe se trouvoient ces infortunées ? dans
celle de l'indigence : quelques-unes étaient de
misérables prostituées , mais encore riches de
leur jeunesse et de leur beauté. O si des légis-
gislateurs étoient témoins des terribles effets
de lois violentes ou passionnées ; combien de
victimes elles écrasent , comme ces édifices
qui s'écroulent dans une fête publique ; ils fré-
miroient des dangers de leur mission ; ils ver-
roient des milliers de citoyens dans les pleurs,
les autres en fuite et mourant de misère, d'autres
dont la raison est aliénée, et qui , dans leur
délire , d'une voix de fer , les maudissent le
jour et la nuit , avec des imprécations affreuses !
Après la loi qui chassoit sous trois jours tous les
nobles de Paris , j'ai vu arriver , entre beaucoup d'autres, une jeune femme, qui, depuis
plusieurs jours , n'avoit pris aucune nourriture ;
sa raison étoit égarée : née dans l'opulence ,
elle avoit à peine trouvé depuis un an dans
l'ouvrage de ses mains de quoi fournir à son

existence ; cette loi lui ôtoit tous moyens de vivres ; elle n'avoit plus de ressources que la mort, et elle étoit venue la demander en se dénonçant elle-même. Sa pâleur extrême, causée par le chagrin et l'inanition, n'empêchoit pas de trouver sur son visage les traces de la décence, de la beauté et de la jeunesse. Ses malheurs n'étoient pas encore au comble, elle devoit apprendre qu'un époux adoré, dont elle ignoroit le sort, avait péri peu de jours auparavant. Sur son acte d'accusation elle lut qu'elle étoit veuve.... Elle fut rejoindre son époux.

Si au milieu de tant de désolations, quelques malheurs enfonçoient des pointes plus acérées dans le cœur des infortunés ; au milieu du courage général, quelques actions particulières se faisoient remarquer et brilloient d'un éclat plus vif que toutes les autres. Cette époque, qui offre l'exemple de tous les crimes, offre aussi quelquefois celui de la vertu sublime. Des jeunes femmes-de-chambre ont voulu mourir avec leurs maîtresses, et quand l'espionnage et la délation portoient un coup mortel aux mœurs, elles périssoient par un dévouement généreux. Une bonne religieuse ne voulut pas sauver sa vie aux dépens d'un très-léger mensonge. La ci-devant marquise de Bois-Bérenger et sa sœur, la comtesse de Malézy, se conduisirent réellement avec un héroïsme digne d'admiration.

Toutes ces femmes étoient très-jeunes et de la figure la plus intéressante.

La ci-devant marquise de Bois-Bérenger ne quittoit pas sa mère d'un instant : elle veilloit sur elle , et on eût dit que la sollicitude maternelle étoit passée toute entière dans l'âme de la fille. Elle couvroit sa malheureuse mère de ses yeux, étoit sans cesse sur ses pas, l'encourageoit par son exemple et par ses discours : pour la mère , elle étoit ainsi que toutes les mères que j'ai vues dans ces horribles crises; muette et pétrifiée. ... C'étoit Niobé changée en pierre. Elles avoient toutes une piété douce et sembloient des anges qui prennent leur essor vers le Ciel.

La ci-devant comtesse de Malézi disoit à son père : — « Je me serrerai tant contre vous , mon bon père , que Dieu me laissera passer malgré mes péchés. » — On conçoit qu'elle pouvoit en avoir commis quelques-uns , car elle avoit une des plus séduisantes figures et des plus aimables qu'il fut possible de voir.

Toutes ces familles proscrites, heureuses de mourir ensemble , s'unissoient étroitement , confondoient leurs âmes dans un épanchement mutuel , persuadées qu'elles alloient se retrouver et que ce passage d'un monde où elles étoient persécutées , dans un autre monde plus heureux, étoit desirable pour elles ; que mourir c'étoit fermer un instant les yeux pour les rouvrir à une lumière éternelle, et qu'elles alloient enfin trouver l'égalité dans un asile de paix où tous les titres disparoissent réellement, et où on ne les rappelle pas sans cesse pour multiplier les assassinats et les persécutions.

Il en étoit bien autrement de tous ces instrumens de la scélératesse de Robespierre, et qu'il s'amusoit à briser quelquefois ; ils mouroient dans l'athéisme et les imprécations. Ainsi moururent les Grammont père et fils, les Hébert, les Gusman, et le fameux Ronsin, malgré l'air féroce qu'il affecta jusqu'au bout.

L'infortuné Camille-Desmoulins mourut indigné de la lâcheté du peuple et furieux d'avoir été la dupe de Robespierre.

Danton placé dans un cachot à côté de Westermann, ne cessoit de parler, moins pour être entendu de Westermann que de nous. Ce terrible Danton fut véritablement escamotté par Robespierre. Il en étoit un peu honteux ; il disoit, en regardant à travers ses barreaux, beaucoup de choses que peut-être il ne pensoit pas : toutes ses phrases étoient entremêlées de juremens ou d'expressions ordurières.

En voici quelques-unes que j'ai retenues :

— « C'est à pareil jour que j'ai fait instituer

le

Je tribunal révolutionnaire ; mais j'en demande pardon à Dieu et aux hommes, ce n'étoit pas pour qu'il fut le fléau de l'humanité. C'étoit pour prévenir le renouvellement des massacres du deux et trois septembre. » (Etrange langage dans la bouche de Danton (1).

« Je laisse tout dans un gachis épouvantable : il n'y en a pas un qui s'entende en gouvernement. Au milieu de tant de fureurs, je ne suis pas fâché d'avoir attaché mon nom à quelques décrets qui feront voir que je ne les partageois pas. »

---

(1) Danton disoit aussi : — « Quand les actions frappent sur des hommes qui, d'abord, ont rendu des services à la patrie, on ne peut les incarcérer provisoirement jusqu'à la preuve des délits matériellement acquise. Il faut consacrer ce grand principe : Qu'un patriote doit avoir trois fois tort avant qu'on puisse sévir contre lui. » — Les lecteurs se sont apperçu, et s'appercevront encore davantage par la suite, des contradictions où sont tombées les auteurs des mémoires que j'ai recueillis ; les uns louant à outrance les députés prétendus fédéralistes, ou victimes de la jalousie de leurs collègues ; et les autres les dénigrant, ou en parlant avec moins d'estime : mais il m'a été impossible de faire disparoître ces contradictions, les écrivains que j'extrais ou transcris, devant s'exprimer d'après leur propre façon de penser.

Note de l'Editeur.

Tome I.   L

« Si je laissois mes c...... à Robespierre et mes jambes à Couthon, ça pourroit encore aller quelque tems au comité de salut-public. »

« Ce sont tous des frères Caïn. Brissot m'auroit fait guillotiner comme Robespierre. »

« J'avois un espion qui ne me quittoit pas. »

« Je savois que je devois être arrêté. »

« Ce qui prouve que le b..... de Robespierre est un Néron, c'est qu'il n'avoit jamais parlé à Camille-Desmoulins avec tant d'amitié que la veille de son arrestation. »

« Dans les révolutions, l'autorité reste aux plus scélérats. »

« Il vaut mieux être un pauvre pêcheur, que de gouverner les hommes. »

« Les f..... bêtes, ils crieront vive la république, en me voyant passer. » —

Il parloit sans cesse des arbres, de la campagne, de la nature.

Immédiatement après ces deux représentans, je ne dois pas oublier qu'un spectacle horrible vint déchirer notre âme. C'étoient les deux veuves Hébert et Camille-Desmoulins, dont les maris s'étoient traînés à l'échafaud, et qui pleuroient assises sur la même pierre, dans la cour de la Conciergerie : elles allèrent bientôt les rejoindre.

L'orateur du genre-humain, celui du moins qui prenoit ce titre fastueux, et l'ennemi de toute religion, sur-tout celle de Jésus-Christ, Cloots, est mort comme il avoit vécu, mais avec un courage que je ne lui eusse jamais soupçonné ; il étoit avec la tourbe Hébert. Ces misérables se reprochoient leur mort ; Cloots prit la parole, et d'une voix haute, leur cita tout au long ces vers si connus :

Je rêvois cette nuit, que de mal consumé,
Côte à côte d'un gueux on m'avoit inhumé.

. . . .

L'apologue eut son effet : on redevint amis, et Cloots, qui se mourroit de peur qu'un d'eux ne crut en Dieu, prit la parole et leur prêcha le matérialisme jusqu'au dernier soupir.

Fabre-d'Eglantine, malade et foible, n'étoit occupé que d'une comédie en cinq actes, qu'il avoit confiée au comité de salut-public, et de la crainte que Billaud-Varennes ne la lui volât. Elle a pour titre l'*Orange* ; elle est en cinq actes et en vers : sans doute qu'elle jouira quelque jour des honneurs de la représentation, avant qu'elle devienne le partage d'un plagiaire effronté.

Roucher, Joseph Chénier, vous fûtes aussi

immolés ; Lavoisier, Diétrick, Dionis du *Séjour*, Bailli , Barnave , Linguet , noms chers aux sciences , aux beaux-arts et à l'éloquence , je vous ai vus disparoître. Femmes charmantes , mères éplorées , vierges innocentes et douces , vieillards respectables et courbés sous le poids des ans , élite des citoyens de toute espèce , jeunesse instruite et courageuse , assassinée pour n'avoir pas cru à Marat, ou pour un moment d'erreur, vous tous, je vous ai vu entraîner à la mort. La flèche empoisonnée du désespoir a traversé mon âme ; je la porte par-tout avec moi. Et si mes bourreaux dont la rage n'est pas rassasiée par quatorze mois de la plus dure captivité ne signent pas mon honorable proscription, je succomberai bientôt sous tant de souvenirs affreux , et je mourrai honteux d'avoir été homme.

Voici des stances que nous récitions à la Conciergerie , long-tems avant le 9 thermidor. La liberté avec laquelle nous nous exprimions , n'a point été altérée , et pendant que tout trembloit au-dehors , elle s'étoit réfugiée sous les voûtes de nos cachots.

ENTENDS ma voix , finis mes maux ;
Reçois, bienfaisante nature ,

Au sein de l'éternel repos
Ton innocente créature.
Pour ne plus voir tant de forfaits,
Mes yeux, fermez-vous à jamais.

Dans l'épaisseur des noirs cachots,
Où m'a plongé la tyrannie ;
Dois-je attendre que des bourreaux
Viennent finir ma triste vie ?
Pour ne plus voir etc.

Le crime est le Dieu des Français ;
Chaque jour la vertu succombe :
Ivre de sang et de succès,
Son meurtrier flétrit sa tombe.
Pour ne plus etc.

Vingt Brutus, par des factieux
Punis d'adorer leur patrie,
Des flots de leur sang généreux
Inondent un peuple en furie.
Pour ne plus etc.

J'ai vu sous le même couteau,
Rouler leur tête triomphante,
Et s'abîmer dans leur tombeau,
La Liberté toute sanglante.
Pour ne plus etc.

Affreux triomphe des pervers,
Attentat dont l'horreur m'accable !
J'en porterai jusqu'aux enfers,
Le souvenir inconsolable.
Pour ne plus etc.

Liberté, trésor des grands cœurs ;
Serois-tu le crime du Sage ,
Lorsque chez un peuple sans mœurs ,
Il fait entendre son langage ?
Pour ne plus etc.

Des monstres sortis des forêts ,
Bien dignes d'être d'un Tibère
Ou les bourreaux ou les valets
Assassinent sous Robespierre.
Pour ne plus etc.

Tout un grand peuple ensanglanté ,
Chargé de misère et d'outrage ,
Au saint nom de la liberté ,
Est replongé dans l'esclavage.
Pour ne plus etc.

La moitié des Français aux fers ,
Dans l'opprobre et dans les alarmes ;
Sur leurs tombeaux sans cesse ouverts ,
Dans des cachots versent des larmes.
Pour ne plus etc.

Voyez d'infâmes délateurs,
Qu'aucun remords jamais ne touche,
Boire le sang, tuer les mœurs,
La philosophie à la bouche.
Pour ne plus etc.

Je suis comme un agneau tremblant,
Ravi soudain à la prairie,
Et que sur un pavé sanglant,
On entraîne à la boucherie.
Pour ne plus etc.

Chaque jour offre à mes regards
La beauté, dont la mort s'apprête,
Livrant ses longs cheveux épars,
Aux mains qui vont frapper sa tête.
Pour ne plus etc.

Le fils qu'un même sort attend,
Est couvert du sang de son père :
La fille à l'échafaud sanglant
Précède sa mourante mère.
Pour ne plus etc.

Ainsi qu'un sauvage abruti
Brise l'œuvre de Praxitelle,
Sans pudeur on détruit Baïlly,
Couvert d'une gloire immortelle.
Pour ne plus etc.

Souvent des présages affreux,
Pénétrant ces voûtes funébres,
Glacent le cœur des malheureux,
Qui s'agitent dans les ténèbres.
Pour ne plus etc.

Tristes ombres de nos amis,
Notre voix en vain vous implore,
Et vous fuyez ces murs rougis
De votre sang qui fume encore.
Pour ne plus etc.

Des chiens par de longs hurlemens,
Des cachots rompant le silence,
Nous annoncent que nos tyrans
Demain frapperont l'innocence.
Pour ne plus etc.

Je vais, je compte en pâlissant,
Toutes ces couches funèraires :
Je suis comme un fantôme errant
Dans la poudre des cimetières.
Pour ne plus etc.

Toi, tu mourras dans ton printems ;
Ta mort fera périr ton père.
Ainsi le souffle des tyrans
Dépeuple et met en deuil la terre.
Pour ne plus etc.

Quels cris arrivent jusqu'à moi ?
Une voix éclate et s'arrête....
Un songe suivi de l'effroi ,
Vient de planer sur quelque tête.
Pour ne plus etc.

Hélas ! c'est un infortuné ,
Dont l'épouse a cessé de vivre :
Comme elle au glaive destiné ,
Consoles-toi , tu vas la suivre.
Pour ne plus etc.

Entends ma voix, finis mes maux,
Reçois , bienfaisante nature,
Au sein de l'eternel repos ,
Ton innocente créature.
Pour ne plus voir tant de forfaits ,
Mes yeux , fermez-vous à jamais.

LES CRIMES

DE PLUSIEURS DE NOS LÉGISLATEURS, ET DE LEURS AGENS.

DANS les réflexions préliminaires d'un ouvrage volumineux, intitulé : *Les Crimes des quatre Législatures*, publié en 1796, (cinquième année), à Paris, chez Prud'homme, on trouve différens traits, que nous allons réunir pour présenter à nos lecteurs un morceau historique fort curieux ; relativement aux incarcérations et aux massacres prétendus judiciaires.

« Ce furent les Jacobins et le club des Cordeliers qui portèrent à la législature un si grand nombre de Citoyens indignes de cet honneur, et qui ont couvert la France de bastilles et de cadavres. Il falloit être membre de la première de ces sociétés pour monter à la tribune du corps électoral de Paris.

« Un membre de cette fameuse société disoit, que la liberté ne vaudrait quelque chose en France, que quand les journées des 2 et 3 septembre y seraient en honneur.

« Une chose remarquable , c'est que dans les tribunes des Jacobins , il y avoit une foule de femmes payées , et particulièrement des femmes déjà sur le retour, qui applaudissoient avec transports à toutes les motions qui respiroient le sang ; on eût dit des furies choisies exprès pour soulever les passions des individus qui composoient la société , au-lieu de les humaniser , comme il convient aux mœurs douces des femmes.

» Par un raffinement de barbarie , et pour rejetter tout l'odieux des crimes sur les amis de la liberté, on avoit choisi la place de la Révolution , à Paris, pour y dresser l'échafaud, aux pieds mêmes de la statue de cette liberté.

» Les décrets de la *mise hors de la Loi*, lancés contre tous ceux qui cherchoient à se dérober , par une prompte fuite, à une arrestation arbitraire , et même à la mort , est une tyrannie sans exemple dans l'histoire de tous les peuples : où s'était-on jamais avisé de regarder comme criminel au premier chef, et de déclarer solemnellement qu'on pouvoit assassiner le prévenu qui cherchoit à se soustraire à un jugement redoutable , et même le citoyen que l'humanité portoit à lui donner secrettement un asile ?

» La postérité aura peine à croire à ces

L 6

proconsuls, ou à ces représentans du peuple envoyés dans les départemens par la Convention nationale, pour y régler tout au gré de leurs caprices, et décider arbitrairement des fortunes, de la vie et de la mort de leurs concitoyens.

» Il en fut de ces proconsuls qui tuèrent de leurs propres mains des prisonniers, qui se permettoit quelques réclamations ; il en fut qui, couverts du costume de représentans, montèrent sur l'échafaud pour haranguer les infortunés qui marchoient à la mort ; il en fut qui menacèrent de la mort des officiers de santé, pour avoir donné les secours de leur art à de malheureux détenus. Il en fut qui firent exposer sur les places publiques, des femmes, pour s'être attendries sur le sort de leurs époux indignement massacrés.

» D'autres, avant qu'on procédât au jugement, se faisoient apporter les actes d'accusation, et mettoient en réquisition des hommes pour déposer contre ceux qu'ils vouloient perdre.

» D'autres arrêtoient eux-mêmes, dans les rues les hommes et les femmes qui leur déplaisoient, se rendoient au tribunal, y prenoient place, faisoient amener devant eux ceux qu'ils avoient emprisonnés, et forçoient les juges à prononçer leur sentence.

» Un autre écrivoit aux autorités du dépar-

tement de la Somme où il était en mission ;
ainsi qu'au comité de sûreté-générale de la
Convention : — J'ai tendu mon large filet pour
prendre tout mon gibier de guillotine ; je viens
d'en faire enlever quarante-quatre charetées. —
Ce proconsul lançoit des mandats d'arrêt contre
des jeunes femmes ou des filles, et les gardoit
dans son appartement.

» D'autres se plaçoient aux fenêtres en face
de l'echafaud, faisoient démolir les édifices qui
pouvoient leur en dérober la vue, et là, savou-
roient a loisir l'horrible volupté de voir ruisseler
le sang.

» Un autre obligea une femme, qui sollici-
toit la liberté de son mari, de lui accorder les
dernieres faveurs. L'amitié qu'elle avoit pour
son epoux, la détermina à faire le sacrifice de
son honneur ; elle alla de suite dans la maison
d'arrêt lui annoncer sa mise en liberté, en lui
faisant confidence de ce qu'elle a été forcée de
faire pour l'obtenir ; et quelques jours après,
ce proconsul fit guillotiner le mari, et même la
femme.

» Un autre voit une fille en pleurs, im-
plorer à ses pieds la suspension du jugement
de son père ; les larmes, les prières sont
vaines ; le proconsul la repousse, déchire sa
pétition. La douleur l'égare ; il lui échappe
des plaintes exprimées avec force ; il la fait

arrêter et traduire au tribunal révolutionnaire de Paris. Elle étoit enceinte de sept mois.

» Un autre parodioit le mot de Titus : — La liberté a perdu un jour , disoit-il , l'on n'a pas guillotiné. —

» Un autre fait arrêter , traduire et guillotiner un vieillard , père de douze enfans , sous prétexte qu'en 1791 , il avoit cumulé les fonctions de maire et de juge - de - paix. Le véritable motif étoit un ancien ressentiment personnel.

» — Il n'y a pas assez de blé en France pour toute la population (disoit un autre) ; il faut en sacrifier la moitié pour nourrir le reste. Ce sont sur - tout les femmes qu'il faut détruire ; les b..... engendreroient trop. —

» Un autre fit incendier des communes entières , et guillotiner une partie des habitans.

» Ceux - ci se faisant escorter par des canons , levoient des contributions pour payer les débauches qu'ils faisoient avec leurs gardes prétoriennes , et n'accordoient que deux heures pour fournir la somme demandée.

» D'autres mettoient en réquisition les meilleurs vins , et défendoient expressément à tous les citoyens de rien acheter au marché avant qu'on eût enlevé ce qui étoit nécessaire »....

pour leurs tables, et celle de l'état - major de l'armée révolutionnaire qui les accompagnoit.

» On en a vu de ces barbares proconsuls abuser de leur autorité ; je ne dirai pas pour séduire , car il faut plaire pour corrompre ; mais pour violenter de jeunes et innocentes détenues , pour leur arracher de force ces faveurs précieuses, que l'amour n'accorde qu'à l'amour. Il en fut de ces prisonnières intéressantes et riches, que l'on vit, subjuguées par la terreur, donner la main à leurs bourreaux. Il n'auroit pas été prudent de refuser leur alliance : plusieurs ont fait guillotiner des pères pour avoir refusé leurs filles en mariage , soit à eux-mêmes , soit à leurs fils.

» Il en est un qui se distingua par un fait plus atroce encore , s'il est possible. Il fait arrêter un nombre de cultivateurs. Le prétexte fut qu'ils n'avoient pas payé leur don civique. Leurs malheureuses épouses vont aux pieds du proconsul solliciter la liberté de leurs maris. — « Qu'ils paient , répondit-il , la somme qu'ils doivent , ils seront libres. — Mais comment faire ? Nous sommes pauvres, nous ne pouvons. — Empruntez, faites comme vous voudrez ; mais point de liberté si l'on n'apporte ce que je vous demande. » — Elles

sortent. Enfin , au bout de quelques jours ;
après avoir épuisé toutes leurs ressources ,
elles apportent la somme. — « Allez , leur dit-
il , dans trois jours vous verrez vos maris. »—
Quel est le premier objet , en sortant , qui
frappe leurs regards ? Ce sont leurs époux
que l'on conduit à l'échafaud. Elles reviennent éplorées chez le tyran. « — J'en suis
fâché , leur dit-il , il m'est survenu contre eux
des dénonciations graves : vous êtes bien heureuses vous-mêmes de ne pas partager leur
sort. » —

» Le trait étoit trop fort ; il fut dénoneé au
comité de salut public. Le proconsul fut mandé
pour rendre compte de sa conduite. Un de
ses amis lui témoigna quelque crainte. —
« Cette affaire , répondit-il , sera bientôt arran-
gée. Je porterai de l'argent au comité. » —
Il avoit raison ; un des membres déclara que
la dénonciation étoit mal fondée , et il fut
continué dans sa mission.

» D'autres chargeoient des communes entières sur des charettes , depuis le bisayeul ,
jusqu'à l'enfant au berceau , et les envoyoient
à la boucherie du tribunal révolutionnaire de
Paris. — « Brave républicain , écrivoient-
ils à Fouquier-Tinville , je t'envoie du gibier de guillotine , qui bientôt , j'espère ,

éternuera dans le sac. Courage , soutiens ton
énergie : nous ne t'en laisserons pas manquer. » —

» Des sans-culottes se plaignoient à un
prêtre proconsul de ce qu'ils n'avoient point
d'ouvrage et de ce qu'ils étoient dans la plus
grande misère. Il leur dit : — « Vous êtes
des f/... bêtes. Ne connoissez-vous pas quelques riches ? Dénoncez-les moi , je les ferai
guillotiner , et je vous donnerai leurs biens.»
— L'un d'eux répondit : « Représentant , j'ai
une femme et cinq enfans ; eh bien , j'aimerois
mieux mourir moi et ma femme , que de
donner du pain à mes enfans , à ce prix. » —

» Le même écrivit à un administrateur de
district : — « Du courage , de l'énergie , ne
laissez en liberté aucun riche , ni aucun
homme d'esprit. — Et il répondit à un gardien de prison , qui lui demandoit la permission de faire raser des prisonniers : — Je leur
ferai faire la barbe par le rasoir national! —
Il avoit mis sur sa porte l'inscription suivante : *Ceux qui entreront ici pour solliciter l'élargissement des détenus , n'en
sortiront que pour être mis en arrestation.*

» Saint-Just avoit pris un arrêté , qui ordonnoit de raser la maison de quiconque seroit convaincu d'agiotage.

» Legendre, étant en mission dans la ville de Lyon, menaça plusieurs fois de réduire cette superbe cité en cendres. Une députation de citoyens réunis dans l'église des Augustins, au nombre de huit-mille, lui présenta une pétition, à l'effet de pouvoir jouir, comme la ville de Paris, du droit de s'assembler dans leurs sections; il répondit : — « Non, je ne vous le permettrai jamais ; vous me couperiez plutôt en quatre-vingt-quatre morceaux, pour en envoyer un morceau à chaque département (1) ; prenez-vous les représentans du peuple pour des couillons ? — L'orateur (le citoyen Boissonnat) lui répondit : — Prenez-vous les lyonnois pour des hommes sans couilles ? » — Cette réponse étonna le proconsul ; il lui serra la main, et l'invita à venir le voir le lendemain ; et pour ne s'être pas rendu à l'invitation, il le fit enlever et partir pour Paris, où il resta dix-huit mois dans la prison de l'Abbaye, sans motifs, sans écrou enfin ; il n'en est sorti qu'après de 9 thermidor.

» Ce fut un représentant du peuple qui le

____

(1) La république Française n'étoit alors composée que de ce nombre de départemens : au moment où nous écrivons (1797), elle en réunit au moins quatre-vingt-treize, y compris les ci-devant Savoie, Corse, Belgique.

Note de l'Editeur.

premier mit le marteau sur l'un des plus beaux édifices de Lyon, et dit en le frappant de trois coups : — « Au nom de la loi, tu es condamné à être démoli. » —

» Un autre proposa l'arrestation de tous les citoyens de cette même ville, qui sur leurs mines annonceroient quelques inquiétudes, en disant qu'il n'y avoit pas un seul patriote à Lyon ; que les citoyens, dans la rue et sur les portes de leurs boutiques et magasins, annonçoient, par leurs figures soucieuses, des intentions contre-révolutionnaires. De manière qu'il falloit voir indifféremment démolir sa maison, celle de son voisin, guillotiner, fusiller, et même mitrailler son père, ses enfans, ses amis, et néanmoins montrer un air radieux.

Les commissaires envoyés à Lyon crurent devoir, pour accélérer la démolition de cette ville, confier uniquement à des étrangers l'exécution d'une mesure que l'on auroit toujours cherché à ralentir, si l'on eût donné aux citoyens de cette ville la plus légère inspection dans ces travaux. Le nommé Tordeix, de Clermont-Ferrand, royaliste effréné jusqu'au 10 août, se fit nommer directeur-général des démolitions de Lyon ; il vint à Paris à la fin de ses travaux, solliciter une place à la commission des subsistances, et donna pour preuve de son patriotisme le titre de *directeur-général des démolitions d'édifices fédéralistes et aristocratiques de Commune-Affranchie*.

Lorsque Collot-d'Herbois faisoit démolir Lyon et massacrer ses habitans, il étoit logé dans l'une des maisons les plus belles de cette ville. Etant à la fenêtre, il apperçoit vis-à-vis une maison dont les fenêtres étoient ouvertes. Le tyran craignant qu'on ne lui tirât delà un coup de fusil, donna des ordres pour qu'elle fut démolie le même jour. Quelques coups de canon en firent l'affaire (1).

„ Lors d'une fête patriotique qui eut lieu dans cette riche cité, écrivent quelques-uns de ces commissaires, nous ayons observé tous les mouvemens, pour tout ce qui portoit un caractère de sévérité, et tout ce qui pouvoit réveiller des idées fortes, terribles ou touchantes. Le tableau qu'offroit la commission révolutionnaire, suivie des deux exécuteurs de la justice nationale, tenant en main la hache de la mort, a excité les cris de la sensibilité...„ C'étoient des cris d'indignation et d'horreur,

---

(1) Ce trait est tiré des papiers publics : j'ai cru devoir le placer ici.

Note de l'Editeur.

c'étoient des lamentations funèbres, que vous preniez pour de la sensibilité. Le peuple néanmoins croyoit voir pour la dernière fois l'appareil des instrumens de mort. Dans qu'elle consternation il se trouva le lendemain, à la vue de trente nouvelles victimes allant à l'échafaud !

» La plupart des proconsuls, d'accord avec les membres des anciens comités de salut-public et de sûreté générale, inventoient ou découvroient toutes les conspirations, et dépêchoient les individus au tribunal révolutionnaire de Paris, qui jugeoit, ou pour mieux dire, envoyoit à la mort sans examen.

» L'un de ces proconsuls se servoit de jeunes enfans qu'il avoit corrompus pour lui dévoiler les secrets de leurs familles ; un de ces enfans, âgé de 13 ans, d'après les instructions qu'il avoit reçues, écrivoit aux jeunes gens de son âge, et leur demandoit ce que disoient leurs parens sur tel évènement.

» Pour ne pas laisser manquer de victimes aux bourreaux judiciaires, quelques proconsuls manquant de prisons, remplissoient les écuries d'infortunés, les attachoient à des rateliers, et poussoient la barbarie jusqu'à vouloir leur faire manger leurs excrémens.

» D'autres, pour donner à ces scènes

d'horreur le dernier caractère de la barbarie, faisoient retirer aux mères leurs enfans à la mamelle ; et lorsqu'elles les demandoient à grands cris, pour appaiser les douleurs qu'elles éprouvoient, causées par le gonflement de leurs seins, on les menaçoit du cachot. On en a compté jusqu'à vingt en cet état dans la même prison.

» Les agens de ces horribles proconsuls et des autorités qui les mettoient en œuvre, étoient bien dignes de les servir. Les uns et les autres étoient nommés et choisis dans la société des Jacobins, ainsi que les tribunaux révolutionnaires. Jamais on n'y parla en faveur de l'humanité ; tout ce qui respiroit le sang y étoit applaudi. Un membre y annonce un jour qu'une société des départemens avoit fait passer à la commune de Paris, une grande provision de lard ; un jacobin s'écria aussitôt : — « Il servira à graisser la guillotine. » —

» Les agens d'un proconsul lui observoient l'embarras de se défaire en détail des prisonniers qui se trouvoient en grande quantité ; l'un d'eux dit : — « Eh ! f...., il n'y a qu'à leur f.... une gamelle de vert-de-gris..... — Non, répondit un autre, il faut leur faire une soupe dans un grande chaudière de cuivre;

on y laissera, comme par mégarde, venir du vert-de-gris. » —

» Un autre agent écrivoit : — « Je suis à présent grand-seigneur , je puis offrir à mes amis, tous les jours en sortant de table, un plat de têtes d'hommes. » —

» La municipalité de Lyon avoit fait arrêter douze-cents citoyens , des plus riches de leur ville , et les avoit amoncelés dans les caves de la maison commune ; plusieurs municipaux trafiquèrent sur la liberté de ces malheureux ; dans une séance nocturne de la société populaire , dirigée par Châlier , il fut proposé d'égorger les détenus dans cette prison ; mais Châlier fit arrêter que l'on placeroit une guillotine sur le pont Morand , pour de suite jetter les cadavres dans le Rhône : ce projet exécrable fut déjoué deux heures avant l'exécution.

» Un proconsul , à l'issue d'une orgie , veut un spectacle. Les juges de la commission militaire , étoient du festin ; on tire des cachots quatre prêtres et quatre religieuses , ils paroissent , on les condamne à mort , ils périssent , et l'on se remet à table.

» Fouquier-Tinville alloit habituellement boire de la bierre dans un café au palais de justice , où se trouvoient nombre de juges et de jurés du tribunal révolutionnaire. Là , on récapituloit le nombre des têtes tombées dans la décade, et le bénéfice que cela procuroit. Fouquier demandoit : — « Combien croyez-vous que j'ai fait gagner à la république ? — Des convives, pour lui faire leur cour, disoient : — Tant de millions. — Il répliquoit : — La décade prochaine, j'en déculotterai trois à quatre-cents. » — Cela vouloit dire, guillotiner. C'étoit le langage de ces messieurs.

» Fouquier-Tinville, en qualité d'accusateur-public, dirigeoit les jurés ; il leur distribuoit des listes des noms de ceux que les anciens comités de salut-public et de sûreté-générale avoient décidé devoir être assassinés ; au bout de ces noms il y avoit une F, ce qui signifioit *foutu* (Pardon, lecteur, mais il n'y avoit pas moyen d'éviter le mot, ainsi que tant d'autres qui nous sont échappés). Les jurés de ce tribunal avoient entr'eux une manière de se communiquer leurs opinions par le mot *feu de file*, ce qui vouloit dire : *A la mort, la totalité des accusés.*

» Pour prendre une idée des juges, l'un d'eux proposa en pleine audience, de mettre en jugement le chien du nommé Saint-Prix, invalide condamné, parce que ce chien mordoit les Jacobins et alloit pousser tous les jours des hurlemens sur la place de la Révolution,

où

son maître avoit été exécuté. Ce juge opinoit
pour le faire assommer par l'exécuteur des
hautes-œuvres.

» Heureusement que ce juge extravagant
n'avoit pas connu cette petite fille âgée de
huit ans au plus, qui, pendant un mois,
alloit tous les matins, sur la place de la
Révolution, à Paris, pleurer sa mère : elle avoit
eu la précaution de ne pas se laisser voir. Elle
mourut de langueur au bout de six semaines.

» Dans un amalgame du 7 messidor, an 2,
composée de vingt-deux femmes, il y en avoit
une jeune qui nourrissoit son enfant. Montée
sur les funestes gradins, son enfant étoit sur
son sein : ce spectacle attendrissant fit tres-
saillir l'auditoire de la plus tendre pitié, quoiqu'un grand nombre fut payé pour applaudir à
ces assassinats juridiques, sous prétexte que le
pauvre auroit la dépouille du riche. Les juges
s'appercevant de l'effet que produisoit ce spectacle, firent retirer la mère avec son enfant,
dans une salle voisine. Elle n'avoit pas été
interrogée. Au bout d'une heure, on vint lui
annoncer qu'elle étoit condamnée à mort avec
les autres ; et en même tems on lui arrache
son enfant. La prévenue fut jettée dans la
chambre des condamnés ; elle y poussoit des
cris affreux, qui ne purent émouvoir les

monstres du tribunal. Un quart-d'heure avant de partir pour le supplice, cette mère au désespoir se jette aux genoux de ses bourreaux, et leur demande, pour toute grace, de donner le sein, pour la dernière fois à son enfant : les monstres furent insensibles à ce cri déchirant de la nature.

» Un des juges du tribunal de Cambrai trempa ses mains dans le sang des victimes, en disant : Ah ! que c'est beau !

» Un perruquier, juré du tribunal d'Arras, dit, en parlant d'une famille dans la maison de laquelle il logeoit : — « Aujourd'hui toute la sacrée séquelle y passera ; je suis leur dénonciateur. » — On lui observa : « Mais tu restes chez eux. » — Il leur répondit : « Oui je boirai leur vin, et les ferai guillotiner après ; tu ne sais donc pas que je suis payé pour cela ? » —

» Un autre juré dit qu'il ne seroit content que lorsqu'il auroit fait tomber pour sa part douze-cents têtes.

» Un juré fit guillotiner un marchand qui refusoit de lui vendre à crédit. Il insulta à la douleur des filles de cette victime, et força l'une d'elles à danser avec lui.

» Le même commandoit par ses menaces les faux témoignages. Ce scélérat étoit lié avec

l'exécuteur criminel , qui lui donnoit les habits , souliers, linges et autres dépouilles des
guillotinés , toutes les fois qu'il en demandoit.

» Un membre du comité révolutionnaire
d'Arras donna le conseil atroce de couper les
prisonniers par morceaux, et de les jetter dans
les latrines.

» Un juge-de-paix , nommé par Lebon ;
proposa un jour publiquement à ses concitoyens
d'abattre quatre têtes en présence de ce proconsul , qui alloit venir présider la société populaire.

» Un juré nommé Meinné , battit et voulut étrangler un autre juré , parce qu'il n'a-
voit pas comme lui voté la mort.

MES TROIS INCARCÉRATIONS

Dans quatre différentes maisons d'arrêt (1).

COMMENT espérer , au milieu des grandes calamités qui depuis cinq ans affligent ma patrie , d'attacher par le récit de persécutions individuelles , d'arrestations arbitraires et irréfléchies ?

O mes concitoyens , ô vous français qui depuis la journée du 14 juillet , jusqu'à celle du 10 août , avez constamment combattu pour la liberté ! vous qui l'aviez glorieusement conquise, et qui depuis avez si honteusement pensé la perdre ! fuyez, fuyez au loin si quelque danger vous menace ! le séjour le plus dangereux , c'est la prison. Mais si vous entendez jamais se rouler sur vous ces redoutables verroux du Plessis , de la Force , de l'Hospice ou de la Conciergerie , fermez les yeux sur tout ce qui va vous environner ;

____

(1) Extrait d'un Mémoire justificatif , publié par le citoyen Doucet-Suriny , ancien Banquier , *pour servir , dit-il , de suite et d'éclaircissement à l'Histoire des Prisons.*   *Note de l'Editeur.*

bouchez vos oreilles ; tenez votre langue immobile ; concentrez votre âme et vos pensées
dans vous-même ; vivez seul , absolument seul
au milieu de la foule qui vous obsède ; que
le silence et la méditation veillent à votre
salut. Les prisons sont remplies de pièges et
de dangers : on y trouve rassemblés tous les
vices , toutes les passions , tous les crimes.
Vous ne pouvez faire un pas , un geste ,
dire un mot qui ne vous exposent. Dans le
calme d'une conscience pure et d'une conduite irréprochable , vous croyez trouver des
compagnons qui vous ressemblent ; vous vous
figurez les avoir discernés dans la foule : eh
bien , redoutez l'erreur , la méprise la plus
funeste.

J'avois trouvé le Luxembourg composé ,
quand j'y entrai, de deux classes de citoyens
bien dissemblables. Les ennemis de la révolution d'un côté , et ses amis de l'autre. Ces
deux classes vivoient en paix entr'elles.

Parmi tous ceux que je crus les plus
sincères partisans des principes de liberté ,
d'égalité, de philantropie et de justice ; parmi
les patriotes enfin , j'avois distingué un étranger qui à une figure franche et heureuse ,
joignoit une élocution séduisante , quoique
avec un peu d'accent. Le hasard nous avoit

M. 3

logés l'un à côté de l'autre. Je crus bientôt reconnoître en lui de la philosophie, de grandes lumières, de grands principes de justice et d'humanité ; un sincère amour pour l'affermissement de la liberté parmi les hommes ; une aversion bien prononcée pour le gouvernement monarchique ; tout cela rehaussé par de vrais talens et beaucoup d'esprit.

On concevra facilement que je considérai la société d'un voisin de ce caractère, comme capable de charmer les ennuis de la prison.

Soit que cet étranger trouvât aussi en moi quelqu'agrément ; soit, que faute de mieux, il s'en contentât, trois mois s'écoulèrent pendant lesquels, tous les jours, soir et matin, nous passions ensemble quelques heures.

Le 18 ventôse de l'an second, nous étions tête à tête dans sa chambre ; il m'apprit une nouvelle dont je fus effrayé. Quelques détenus au Luxembourg, d'intelligence avec leurs amis du dehors (1), avec la section voisine, avec le club des Cordeliers, devoient un de ces jours, ou plutôt pendant une nuit, forcer les portes de la prison, en tirer tous leurs amis, s'assurer des autres ; et l'on conçoit

____

(1) Ces amis du dehors étoient ce qu'on a appellé depuis les Hébertistes.   *Note du cit. Doucet-Suriny.*

par quels moyens. Delà se porter aux comités
de salut-public et de sûreté-générale ; et contraindre par la violence les membres qui les
composoient alors, au parti qu'il auroit plu à
cette foule armée de leur faire adopter ; sinon les égorger.

Accoutumé à former des vœux pour l'affermissement de la révolution , mais totalement
étranger à tous les ressorts qui depuis quatre
ans en avoient amené les secousses , et pro-
longé si cruellement la durée , je ne vis
dans ce vaste plan qu'un nouveau crime. J'en
fus effrayé , et je ne dissimulai pas mon effroi, à celui qui venoit de le causer par cette
affreuse confidence. Pour la première fois ,
depuis trois mois , nous nous séparâmes mécontens l'un de l'autre ; et depuis lors , quand
nous nous sommes rapprochés , ça toujours
été sans intimité.

Je voyois d'un côté les comités de gouvernement menacés de dissolution , menacés de
mort ; de l'autre , une bonne partie des détenus exposés enfin à être égorgés. Quant à ce
qui me concernoit individuellement , ou j'aurois été égorgé avec les autres , parce qu'en
aucun tems je n'eusse voulu faire cause commune avec Hébert ; ou bien , si j'avois pris
parti pour eux et avec eux , tôt ou tard j'au-

rois été pris et tué, comme assassin de la représentation nationale. Je ne tiens peut-être pas beaucoup à la vie ; mais j'avois une femme et un enfant qui réclamoient la conservation de mes jours. En veillant donc à les conserver, je ne faisois que remplir un devoir aussi sacré que naturel.

Je voyois en outre que les comités de salut-public et de sûreté générale jouissoient, ou du moins paroissoient jouir de la confiance entière de la Convention. Il sembloit que toute la France applaudissoit à leurs travaux. Les malveillans contenus dans l'intérieur ; au-dehors nos armées par-tout victorieuses ; tout sembloit promettre incessamment d'heureux jours à ma patrie ; et ce fortuné avenir sembloit être le résultat des travaux de ces deux comités.

J'étois certainement bien dans l'erreur. Mais étois-je le seul aveugle ? presque toute la Convention, presque tous les amis de la liberté n'étoient-ils pas aussi aveuglés que moi ? Ils étoient libres, et j'étois renfermé depuis trois mois ; ils pouvoient voir et juger par eux-mêmes ; et moi, je ne savois rien de ce qui se passoit dans le monde. Si donc ceux qui pouvoient voir, réfléchir et juger, ne réfléchissoient point, voyoient et jugeoient mal,

on excusera sans doute un détenu de n'a-
voir pas montré plus de discernement que
toute la France.

Un incident qui survint dans la prison,
dut encore augmenter ma perplexité. Il s'éleva
une querelle entre deux détenus, et quelques
coups de poing s'ensuivirent. Sur-le-champ
parut l'administrateur de police Dangé, qui
mit le holà, mais qui nous assura que cette
querelle avoit été préméditée ; que la police
étoit bien instruite qu'il se tramoit dans la
prison un complot de la part de certains détenus contre les autres ; et il finit par ordonner à tous les bons citoyens, amis de l'ordre
et de la paix, d'informer le concierge de
tout ce qu'ils pourroient connoître de propre
à troubler le calme de la prison ; sinon il
leur fit entrevoir le danger d'être recherchés
comme complices.

Eh bien, lecteur, dites-moi enfin, qu'au-
riez-vous fait à ma place ? Je me serois tu,
répondez-vous ?

Vous vous seriez tu ! mais songez donc
au danger dont étoit menacée la Convention,
et par une suite inévitable la France entière;
pensez donc que les comités de gouvernement massacrés ou dissous, il n'y avoit plus
d'ordres, ou ne sachant plus à qui devoir

obéir , les ennemis eussent dissipé ou taillé en pièces nos armées ; que des hordes étrangères eussent une seconde fois envahi notre territoire et pénétré peut-être jusqu'à Paris ; qu'ils auroient brûlé votre maison , massacré votre femme , violé votre fille , et qu'ils vous eussent égorgé vous-même , si le gouvernement n'eût avisé aux moyens de prévenir de si grands désastres.

Vous vous seriez tu ! mais songez donc que si le gouvernement eût tout appris , votre silence eût à ses yeux passé pour un crime , et qu'il vous eût fait guillotiner comme complice. Songez donc à ces lois terribles qui , sous peine de mort , vous commandoient de révéler tout ce qui parviendroit à vos oreilles des faits intéressant la République.

Je me gardai donc bien de rien écrire aux comités de gouvernement ; je suivis le conseil de l'administrateur Dangé. J'avertis Benoît , le concierge : c'étoit un homme doux , quoique ferme , prudent , honnête , humain ; vigilant et aimé du troupeau confié à sa garde. Il me demanda une déclaration par écrit et signée. Je la lui donnai. Dans cette déclaration , je nommai le téméraire et indiscret détenu qui m'avoit donné ces effrayans détails ; et véritablement en cela je fis une faute. Peut-être aurois-je dû savoir me borner à prévenir Benoît du danger dont le Luxembourg étoit menacé, sans nommer celui par qui j'en avois eu connoissance. Pour atténuer au moins autant qu'il étoit en mon pouvoir, ce que les révélations que j'étois forcé de faire, avoient de nuisibles à celui dont je citois le nom, je m'étendis longuement sur ses talens ; son attachement aux bons principes, son dévouement à la liberté ; tellement que cette déclaration fatale sera toujours pour l'homme dont il s'agit un des plus beaux et des meilleurs certificats de civisme (1).

Deux jours après avoir remis à Benoît cette déclaration, il me dit d'être tranquille, et qu'il avoit fait ce qui convenoit. Le même jour ou le lendemain nous vîmes enlever du Luxembourg et transférer ailleurs Grammont, la Salle, la Palue et autres coquins de cette trempe, tous amis des Cordeliers, qui les visitoient par bandes tous les jours ; car les amis de ces gens-là jouissoient, je ne sais

---

(1) Cette déclaration se trouve imprimée presque toute entière dans le Journal des débats et dans le Moniteur, aux séances des deux ou trois floréal de l'an second.

Note du citoyen Doussy-Spriny.

M 6

comment , du privilège d'entrer quand ils vouloient dans la prison. Le départ de toute cette canaille rétablit le calme et la tranquillité parmi les détenus. Dans le même tems, la Convention comprima un violent mouvement d'insurrection qui s'étoit manifesté contre elle aux Cordeliers ; et son triomphe sur cette faction fut applaudi par toute la France. N'étois-je pas fondé à croire que par ma conduite , j'y avois coopéré pour quelque chose ? Au surplus, je n'étois pas le seul ; un autre détenu du Luxembourg avoit aussi pénétré les projets de ces feroces individus , et en avoit également prévenu Benoît ; mais je l'ignorois alors.

Deux mois après tous ces évènemens , je fus mis en liberté en exécution du décret du 28 germinal.

Quatre jours après ma sortie du Luxembourg , Benoît parut , je ne sais pourquoi, suspect au comité de sûreté générale. Il le fit arrêter. Dans ses papiers on trouva ma déclaration. Quel usage en avoit-il fait ? je l'ignore , et je ne m'en étois jamais inquiété. Je soupçonne que pour purger sa maison de toute la faction Hébertiste , il ne se servit que de la déclaration de l'autre détenu , dont je parlerai dans peu, et qu'il laissa de côté la mienne pour ne pas compromettre celui de qui j'en tenois le contenu. Il fit fort bien; mais dans ce cas il auroit dû me la rendre ou la jetter au feu. Quoiqu'il en soit, le comité crut devoir traduire Benoît et le docteur Seiffert, car il faut bien enfin que je le nomme, au tribunal révolutionnaire; l'un pour les faits résultans de ma déclaration, l'autre pour en avoir caché le contenu.

Ainsi, malgré toute ma prévoyance, malgré toutes les réflexions d'après lesquelles je croyois avoir adopté le seul parti qui, en servant la chose publique, m'eût paru propre à n'exposer personne, j'eus la douleur de me voir la cause involontaire de ce que deux citoyens étoient traduits à ce redoutable tribunal.

Le 2 prairial je fus assigné comme témoin dans cette affaire. Il m'étoit démontré que mon témoignage seroit considéré comme nul, précisément parce qu'il étoit unique. Il ne put pas me venir dans l'esprit de désavouer le contenu de ma déclaration. Vous sentez, lecteur, que plus la position où l'on se trouve est délicate, et plus il y auroit des bassesse à nier la vérité.

Benoît assura qu'il avoit donné copie de ma

déclaration à l'administration de police ; et par ce fait qui ne fut point contesté, il fut complettement disculpé. Seiffert nia tout, et fit assurément fort bien ; mais, dans la crainte apparemment que mon témoignage n'eût plus de poids que sa dénégation, il m'accusa d'avoir joué au ballon avec *Vincent*, au quinze avec *Dillon*; d'avoir été *banquier*, banquier *de la cour pour accaparer les grains* ; d'avoir fait *banqueroute*. Sensible à ce dernier reproche, et dédaignant les autres, je fis en abrégé l'affligeant récit de mes opérations commerciales pour la nation. A ces mots de *bleds*, de *farine*, de *peuple qui pille*, de *créances* considérables et très-*légitimes*, le président (Coffinal) me qualifia d'*aristocrate*, de *modéré*, d'homme *plus que suspect*, enfin m'accabla, d'injures et m'ôta la parole. Il se retourna du côté de l'accusateur public et lui recommanda d'examiner sérieusement et à loisir si je n'avois pas eu le projet d'affamer Paris. L'accusateur public requit aussi-tôt mon arrestation comme *suspect*, et non pas comme *faux témoin* ; notez bien ceci. Seiffert et Benoît furent acquittés, et moi conduit à la Conciérgerie.

Seiffert acquitté ne fut point élargi ; il étoit apparemment détenu pour autre cause. Nous

descendîmes donc ensemble à la Conciergerie.
Chaque prisonnier fut ravi de le revoir et de
le revoir acquitté ; car il s'étoit fait aimer de
tout le monde. Quant à moi, qu'il présenta
comme son dénonciateur, et son dénonciateur
convaincu d'imposture, je me vis en un instant couvert du mépris de toute la prison,
hué, baffoué, honni ; et j'aurois subi un plus
rigoureux traitement, si les guichetiers ne
fussent venus m'enlever et me soustraire au
ressentiment général.

Assis tristement, et séparé des autres prisonniers par une grille de fer, j'étois plongé
dans la réflexion. J'en fus tiré par un homme
équitable et sensible, qui, m'ayant entendu
nommer, et ayant eu jadis avec moi, pendant
dix ans, des relations commerciales assez étendues, connoissoit ma personne et non mon
visage. Il vint à moi pour me consoler ; il
savoit trop, me disoit-il, quelle étoit la droi-
ture de ma conduite, la réputation de bonnes
mœurs et de probité dont je jouissois, malgré
mes malheurs, pour n'être pas convaincu que
j'étois en cet instant calomnié et méconnu. Il
ne doutoit pas de l'estime des prisonniers
pour lui ; il avoit déjà pris ma défense, en
avoit converti quelques-uns, finiroit par les
ramener tous ; et en attendant, pour me sous-

traire aux effets de l'erreur où on les avoit
plongés, m'offroit un asile dans sa chambre,
où je serois en sûreté : il alloit y faire con-
sentir le concierge ; à ces mots, il me quitta.

Un instant après la retraite arriva ; chacun
dut précipitamment se retirer : un guichetier me
renferma seul dans un cachot, et je ne vis plus
mon ami.

Je sais qu'il est libre aujourd'hui, mais
j'ignore les lieux qu'il habite. Je ne sais où
lui faire passer ce témoignage de ma gratitude.
Ceux de son estime et de son amitié ont calmé
mon sang enflammé, rétabli ma raison égarée,
rappellé mon courage et ma force. Puisse cet
écrit tomber entre les mains de cet homme
sensible et le récompenser des soins qu'il a pris
pour moi !

Le surlendemain de mon emprisonnement
à la Conciergerie, j'écrivis à Fouquier pour
demander un prompt jugement. Je n'en reçus
aucune réponse, et je fus transféré à l'hospice
de l'Evêché, où l'on étoit beaucoup moins
mal qu'au cachot.

L'hospice de l'Evêché renfermoit aussi des
femmes ; mais sans communication avec les
hommes. Cependant le jardin leur étoit commun. Chacun avoit ses heures fixées pour y
descendre. Les appartemens destinés aux fem-

mes ne renfermoient guères que des épouses
infortunées qui pleuroient la mort violente de
leurs maris ; lesquelles elles-mêmes étoient
condamnées au supplice , et qui n'y avoient
échappé momentanément que parce qu'elles
étoient reconnues enceintes ou supposées telles.
Une étrangère étoit dans ce dernier cas , et
frémissoit chaque jour que son état ne fût
constaté. Un jeune abbé , fait comme l'A-
pollon du Belvédère , portant un nom malheureusement bien fatal à la révolution ;
l'abbé de la Tremouille ; ému de sensibilité ,
sans doute , conçut le hardi projet de procurer à cette belle étrangère ce qui manquoit
à sa tranquillité pendant neuf mois. Les femmes arrivoient au jardin par un escalier commun aux hommes. L'un et l'autre passoient
devant la porte d'une salle de bains destinée
aux malades , et placée aux entresols. Cette
salle étoit desservie et gardée par un porte-
clef ; depuis long-tems ce service lucratif
n'avoit été confié qu'à lui seul. Le jeune abbé
trouva qu'un soir en remontant de la promé-
nade , la belle étrangère , objet de sa sollicitude , pourroit se glisser furtivement dans la
salle du bain , ordinairement vide à cette
heure-là ; qu'ensuite rien ne lui seroit plus
facile que de l'y aller rejoindre , et d'y de-

meurer renfermé quelques instans avec elle.
Il ne s'agissoit que de gagner le porte-clef à
qui celle des bains, étoit confiée. On lui offrit en vain deux-mille écus qui ne purent
ébranler sa fidélité ou dissiper ses appréhensions. Il arriva quelques jours après, que les
autres porte-clefs, jaloux de ce que leur camarade jouissoit à lui seul des profits qu'il
retiroit de ceux qui se baignoient, firent décider que ce service seroit confié tour-à-tour
à chacun d'eux pendant une décade. Celui
qui avoit été si fidèle ou si craintif, craignit
qu'un de ses camarades ne se montrât moins
scrupuleux ; il appréhenda que celui-là ne
fût découvert, qu'on n'apprît que lui-même en
avoit précédemment rejetté la proposition , et
qu'on ne lui fît un crime de sa discrétion ;
il fut tout raconter à Fouquier-Tinville ; et le
lendemain ce jeune malheureux n'existoit plus.

Ma lettre à Fouquier-Tinville étoit une
haute imprudence ; car il étoit dangereux de
se montrer pressé. La loi du 22 prairial me
tira de l'aveuglement où j'étois encore.

Cependant on avoit mis les scellés chez
moi. J'y fus conduit un jour, pour être témoin de l'enlévement de tous mes papiers ,
qui furent déposés au cabinet de l'accusateur

public (1). De leur examen attentif , il ne
pouvoit résulter que la preuve évidente, ma-
térielle , incontestable de tous les faits que
je viens d'énoncer ; mais il falloit pour y procéder un tribunal qui eût de l'équité.

Heureusement le 9 thermidor arriva. D'autres juges nous furent donnés. Les causes de
ma détention et mes papiers furent examinés
par eux. Avoir été *banquier* , se trouver
créancier de la République , même de
sommes considérables , n'étoit plus alors ré-
puté des crimes ; il résulta de l'examen de
mes papiers, qu'il s'en falloit de tout qu'ils
continsent rien de suspect ; et de l'analyse
des motifs de mon arrestation , un jugement
qui prononça, le 10 fructidor, qu'il n'y avoit
pas lieu à accusation contre moi.

Le lendemain , je revis encore une fois

---

(1) Le comité révolutionnaire de la section du Con-
trat-Social procédoit à cet enlèvement. Il avoit mis les
scellés sur ma bibliothèque. Je lui demandai s'il prétendoit la faire transporter au tribunal : — « Non ,
me répondit-il , nous en extrairons seulement ce qui
peut *servir à conviction.* » — A quoi croyez-vous
qu'ils firent attention ? La comédie de *l'Ami des lois*
leur parut une pièce propre à me rendre suspect.

mes dieux pénates ; c'est-à-dire, ma femme
et mon enfant.

Mes malheurs n'étoient cependant point encore à leur terme. Des dépositions hasardées
ou malveillantes dans le cours du procès de
Fouquier-Tinville , ainsi qu'une dénonciation
faite au comité de sûreté générale , me pré-
paroient une détention nouvelle.

Le 21 du mois de floréal , an troisième, j'étois
à mon bureau , à l'administration des habillemens militaires , deux citoyens entrent et me bal-
butient leurs regrets et leurs excuses de ce que
la rigueur de leur ministère les contraint à me
signifier un mandat d'arrêt décerné contre moi ,
par le comité de sûreté-générale ; encore pour
ma malheureuse dénonciation du Luxembourg.
Dans ce mandat d'arrêt , j'étois prévenu d'avoir
fait l'infâme métier de *moutan* et d'espion.

Je suis renfermé dans le ci-devant collège du
Plessis , ainsi que l'avait ordonné le comité de
sûreté-générale , qui, dans mon mandat d'arrêt,
appellait ce ci-devant collège , une maison de
justice. Mais par où s'étoit-il attiré cette impo-
sante dénomination ? Etait-ce parce que l'un
de ses escaliers, le long duquel ont cent fois
passé je ne sais combien de victimes innocentes , étoit nommé , par une ironie aussi criminelle
que barbare , *escalier des parques* ?

Il y avoit au Plessis une cuisine d'où sortoit une fois par jour un pain d'une très-médiocre grosseur, une jattée de bouillon clairet, et une assiettée de haricots mal cuits. C'étoit-là toute la nourriture de l'indigent et de l'étranger privé des secours du dehors, ou privé d'argent. Croiroit-on que sur la porte de cet antre enfumé, toujours gardée par des gendarmes, on lisoit cette inscription dérisoire ? *Cuisine de la bienfaisance nationale.*

Dans cette prétendue maison de justice, il n'y avoit pour respirer l'air, qu'une grande cour que le soleil embrâse toute la journée. Dans la saison des plus longs jours, la chaleur ne se dissipe qu'à huit heures du soir : mais c'étoit au moment que huit heures sonnoient, au moment où chaque prisonnier pouvoit respirer un air pur et rafraichissant, qu'il étoit contraint de remonter tristement dans une chambre obscure. Et ne croyez pas que ce fut là un des restes, non encore oubliés, des institutions du terrorisme : nullement. C'étoit le résultat d'une délibération de la commission de police et des tribunaux, qui enjoignoit au concierge de faire rentrer tous les détenus dans leurs chambres à *huit heures précises*, à compter des premiers jours de prairial, jusqu'au 30 thermidor inclusivement ; c'est-à-dire jusqu'après le tems des grandes chaleurs.

Enfin, on vint me notifier un arrêté du comité de sûreté-générale, du 13 prairial, qui me
rendoit la liberté ; et mon honnêteté et mon innocence furent pleinement reconnues.

Addition à la page 143.

Supplice d'Elisabeth, sœur de Louis et détail sur la prison de Marie-Thérèse-Charlotte, fille de ce dernier roi des Français.

APRÈS que Marie - Antoinette eut langui plus de deux mois à la Conciergerie, et que sa tête eut tombé sur l'échafaud, le tribunal sanguinaire qui l'avoit jugée, appella dans les cachots de la même prison la jeune et bienfaisante Elisabeth, sœur de Louis, et lui fit éprouver un traitement pareil à celui de la dernière reine des Français. Elle avoit déjà partagé la retraite du Temple avec sa famille, qu'elle consoloit depuis 1789. — « Après avoir offert, dit un auteur anonime, dans la condition la plus brillante, toutes les vertus d'une âme insensible aux pompes du siècle, elle devoit dans la condition la plus terrible, et pendant une agonie de près de quatre ans, offrir toutes les vertus d'une âme inaccessible aux coups de l'adversité. »

Lorsqu'Elisabeth comparut devant le tribunal antropophage, assassin de la morale comme de l'humanité, où siégeoit Fouquier-Tinville, à peine se fut-elle nommée, que tous les jurés s'écrièrent : *C'en est assez, la mort, la mort.* On la fit monter de suite sur la charrette funèbre avec vingt-quatre femmes, qu'elle avoit vues jadis à la cour, et qui sembloient avoir été choisies pour l'accompagner au supplice : ainsi que des peuples barbares, lorsque leur prince a payé le tribut à la nature, immolent sur sa tombe un grand nombre de ses courtisans. Par un raffinement de cruauté, Elisabeth fut condamnée à périr la dernière ; on espéroit que vingt-quatre têtes tombant avant la sienne ébranleroient son courage.

Marie-Thérèse-Charlotte, fille de Louis XVIe du nom, auroit aussi péri sur l'échafaud, avec sa famille, dont elle partagea la prison au Temple ; mais sa tendre jeunesse, bien plus que son innocence, empêcha les tigres qui nous gouvernoient de la comprendre dans les massacres qu'ordonnoit le sanglant tribunal révolutionnaire de Paris. Sous le régime de Robespierre, elle étoit traitée avec fort peu d'égards ; elle n'avoit qu'une robe noire, qui la couvroit à peine ; mais après

le

le 9 thermidor, elle fut vêtue avec décence, et on eut pour elle tous les soins qu'exigeoient l'humanité et le respect qu'on doit à l'infortune. On voit que les mémoires de la blanchisseuse contiennent pour chaque mois trente chemises ; ce qui prouve qu'elle en changeoit tous les jours. Elle étoit tous les jours en simple robe de nankin ; les dimanches elle se mettoit en robe de linon, et toutes les fêtes solemnelles, elle se paroit d'une robe de taffetas vert. Ses cheveux, de blonds qu'ils étoient, devinrent un peu châtains, pendant son esclavage ; elle les portoit habituellement sans poudre et noués par derrière ; sa coîffure étoit ordinairement un fichu attaché par un nœud sur le devant, qui formoit la rosette.

Marie-Thérèse, avoit la liberté de se promener dans les cours du Temple, ainsi que dans le jardin, où elle passoit plusieurs heures de suite. Deux commissaires veilloient toujours auprès d'elle, et se comportoient avec beaucoup de politesse et d'attention.

Le 15 août, jour de la fête de cette jeune infortunée, on lui donna un concert, dans lequel on joua les airs les plus touchans et les plus analogues à sa situation ; la musique étoit placée dans un grenier des bâtimens du Temple. Marie-Thérèse parut dans le jardin, où elle se pro-

mena long - tems. Elle montra qu'elle étoit
sensible à la marque d'intérêt qu'on lui témoi-
gnoit à une époque, qui lui fut chère autrefois,
mais qui avoit dû lui devenir bien triste, depuis
qu'elle étoit devenue l'anniversaire de sa captivité.

Pour son instruction et son amusement, on
lui fournit du papier, des plumes, des crayons,
de l'encre de la Chine, des pinceanx, et plusieurs livres ; entr'autres, l'histoire de France,
par Vély ; les œuvres complettes de Fontenelle ;
les lettres de madame de Sévigné ; les lettres de
madame de Maintenon ; et les œuvres de Boi-
leau. Elle partageoit son tems entre le dessin,
la broderie, et la lecture, et écrivoit une partie de la journée, afin de se distraire de ses chagrins.

On lui permit aussi la société de plusieurs dames, qui mangeoient souvent avec elle. Madame
de Tourzel, son ancienne gouvernante ; sa fille,
et madame de Chanterenne, étoient les plus as-
sidues.

Marie - Thérèse eut la visite de madame de
Marsan, sa première gouvernante, avec qui elle
passa une partie de la journée. Cette dame, déjà
avancée en âge, et dont une détention très-longue avoit considérablement altéré la santé, paroissoit souffrante et avoit de la peine à se soute-

nir. Marie-Thérèse , avec une grâce infinie, passa son bras sous le sien , et l'aida à marcher.

La fille de Louis XVI, fut aussi visitée dans sa prison par sa nourrice , madame Laurent, qui montra toujours le plus grand intérêt pour le sort de cette jeune infortunée , et qui demanda plusieurs fois à lui donner au Temple , les marques d'attachement qu'elle lui avoit données au berceau.

Madame de Tourzel se chargea de la pénible tâche d'apprendre à Marie-Thérèse , les malheurs qui avoient fondu sur sa famille, autrefois la plus heureuse et la plus puisssante de l'Europe.

Enfin , soit politique , soit par sentiment d'humanité, le gouvernement constitutionnel de France eut toutes sortes d'égards pour la jeune infortunée , jusqu'au moment qu'elle fut envoyée à la cour de Vienne ; en échange des députés, Quinette , Camus , Bancal , Lamarque , livrés au prince de Cobourg, par le traître Dumouriez ; le maître de poste Drouet , aussi représentant du peuple , fait prisonnier de guerre sur les frontières de Flandre, et les ambassadeurs Maret et Sémonville , arrêtés en Italie , par les Autrichiens, contre le droit des gens.

La jeune Marie-Thérèse avoit auprès d'elle une chèvre, l'objet de ses soins , et qui la suivoit familièrement. Un des commissaires appella un jour ce fidèle animal, pour savoir s'il le suivroit aussi ; mais la chèvre reconnoissante ne voulut point répondre à sa voix, ce qui fit rire un moment Marie-Thérèse. Un chien étoit pareillement le fidèle compagnon de la jeune prisonnière, et lui paroissoit très-attaché.

Ceci rappelle une anecdote qui peut trouver ici sa place. Marie-Antoinette avoit au Temple un chien qui l'avoit constamment suivie. Lorsqu'elle fut transférée à la Conciergerie, le chien vint avec elle ; mais on ne le laissa point entrer dans cette nouvelle prison. Il attendit long-tems au guichet, où il fut maltraité par les gendarmes, qui lui donnèrent des coups de bayonnettes. Ces mauvais traitemens n'ébranlèrent pas sa fidélité ; il resta toujours près de l'endroit où étoit sa maîtresse, et lorsqu'il se sentoit pressé par la faim, il alloit dans quelques maisons voisines du palais, où il trouvoit à manger ; il revenoit ensuite se coucher à la porte de la Conciergerie. Lorsque Marie-Antoinette eut perdu la vie sur l'échafaud, le chien veilla toujours à la porte de sa prison ; il continua d'aller chercher quelques débris de cuisine, chez les traiteurs du voisinage ; mais il ne se donnoit à personne, et il revenoit au poste où sa fidélité l'avoit placé. Comme il disparut au bout d'environ une année, sans qu'on ait appris ce qu'il devint, on présume qu'il mourut enfin de sa douleur.

Addition à la page 249.

*Faits particuliers sur l'état de Bordeaux avant et après le 9 thermidor, **an** deuxième.*

Au tableau énergique et pittoresque tracé par le citoyen Riouf, sur la situation de la ville de Bordeaux, au moment qu'il fut si indignement chargé de chaînes, nous croyons devoir faire succéder un récit rapide des persécutions en tous genres qu'éprouvèrent les artistes les plus estimables de la comédie de cette grande cité ; car ils eurent aussi la gloire d'être tyrannisés, incarcérés, par les barbares démagogues, aux yeux de qui les talens, le mérite, les grâces, n'étoient point des titres pour éviter la proscription.

Trois salles de spectacle étoient nécessaires aux plaisirs de la nombreuse population de cette ville ; la seconde de ces salles, nommée *théatre de la République*, partageoit l'affluence et la considération des Bordelais, lorsqu'à la salle du grand spectacle, les administrateurs, le 17 juin, (en floréal, an II) donnèrent une représentation de *la Vie est un Songe*, au milieu de laquelle des malveillans s'avisèrent de faire entendre le cri séditieux de *vive la roi*. Cette salle fut fermée et tous les artistes incarcérés.

Dans cet état de choses, arrivèrent Tallien et Lequinio en qualité de commissaires, ou proconsuls. Ils voulurent que le grand théâtre fut rouvert, pour y faire jouer une pièce patriotique qu'ils avoient apportée de Paris, et pour qu'on y donnât des représentations au peuple. D'après l'estime dont jouissoit les directeurs de celui de *la République* (1); ils les mandèrent, et leur enjoignirent de seconder les vues qu'ils leurs communiquèrent ; en vain ces artistes représentèrent qu'ils paroîtroient s'élever sur les ruines de leurs camarades, qui, dans ce moment, gémissoient au fond des cachots ; que d'ailleurs, il leur faudroit quitter une propriété dont ils tiroient parti autant que les circonstances pouvoient le leur permettre, et qu'ils avoient lieu de craindre d'être moins heureux dans la nouvelle entreprise, s'ils venoient à s'en charger. Loin d'être frappé de ses raisons, Lequinio regarde l'orateur de travers, et lui dit, d'un ton impératif : — « Ceux qui ne sont pas contens du régime que nous apportons,

---

(1) Laméry, Granger le jeune, Brochard, Labenette dit Corse. Ce dernier est actuellement à Paris, au théâtre de l'EMULATION, où le public applaudit chaque jour à ses talens, ainsi qu'à ceux de son épouse.

n'ont qu'à parler : la guillotine les attends (1) ».
On sent bien qu'il fallut obéir à ces douces paroles. Ce que les quatre artistes avoient prévu, ne
manqua pas d'arriver : «Les dépenses triplèrent les
recettes, disent-ils, dans un mémoire très-bien
fait ; ils demeurèrent huit mois sans prendre un
sol pour leurs appointemens, ne s'attachant qu'à
payer, autant qu'il leur étoit possible, les artistes qu'ils employoient. Ils vécurent, eux et leurs
familles, d'emprunt et de la vente de leurs effets.
En vain ils sollicitèrent leur retraite. — Pendant
ces tems difficiles, ajoutent-ils, nul n'envioit
l'exploitation du grand théâtre. Mais quelques
mois après la révolution de thermidor, lorsque
les citoyens reconquirent le droit de respirer, de
parler, d'exister en paix ; les délassemens devinrent un besoin ; le spectacle fut fréquenté ;
les recettes couvrirent bientôt les dépenses et
comblèrent le déficit. Dès-lors, cette entreprise
fut convoitée, plusieurs partis se la disputoient...
On fit agir les ressorts secrets de l'intrigue.»—Les
nouveaux administrateurs du grand théâtre en
furent évincés par arrêté du représentant du peuple

---

(2) Ce Lequinio est l'indigne représentant du peuple
désigné ci-dessus, page 252, qui, armé de deux pistolets, eut la férocité d'aller brûler la cervelle à un
détenu. Nous pourrons détailler ce trait, par la suite.

Treillard , le 30 pluviôse , (troisième année).

Ils attendoient avec sécurité l'époque de la clôture (le 15 germinal) ; ils étoient prêts à rendre compte de leur conduite politique et administrative ; l'orsqu'un orage imprévu s'éleva contre eux. — « Les mânes de nos concitoyens, disent-ils, dans le mémoire déjà cité , appelloient la vengeance ; les cris des tombeaux rassemblèrent dans nos murs les descendans des victimes de la plus affreuse tyrannie ; les défenseurs de la patrie vinrent demander justice de l'assassinat de leur père , et les débris du colosse de la terreur alloient être détruits...... Nous fûmes désignés comme agens ou partisans du systêm de terreur ; et l'enthousiasme de la vertu fut employé par le crime avec un tel succès , que des citoyens , armés au cri de la nature , devinrent partie active dans une intrigue purement théâtrale. »

Observez que les quatre artistes dont il s'agit ici , n'avoient jamais été d'aucun club , d'aucune société dite fraternelle , et qu'ils ne s'étoient occupés qu'à se distinguer dans l'honorable carrière où les engagea leur goût, pour les talens qu'exige le théâtre. Ils n'ont jamais dénoncé personne ; c'est ce que prouva solemnellement le relevé des registres des autorités constituées de Bordeaux.

Mais les jeunes gens de cette ville, qui n'avoient point encore vu ces preuves victorieuses, appellèrent à grands cris, au spectacle, les administrateurs objets innocens de leur haîne. Le citoyen Labenette, fort de la tranquillité de sa conscience, eut le courage de paroître. On lui cria de se mettre à genoux ; il se retiroit sans vouloir s'assujettir à cette posture humiliante ; il est saisi, traîné par les cheveux sur le théâtre, et on veut le contraindre à demander pardon de crimes qu'il étoit incapable d'avoir commis. Un officier municipal vint l'arracher des mains de ses persécuteurs, ou prévenus, ou agens de l'intrigue.

L'innocence, l'exacte probité de cet artiste, ne tarda pas à éclater dans tout son jour, ainsi que celle de ses trois associés, dont l'un d'eux, Laméry, est encore à Bordeaux, comblé de l'estime et de la considération du public.

Les jeunes gens de cette grande ville, qu'on a toujours vu prêts à revenir de leur erreur, et qui n'ont à se reprocher que d'avoir prévenu la justice à l'égard de deux terroristes, dont même ils avoient été provoqués, honteux de leur procédé à l'égard de Labenette, le sollicitèrent, à diverses reprises, de reprendre son emploi au théâtre. Mais cet acteur déclara avec fermeté ;

de bouche, et par un imprimé, qu'il ne se
rendroit qu'au bout de dix jours aux instances
dont on l'honoroit, afin qu'on eut le tems de
s'assurer s'il étoit réellement coupable des délits
dont on l'avoit accusé, et de l'en punir, s'il s'é-
levoit la moindre prévention contre lui. Il fallut
lui accorder le tems qu'il demandoit, et sa gloire
n'en fut que plus complette.

Ce qui auroit dû ne laisser aucun doute sur
leur façon de penser, c'étoient leurs démarches,
leurs vives sollicitudes en faveur des artistes détenus; ils saisirent l'occasion de l'inauguration
du temple populaire, pour solliciter, des représentans du peuple, la mise en liberté des artistes
du grand théâtre; ils eurent la satisfaction de
l'obtenir; il n'y en eut que deux d'exceptés; ils
ne cessèrent de les réclamer avec les instances
les plus pressantes, jusqu'à ce qu'ils eussent été
rendus à leurs vœux, et à ceux de toute la
ville.

TABLEAU
DES PRISONS DE BLOIS,

Par le citoyen DURIE-MASSON.

Semper ego auditor tantùm ? Nunquamne reponam ?
JUVENAL. *Satyr.* 1.

LA ville de Blois auroit toujours joui de la tranquillité la plus grande, si son calme ordinaire n'eût été détruit par la présence de quelques étrangers devenue nécessaire à son département et à son ci-devant évêché.

Malheureusement les députés Blésois à l'Assemblée constituante ont crû enrichir leur cité, en demandant pour elle le titre de chef-lieu de département; et notre résistance à ce prétendu honneur, dont on nous faisoit alors un reproche, est aujourd'hui pleinement justifiée. Car c'est dans le sein même de l'administration départementale que s'est formé ce barbare triumvirat qui a porté, pendant deux ans, la désolation dans le sein des familles les plus honnêtes, et la mésintelligence parmi les autorités constituées. Trois administrateurs trouvèrent plus facile le travail

N 6

de vexer leurs concitoyens, que celui de répondre à leurs pétitons.

Le lecteur croira difficilement qu'un jeune marié (1), dans cet âge et au moment où les passions prennent une teinte de sensibilité, se soit porté, même envers ses bienfaiteurs, à tous les excès de la rage la plus froide et la plus concentrée, et ait digéré le crime comme les alimens les plus délicats : qu'un être inepte (2), absolument nul, ci-devant ecclésiastique, possesseur d'une fortune médiocre mais aisée, sans talens et sans aucun espoir d'en jamais acquérir, se soit maintenu dans le cruel emploi de tourmenter le mérite et de faire verser des larmes à la probité : qu'un prêtre ignare (3), crapuleux et grossier ait insulté la nature et les lois, par ses vices et sa tyrannie ; que deux de ces monstres, les deux premiers, calculent encore sur l'espérance horrible d'augmenter un jour leurs forfaits, et de nous punir de la révolution du 9 thermidor.

____

(1) Péan, ci-devant procureur à Saint-Agnan.

(2) Vourgères-Lambert, de Vendôme, espèce d'automate ridicule, dont l'atroce Péan faisoit mouvoir les rouages gangrénés.

(3) Son malheur et son repentir nous le rendent en ce moment un être sacré, et nous engagent à dérober son nom à la connoissance du lecteur.

Il faut cependant convenir que si ces trois assassins n'eussent pas eu des sicaires, nous n'aurions jamais eu la lâcheté de souffrir les chaînes dont ils blessoient nos bras désarmés. Mais des prêtres échappés de la Lorraine et du Jura (1), tantôt fanatiques et tantôt athées, le matin, adorateurs du Dieu d'Israël, et sacrifiant le soir à Baal; des instituteurs sans génie (2), sans morale et sans principes, hardis prédicans des systêmes affreux d'Hébert et de Ronsin; des ambitieux dans tous les régimes, que l'on voit dans tous les cabinets, que l'on trouve dans tous les emplois, espèce rampante vendue à tous les gouvernemens; et quelques intrigans ruinés, par le desir de rétablir leur fortune sur les débris des fortunes publiques et particulières, étoient les ministres et les vils exécuteurs des vengeances

---

(1) Plassiard et Rochejean, ci-devant vicaires épiscopaux. Ce dernier, singe de l'infâme Marat, ne se montroit que dans les grands évènemens, et abandonnoit le détail des visites à son collègue. Il faut aussi convenir que Plassiard s'en acquittoit avec une indécence et une immoralité dignes de son patron; car peu satisfait de fouiller dans les poches des femmes, il visitoit leur sein, et les plaisantoit presque toujours en leur disant : *Tant pis pour toi, il n'y a rien.*

(2) Hézine et Ponçard, répétiteurs à Pont-Levoy; Arnaud et le stupide Velu, maîtres d'école à Blois.

triumvirales. Suivoit le cortège de ces hommes qui, toujours oisifs et toujours débauchés, ne desirent que l'anarchie et le pillage, et se rangent du côté de la faction qui paie le vol et l'assassinat......

Un tas d'hommes perdus de dettes et de crimes,
Que pressent de nos loix les ordres légitimes;
Et qui, désespérant de les plus éviter,
Si tout n'est renversé, ne sauroient subsister.

Jusqu'au 15 brumaire, an 2, notre trinôme révolutionnaire s'étoit contenté de menacer un grand nombre de citoyens, et d'en incarcérer un petit nombre, lorsqu'à cette époque commencèrent les grandes manœuvres et les fameuses visites domiciliaires. Tout ce qui avoit précédé n'étoit qu'un amusement préparatoire pour sonder l'opinion publique, et malheureusement la terreur étoit entièrement à l'ordre : aussi, dans le même instant, à huit heures du matin, cinquante à soixante maisons furent-elles visitées, fouillées et pillées depuis le grenier jusqu'à la cave. Ces opérations auparavant avoient eu lieu plus la nuit que le jour; mais le comité, s'étant adjoint neuf suppléans et quelques troupes auxiliaires, pouvoit alors faire, à l'aise et sans danger, ses expériences physiques et morales sur les habitans de Blois.

Rien n'échappa à la curiosité des visirs et de leurs janissaires : les registres des marchands, leurs factures, et les testamens déposés chez les officiers publics furent décachetés, lus et commentés ; les endroits les plus sales (1) et les plus obscurs furent découverts et parcourus, et les choses les plus sacrées, signes muets et chéris d'une opinion religieuse et permise, furent insultées et foulées aux pieds. La croix, sur le sein même de nos épouses, fut enlevée comme un signe de contre-révolution ; par-tout, en tous lieux et jusques dans les temples, l'ignorance y suppléoit l'athéisme et le culte bisarre et insensé d'une raison délirante. Cependant, pas un seul procès-verbal n'osa attester le plus léger délit, et de tant d'atrocités il ne nous reste plus aujourd'hui que le souvenir amer, et quelques reçus informes et grossièrement écrits de sommes d'or et d'argent que les visiteurs échangèrent contre leurs assignats (2). Des gardes n'en furent pas

____

(1) Leurs recherches étoient si minutieuses et si dégoûtantes, qu'ils enlevèrent, dans la garde-robe de la citoyenne Dumbeck, un papier imprégné d'une matière qui prouvoit et la propreté de son usage et le goût favori de pareils vidangeurs.

(2) Qui peut même certifier n'avoir point été privé de quelques assignats, lorsque nous étions tous renfermés

moins laissés chez chaque visité, avec injonc-
tion à ces derniers de les bien nourrir, et de
leur donner en outre cent sols par jour.

Les visites ne laissoient qu'un jour ou deux
d'intervalle entr'elles, pour donner le tems aux
visirs de parcourir quelques chiffons de papier
insignifians, de partager entr'eux les espèces
échangées, et d'orthographier (1) tant bien que
mal de superbes mandats d'arrêt, attestant la
suspicion de chaque visité ; de manière que presque tous les probes habitans du département de
Loir et Cher eurent chez eux les honneurs de
la séance triumvirale. Mais cela ne pouvoit suf-
fire à des buveurs de sang ; une seule maison
d'arrêt et la prison étoient incapables de renfer-
mer tant de suspects ; et comment trouver un
assez grand nombre de gardiens révolutionnaires
pour autant de Modérés, de Fédéralistes, de
Girondins, de Feuillans, de Muscadins, etc ?
Il fallut donc, sur-le-champ, construire deux
nouveaux repaires (2)........ Nous disons repaire,

---

dans une seule chambre, et que le reste du logis étoit à
la discrétion de pareils commissaires ?

(1) En voici un exemple : *Ferrand-Vaillant cera tenus
de gardé les arrétes sou peine de castration.*

(2) Lors de la fermeture des églises, une voyageuse,
la citoyenne G***, ayant eu le malheur de s'informer

parce que, par une cruauté inconnue à tous les autres monstres, les nôtres avoient fait tracer en belles et grosses lettres d'or ces mots barbares : REPAIRE DES GENS SUSPECTS. Observez qu'une de ces maisons étoit située sur une grande route, vis-à-vis un marché, et que dans ces momens terribles de disette, elle se décoroit encore du beau nom de grenier d'abondance : aussi les jours de halle étoient-ils pour les détenus des jours de tristesse et d'alarmes. Observez encore et rappellez-vous toujours, on ne peut trop le répéter, que l'inauguration de cette maison eût lieu le 19 brumaire, jour de marché public, à l'heure où il se tenoit, et dans un instant où le manque de grains faisoit murmurer le peuple.

C'est dans ces circonstances désolantes que l'on vit traîner en captivité la vieillesse à côté de la jeunesse, la foiblesse d'un sexe avec la force d'un autre, et la paternité avec les vierges et les ministres du culte catholique. Tous les jours, jusqu'au 13 frimaire, époque de la grande fournée, le nombre des détenus devenoit incalcu-

---

de nous au membre du comité qui visoit son passeport, fut traitée de fanatique et menacée d'une incarcération, à laquelle elle ne put jamais se soustraire qu'en mangeant des hosties consacrées qui lui furent offertes.

lable ; et parmi tant d'infortunés , il en est qui n'existent déjà plus , et d'autres qu'une existence pénible et douloureuse conduit lentement au tombeau...... (1).

Sèxe destiné par la nature pour apprivoiser tous les animaux jusqu'aux tigres les plus féroces, votre foiblesse et votre douceur n'ont pu vous sauver les horreurs de la prison........ Intéressante Durozai, vertueuse et sensible Duroi , courageuse Alexandrine , et vous constante Villiers, acquittée depuis peu du malheur d'avoir été la sœur de Favras , puisse la source de vos pleurs se tarir , et puisse un baume consolateur préparer dans vos veines une nouvelle circulation !....

. La jeunesse la plus tendre n'étoit pas même un titre d'excuse auprès de notre comité. Les malheureux Salomé , Bimbenet mort depuis

---

(1) Le trait suivant mérite de trouver ici sa place. Le patriote Chartier-Roger étoit dangereusement malade ; son épouse , après plusieurs instances auprès du comité , obtint que son chirurgien, le citoyen Gaultier, se rendroit chez elle avec quatre fusiliers , et qu'un factionnaire seroit à ses dépens continuellement placé à la porte intérieure de sa chambre. Ce dernier avoit la consigne de ne pas quitter d'une minute son prisonnier , consigne si rigoureusement observée, qu'une malheureuse voisine ne put jamais recevoir la permission de se faire accoucher par ce même chirurgien, quoiqu'il n'eût pas trois enjambées à faire pour lui rendre ce secours.

quelques mois au service de la Patrie, Cuper
et Lachesnaie séparés de leurs pères détenus dans
une autre maison d'arrêt, sont des preuves non
équivoques de cette triste vérité. Nous ne par-
lerons pas d'un autre enfant âgé de treize ans
et de son frère un peu plus âgé. Enfin la férocité de nos inquisiteurs étoit telle , qu'ils ont
emprisonné jusqu'à des naines, les citoyennes
Frin ; ce qui a fait dire à un de nos plaisans,
qu'il défioit dix-mille personnes de cette taille
de faire une contre-révolution dans sa cuisine.....

Souvent embarassé sur les motifs de suspicion , le comité faisoit tour-à-tour incarcérer
tantôt le mari , tantôt l'épouse, et quinzaine
après la femme-de-chambre ; tous les jours une
victime étoit nécessaire à sa rage , et il ne s'est
jamais piqué de justice dans son choix.

Nous tairons l'immoralité de cette inquisition, la manière brutale dont elle recevoit les
épouses des incarcérés, les propos durs, grossiers et libertins que ses membres se permettoient sur les devoirs de la maternité, lorsqu'une
bonne mère soupçonnant des entrailles à ses
monstres , leur présentoit les gages infortunés
de la tendresse de son mari. Nous nous con-
tenterons de publier que les seuls célibataires
trouvoient grâce auprès d'eux , puisque , sur
plus de quatre-cents prisonniers , on en comptoit

à peine sept à huit , qui n'eussent pas payé à la Patrie le tribut de reconnoissance que l'homme en naissant s'engage à lui devoir un jour. Encore faut-il annoncer que ces sept détenus étoient choisis parmi les êtres moreaux de leur classe ; que le premier tient au ci-devant clergé, et que trois des six autres viennent de courber la tête sous le joug marital.

Rien ne peut donc égaler le Néronisme de nos Tribuns , si ce n'est la férocité d'une partie des Sbyres qu'ils employoient. On a vu ces scélérats entraîner les citoyennes qu'ils conduisoient en prison à la poursuite de leurs compagnes de malheurs ; on a vu des gendarmes , ne trouvant point le mari , le citoyen Beaujour , emmener l'épouse , et substituer ainsi sur le mandat d'arrêt le nom de l'une à celui de l'autre. La citoyenne Duchesne fut conduite chez la citoyenne Durosay, le citoyen Ferrand-Vaillant contraint d'enlever la citoyenne Douaire; et nos sens se soulèvent encore de la méprise d'un vieillard respectable qui , nous voyant à son chevet , nous demandoit la permission de s'habiller. « Parlez , homme vertueux , à ces infâmes licteurs ; notre vie passée doit vous attester que nous sommes comme vous une victime de leur barbarie. » Cette réponse nous

valut des excuses d'une part et un déluge d'injures de l'autre.

On se demandera peut-être comment une
poignée de vils factieux a pu commettre impunément tant de forfaits ; notre réponse est dans
le silence du gouvernement qui sembloit les
favoriser, dans l'exemple des autres communes
de la République, et plus que tout cela dans
notre timidité et dans notre engouement pour
les étrangers : engouement inconcevable, puisqu'ils nous ont tous fait verser des larmes ;
depuis le député Chabot jusqu'au mirmidon
(1) qui apposoit le cachet de l'administration
sur ses dépêches.

Nos Triumvirs débutèrent, dans la carrière du
crime, par envoyer au tribunal révolutionnaire
le vénérable Saint-Chamand et le citoyen Le-
grand Marizy ; le premier accusé d'émigration,
parce qu'il avoit fui la terre de l'intolérance,
(le Blésois,) pour se fixer dans un bien qui
lui appartenoit ailleurs ; et le second pour avoir
été en correspondance avec Gardien, membre
du comité des douze. La loi du vingt-deux

____

(1) On doit reconnoître à cette expression le fameux
Romain Cassius-Brutus-Philippe-Thomas, actuellement à
Orléans, ci-devant prêtre et serrurier du fauxbourg An-
toine de Paris.

prairial n'existoit point encore : l'un et l'autre furent acquittés. Ce revers, loin de museler nos tigres, ne fit qu'augmenter leur rage, lorsqu'on vint leur annoncer que le ci-devant Chapelain de notre Hôtel-Dieu n'avoit point déserté cet hospice, et qu'il y étoit mourant. Nous ne peindrions que foiblement les transports de leur joie, et il faudroit, comme eux, tremper nos crayons dans le sang pour les esquisser. Le lecteur saura donc seulement qu'elle étoit telle que, même long-tems après, un d'eux interrompit le sermon qu'il faisoit à ses paroissiens, pour leur annoncer que la découverte de cet ecclésiastique avoit sauvé la France d'un grand péril. Le malheureux Saunier cependant n'avoit point émigré, il n'étoit point sujet au serment ; mais on déterra qu'il avoit autrefois remplacé pendant quinze jours un fonctionnaire de ses amis ; et ce secours, accordé au zèle officieux de l'amitié, fut le signal et l'ordre de sa mort. Ajoutons, les larmes aux yeux, que la Supérieure de la communauté, présente à son exécution, fut condamnée sur le même échafaud à l'échange barbare de sa robe virginale pour une robe de pourpre (1).

---

(1) *Chez les religieuses béguines et bégueules de l'Hô-tel-Dieu, nous avons trouvé leur aumônier, prêtre ré-*

Le plus assuré de leur triomphe est celui
qu'ils ont remporté sur les membres composant
la commune de Blois auprès du montagnard
Guimberteau. Depuis long-tems cette commune
étoit l'unique autorité qui avoit eu la fermeté
de s'opposer à l'anarchie tyrannique du comité.
Les efforts de ce tribunal monstrueux avoient
été vains et inutiles vis-à-vis les sectionnaires,
lors de leur adhésion volontaire à la constitution républicaine. L'auteur même de ces mémoires avoit eu le courage de voter des remer-
ciemens aux municipaux proscrits par les triumvirs ; et pour empêcher que sa pétition fut
acceptée et transcrite sur le procès-verbal, il
ne fallut pas moins que l'impudeur des Péan,
des Hésine et des........ qui vinrent à la nuit
assiéger la section dont ils n'étoient pas membres, la dissiper, la maltraiter et la détruire.

---

fractaire (c'est une calomnie), *bien joli* (son âme seule
étoit belle), *bien aimé, bien soigné* (sa situation exigeoit
des égards) *par ces nonnes, et qui va jouir du charmant
spectacle de la guillotine, une grosse supérieure* (sa
communauté partageoit son délit philantropique) *qui lui
servoit de médecin et qui l'accompagnera.* Cet extrait
des registres du comité central, séance du 10 août 1793,
tout horrible qu'il soit, est un chef-d'œuvre de douceur,
si on le compare aux lettres qu'écrivoit au comité dé-
cemviral de la Convention nationale le féroce Péan.

Ces différentes raisons avoient tellement aigri nos scélérats qu'ils ne manquèrent pas de s'emparer de l'esprit foible du député, et qu'ils lui firent commettre les plus criantes injustices. Ils commencèrent par ordonner en son nom le désarmement général des habitans, afin de se partager encore ce nouveau larcin, et de n'armer justement que ceux pour lesquels une loi récente et salutaire vient de consacrer l'inutilité et le danger du port d'armes; avec cette différence que Guimberteau excédoit alors les pouvoirs qui lui étoient confiés, au-lieu que les derniers désarmemens ont été nécessités par des ordres souverains et des circonstances alarmantes, exécutés avec la décence française et l'honnêteté républicaine, et motivés d'après une très-longue discussion....

. D'après les différens récits qui nous ont été donnés des maisons d'arrêt de Paris, il paroît qu'elles ont avec les nôtres un air de famille; mêmes peines pour se procurer des secours, mêmes gardes pour surveiller les habitans paisibles de ces tombeaux vivans, et mêmes concierges pour les rançonner. Il en est cependant parmi ces derniers qui sont un peu moins brutaux les uns que les autres; et l'on se louoit assez de ceux de Blois. Le nôtre étoit une bête quinteuse, toujours grondant, toujours menaçant, nous regardant comme

comme un troupeau dont il étoit le propriétaire, et nous disant avec la gravité d'un sénateur, quelques jours avant notre translation : « Le comité n'enlèvera pas mes gens sans me consulter. » Dans tout autre local nous aurions plaisanté sa bonhommie ; mais dans un repaire il faut gémir, se taire, obéir et payer ; et c'est aussi le parti que nous prenions.

Souvent l'on permettoit, en payant, à nos aides de nous apporter la nourriture nécessaire ; quelquefois même nous avions, en payant, le plaisir d'embrasser nos parens. Mais presque toujours de nouveaux ordres nous intimoient l'obligation de recevoir nos repas des mains sales et gourmandes du concierge et des gardes ; et lorsqu'il étoit urgent de demander des détails sur ses affaires personnelles, ou de s'informer de la santé des siens, il falloit alors graisser la patte à toute la basse-cour. Malheur à nous, si, dans ses fréquentes visites, un membre du comité eût cru appercevoir sur nos figures le plus léger rayon de calme ou d'espérance ; le spectre aussitôt, ou nous menaçoit de nous retrancher la promenade, ou nous envoyoit des architectes mesurer nos très-petites cellules, toiser nos corridors, pour nous séparer, disoit-on, des femmes, et réduire ainsi chaque individu à un espace de

Tome I.   O

quatre pieds (1). Ajoutons qu'il falloit n'employer que les ouvriers, barbiers et chirurgiens attachés au Saint-Office, ou mourir faute de secours et dans les bras de l'ignorance. Aussi ressemblions-nous à nos ayeux du quatorzième siècle, le perruquier n'ayant qu'une matinée à nous accorder par semaine.

Tous les prisonniers n'étoient pas malheureux : le citoyen Rostaing, par exemple, étoit l'enfant gâté du comité ; on mettoit pour lui en réquisition les bonbons enlevés chez le citoyen Marchais. Aimable Ververt, il paroissoit n'être en cage que pour y recevoir plus à l'aise les caresses de ses petits, et les attentions de sa charmante sœur, la citoyenne Laval. Nous aimons à croire que son vorace protecteur étoit plus que récompensé de son excès de bonté par les dîners dont son protégé le bourroit ; mais nous aurions desiré qu'ils eussent été moins fréquens et moins longs. Ils étoient pour nous des jours et des heures de tristesse ; connoissant les effets digestifs d'un estomac inquisitorial.

Que faisoient alors nos aides, fidèles messagères de nos provisions ? Elles se résignoient dans

____

(1) C'étoit encore trop pour des scélérats. Réponse faite à l'ingénieur en chef, qui en demandoit six.

le silence aux humiliations et aux discours indé-
cens d'une garde soldée, s'estimant heureuses
d'entrevoir, à la chûte du jour, l'infortuné dont
elles prenoient tant de soin. Recevez nos remer-
ciemens, sexe aimant: nous connoissions bien
votre douceur, vos égards compatissans et votre
constance; mais il falloit une épreuve semblable
pour rendre à votre fermeté le tribut d'éloges
que nous lui devons. Oui, nôtre fortune n'est
qu'un foible échange des services que vous nous
avez prodigués, et de l'attachement que vous
nous avez montré dans ces tems désastreux.
Eh! pourquoi rougir de publier que les êtres,
ci-devant mortifiés du nom honteux de domesti-
ques, se sont toujours montrés, dans ces momens
affreux, nos vrais et sincères amis, et méritent
peut-être seuls aujourd'hui cet honorable titre!....

Le lecteur doit se rappeller la fameuse journée
du Mans, la perte qu'y fit Laroche-Jacquelin,
et le succès de Vestermann. Blois, éloigné par
soixante mille de distance du lieu du combat,
ne pouvoit et ne devoit nullement s'attendre à
la présence des Vendéens, même dans le cas où
ils auroient réussi: sa position montueuse et es-
carpée, sa disette de grains et de fourrages de
toute espèce, et plus que tout cela les chemins
horribles et boueux qui séparent son territoire
de celui du Maine; lui présageoient d'un côté

un isolement favorable à l'action, tandis que d'un autre la Beauce offroit aux rébelles et l'abondance et la route facile de Paris. Malgré tous ces avantages, la peur ayant saisi nos lâches persécuteurs (le crime est toujours sur le qui vive), on les vit presque tous, et dans la même minute, abandonner leur poste et la commune, et conseiller la même désertion à leurs parens et à leurs familiers. Il en est un qui, ne pouvant se séparer de ses chers tonneaux, son unique fortune, leur fit passer la Loire, dans l'espérance d'aller les visiter en cas d'attaque, et de se consoler ainsi de nos pertes par la liqueur qu'ils renfermoient. Notre pont fut détruit (1) pour éviter aux Jacquelinistes, disoit-on, tout espoir de retour à Cholet ; comme si Langeais, Tours et Angers ne leur présentoient pas un endroit et plus voisin et plus commode. Les arbres de notre unique promenade furent arrachés, pour ne pas servir, ajoutoit-on, de pontons aux fuyards : preuve certaine que l'ignorance la plus crasse étoit le génie de nos prétendus connoisseurs ; car le moindre

---

(1) L'ingénieur en chef du département, le citoyen Simon, quoique malade et mourant, fut requis d'ordonner les travaux de cette destruction, et mourut quelque tems après, des menaces qu'on lui fit, non de perdre sa place, mais la tête, dans le cas où le passage des rebelles se fut effectué.

physicien accorde plus de pesanteur à un pied cube de chêne dans sa verdure qu'à pareille quantité d'eau.

Les couriers envoyés par nos administrateurs ne tardèrent pas à nous assurer la déroute complette de l'armée royaliste; les journaux faisoient encore à peine l'éloge des exploits et du courage des vainqueurs républicains, que nos lâches conjurés rentrèrent et dans Blois et dans leurs fonctions inquisitoriales. Les détenus devoient s'attendre et s'attendoient en effet à plus de douceur; mais la rage de leurs persécuteurs ne devint que plus fo cenée par l'absence du danger, et ils préférèrent les excès de la débauche au travail pénible de leur ministère : c'est au milieu de la joie qu'ils méditèrent l'exécrable projet de nous assassiner.

Un arbre, heureux signe de la liberté française, avoit été planté par un bataillon de Seine-et-Oise, dans l'avant-cour de sa caserne. Ce gage précieux de sa reconnoissance fut détruit, sans qu'on ait pu connoître l'auteur de cet attentat; nos égorgeurs ne manquèrent pas de publier qu'il étoit l'ouvrage de l'aristocratie toujours malveillante, et qu'il étoit instant d'en punir exemplairement les suspects. Si, dans ce tems, un Maignet nous eût été délégué, Blois auroit subi le même sort que Bédouin, et ne seroit plus aujourd'hui qu'un monceau de cendres ; mais le bon esprit de la troupe de ligne et celui des habitans nous ont sauvé l'expiation d'un crime commis, nous osons le présumer, par les monstres qui vouloient depuis long-tems mettre le pillage et le carnage à l'ordre du jour, et qui seuls, en qualité d'étrangers, étoient intéressés à l'insurrection et aux forfaits........

La guillotine, cet instrument de mort, étoit jour et nuit en permanence dans Blois (1).

C'est dans des banquets ou orgies civiques que les patriotes par excellence (et tout le monde connoît aujourd'hui la force de cette expression) dûrent se donner le nom bien mérité, quoique révoltant, de solides mâtins. Nous ne connoissons qu'imparfaitement l'origine de ce signal, puisque nous étions incarcérés; mais nous assurons que l'être qui long-tems après rougissoit encore à cet appel, étoit traité sans ménagement de muscadin, d'aristocrate, de fédéraliste, etc. Il falloit donc manger dans la même gamelle de bois, boire dans le même vase de bois, et se décorer d'un turban et d'un collier d'esclave, d'un bonnet de galère, pour

______

(1) On faisoit stationner et saluer ce lit de mort aux détenus que l'on conduisoit aux Carmélites.

obtenir alors un brevet de patriote et un certificat d'homme libre *O tempora! ô mores!*

· Le 18 frimaire, au milieu de ces délassemens et parmi ces démonstrations de joie, une partie de l'armée révolutionnaire de l'Ouest arriva dans nos murs. Son conducteur, son âme, son génie, étoit un scélérat nommé Lepetit, membre du comité central de Saumur; son commandant, son chef de file ou son capitaine, un autre coquin appellé Simon. Ce détachement avoit l'ordre de conduire à Orléans des suspects, et s'annonça comme tel lors de son entrée dans Blois, en demandant pour ses prisonniers un logement commode, et en menaçant quiconque oseroit les insulter. Ces précautions d'une part et ces menaces inutiles d'une autre, que nous apprîmes aussi-tôt, auroient certainement dû nous rassurer; mais nous ne connoissions que trop l'intérêt que prenoient à nos frères enchaînés leurs barbares alguazils. Ils les guérissoient en effet de toutes inquiétudes, même du malheur de traîner plus loin une existence pénible et souffrante; car ils les fusilloient en chemin. Trois-cents cadavres, épars et mutilés sur la route de Chinon, annonçoient et les égards et les attentions de cette légion de bourreaux.

Quel fut donc notre désespoir, en apprenant deux heures après, que la motion de nous livrer tous à ces monstres avoit été faite et appuyée par d'autres monstres ; et ce, nous le répétons, dans un instant où la république victorieuse à Laval, au Mans, à Savenay et à la Flèche, étoit entièrement sans danger ! Quelle fut le lendemain, 19 frimaire, notre résignation, lorsque nous entendîmes, au milieu des applaudissemens (1), le bruit du salpêtre foudroyer, sous les yeux de nos épouses mourantes, de nos enfans et de nos amis, neuf personnes innocentes dévouées par le sort aux plaisirs meurtriers de ces sanguinocrates ! La mort paroît en ces momens comme une consolatrice bienfaisante, qui met un terme aux douleurs de l'infortuné. Aussi chacun de nous s'y préparoit-il avec fermeté : nous nous encouragions mutuellement les uns et les autres à l'envisager sans frayeur ; et presque tous, hommes, femmes et enfans, ont-ils alors juré de montrer au peuple assemblé sur le lieu du supplice, que les détenus de Blois étoient tous aussi fortement attachés aux intérêts de la France, qu'ils l'étoient peu aux charmes de la vie. Mais il étoit écrit dans le grand livre des destinées

------

(1) Nous ne pouvons concevoir comment un peuple aussi doux que le Blésois put se permettre de crier, dans ces circonstances cruelles : *Vive la Nation.*

humaines, que nous serions réservés à de nouvelles épreuves, et que notre existence ne seroit point confiée à des mains étrangères. La commune eût même l'attention de faire proclamer que les fusillés étoient des rebelles pris les armes à la main, et dont le jugement militairement prononcé avoit été militairement exécuté.

Cette proclamation bienfaisante par son motif, étoit incapable de nous consoler, d'après notre certitude sur les crimes et la profession de ces prétendus Vendéens. Nous connoissions tous le ci-devant prieur de Fontevrault ; nous avions possédé dans notre enceinte le ci-devant curé de Saumur, lors du premier siége de cette ville ; et nous ne doutions aucunement que ces deux ecclésiastiques et trois autres dont les noms nous sont inconnus, fussent conformistes et honorés par leurs communes d'un certificat de civisme. Leur seul délit étoit d'avoir gémi sur le Vendalisme destructeur, et d'avoir dit la messe le jour de Noël précédent : celui de leurs compagnons de trépas, d'avoir refusé l'encens à de viles prostituées, pour l'offrir dans toute sa pureté sur les autels du seul maître qu'il leur étoit encore permis de reconnoître et d'adorer.

Tome I. O 5

Nous nous rappellerons sans cesse cette journée d'amertume et de deuil, pendant laquelle, étroitement pressés dans nos bras, nous attendions de minute en minute les fatales courroies qui devoient nous enchaîner, et les féroces antropophages qui se réjouissoient de nous dépecer.

Ce ne fut que le soir et la nuit que l'on vint charitablement nous avertir du départ des troupes révolutionnaires, et que la proclamation, dont il est parlé ci-dessus, eut lieu. Cette nouvelle et sur-tout ce tendre intérêt de la part de nos concitoyens, calmèrent un peu nos inquiétudes, sans nous rassurer parfaitement; le tout étoit d'ailleurs accompagné de la consigne sévère de ne pas même nous laisser entretenir avec nos gardes : refus qui nous affligeoit, en ce qu'il nous empêchoit de concevoir quels étoient les nouveaux projets de nos égorgeurs.

Une situation pareille ne pouvoit durer long-tems ; elle étoit trop alarmante pour nos épouses et nos enfans, trop inquiétante pour nos amis, trop douce pour nos ennemis, et trop désespérante pour nous. Aussi le vingt-deux suivant, dès la pointe du jour, nous fûmes tous également peu surpris d'entendre les cris de mort

d'un peuple toujours crédule et toujours malheureusement avide de spectacles sanguinaires.
Ces furies de guillotine nous annoncèrent que
notre translation étoit arrêtée et que nous serions
tous dans la même journée conduits à Orléans
sur les traces funestes de Lepetit. Nous étions
au dénouement de la tragédie; il falloit du
courage, et nous n'en manquâmes pas. On
auroit pu consulter sur cet objet les commissaires
du Comité, qui vinrent assiéger notre maison
avec une compagnie de volontaires et de hussards, et qui nous laissèrent à peine le tems
de faire le plus mesquin de tous les paquets et
de prendre le plus frugal de tous les repas.

On nous fit alors rassembler dans un vaste
local; et là, dans le plus grand silence, on
nous lut l'arrêté définitif qui faisoit trois listes
de tous les prisonniers et qui leur distribuoit
trois punitions différentes pour un seul délit:
celui d'avoir eu le malheur de déplaire au crime
persécuteur, et le bonheur de respecter la vertu
opprimée. Les uns devoient être traînés à Orléans,
et ils étoient, disoit-on, les plus coupables; les
autres menés à Pont-le-voy, et le plus petit
nombre destiné à garder les arrêts sous un cautionnement de dix, vingt, trente et cinquante-
mille livres. Certes, si l'on nous eût tous con-

sulrés , nous n'aurions jamais voulu nous séparer : l'attachement contracté dans l'infortune se
puise en une trop belle source pour n'être
pas durable. Il faudroit un talent supérieur au
nôtre pour crayonner nos adieux et assurer
quel étoit parmi nous le plus malheureux de
tous.

On nous força de laisser nos couchettes garnies , et un seul lit de mauvaise paille nous
fut généreusement offert en échange , pour
opérer sur une charrette (1) cet infâme et
perfide voyage. Un soulagement de cette espèce
ne tarda pas même à devenir un poison dangereux pour nos vieillards et nos femmes et
un vrai fumier pour nous tous , par les pluies
froides et abondantes qui ne nous abandonnèrent, après deux jours et une nuit de marche, qu'
dans les prisons d'Orléans. Mais, avant d'entrer
dans cette populeuse cité, n'oublions pas le sujet
profond de méditation que nous dûmes éprouver , lorsqu'à Beaugenci nous fûmes forcés de
mouiller nos pieds dans le sang précieux de

---

(1) *Le citoyen* . . . . . . *propriétaire de chivaux et*
charette est recuit de se trouvé demain aveque sur sa
téte au repaire de . . . . Modèle de réquisition
donnée à un voiturier de Chouzi.

nos frères, et lorsqu'à deux lieues de cette commune nous fûmes rencontrés par leurs lâches assassins. Hussards du huitième, si nous traçons aujourd'hui ces lignes, c'est à votre bravoure que nous devons cet avantage ; sans la fermeté de vos réponses aux injures et aux menaces de Leperit, un plomb vil et meurtrier auroit plongé dans le deuil une partie de notre département. Recevez ici nos remercîmens, généreux défenseurs des opprimés.

Qu'il est consolant au milieu des tombeaux, de trouver une ombre chère à l'humanité ! Nous nous empressons de rendre à la jeune citoyenne Puzela l'hommage que nous devons à son courage et à sa piété filiale. Jamais une figure plus intéressante ne fut l'enveloppe d'une plus belle âme. Ses larmes et ses instances obtinrent des conducteurs la permission de se placer à côté de son vertueux père qu'elle suivoit à pied, dans un moment où les détenus s'attendoient à la mort : l'image de toutes les vertus aux prises avec tous les crimes est un spectacle digne de nos respects et des regards de la Providence.

Nous ne dirons rien des Orléanais et de leurs prisons ; nous laissons aux victimes malheureuses des égorgeurs de ce pays, la pénible

fonction de transmettre à l'histoire et les souffrances des persécutés et les forfaits des persécuteurs. Nous devons cependant convenir qu'an-
noncés comme des rebelles , nous n'en fûmes
pas moins bien reçus du peuple ; et quelques
larmes répandues sur notre situation nous prouvèrent , à n'en plus douter , que l'homme est
naturellement bon ,

> A moins que par malheur
> Un autre ait corrompu son esprit et son cœur.

Le concierge de la maison lui-même eut pour
nous des bontés , en nous accordant , comme
aux autres détenus , deux heures de promenade par jour , et en ne nous renfermant comme
eux sous clef qu'à neuf heures du soir. Ce
qui nous attristoit seulement dans ce séjour
étoit , d'un côté l'éloignement de nos parens
et de nos amis, et de l'autre le souvenir amer
des prisonniers de la ci-devant haute-cour nationale si cruellement assassinés à Versailles (1).
Nous occupions leurs cachots ; tout nous retra-

____

(1) On trouvera dans le quatrième volume de cet Ouvrage, des détails sur cet horrible assassinat, qui fut la
suite de tous ceux commis les 2 et 3 septembre. (*Note
de l'Editeur.*)

çoit leurs malheurs, et la même destinée nous attendoit peut-être.

C'est après huit jours de réflexions aussi tristes, que l'on vint nous annoncer notre retour à Pont-le-voy et nous signifier que nous y étions attendus. Alors notre satisfaction fut si grande, notre imagination fut si agréablement frappée, que nos modestes voitures nous parurent autant de chars de triomphe, et nos gardes un cortège accordé à la victoire que nous venions de remporter sur nos ennemis.

Il nous est impossible de quitter Pont-le-voy sans faire l'éloge du directeur et du plus grand nombre des instituteurs de ce collège. Promenades agréables et champêtres, lectures intéressantes, conversations enjouées ; tout étoit mis en usage pour nous faire oublier la perte de notre liberté et rendre notre captivité aussi douce que les circonstances l'exigeoient, sans cependant la compromettre par une trop grande extension de jouissances. A le bien prendre, nous étions même physiquement plus heureux que nos frères incarcérés dans leur propre maison, sous un cautionnement fort au-dessus de leur fortune, mais toujours au-dessous de leur parole d'honneur.

C'est aux différens changemens de nos comités révolutionnaires , c'est au députés en mission (1) que nous devons notre retour à la société , à nos affaires personnelles et surtout à la reconnoissance.

---

1) Parmi ces députés, nous citons avec plaisir le citoyen Laurenceot, comme celui auquel les administrés du département de Loir et Cher ont les plus grandes obligations. La seule fois que nous avons eu l'occasion de le voir et de l'entendre sera toujours présente à notre souvenir. L'expression avec laquelle il nous a publiquement annoncé le triomphe de la Convention sur les terroristes, prouve et la sensibilité de son âme et la bonté de son cœur. Nous consignons ici cette anecdote avec d'autant plus d'assurance, que nous ne connoissons point cet estimable citoyen, et que certainement nous n'avons ni grâce à lui demander, ni refus à en recevoir.

Fin du Tome premier.

Errata du Tome I.

Discours préliminaire, page 22 , ligne 6, qu'ils ont éprouvés ; lisez : qu'ils ont éprouvées.

Page 24, ligne 2, lui donneront ; lisez : mais lui donneront.

De l'ouvrage même, page 102, ligne 6, ces terreurs ; lisez : ses terreurs.

Page 107, ligne 5, par ; lisez : pour.

Page 143, ligne 16, 1793 ; lisez : 1792.

Page 107, ligne 3, outragea ressenti ; lisez : outrage a ressenti.

Page 215, ligne 23, perdu ; lisez : perdus.

Page 241, à la note, ligne 9, tombées ; lisez : tombés.

Page 243, ligne 15, mourroit ; lisez : mouroit.

Page 252, ligne 8, permettoit ; lisez : permettoient.